GUIDE PRATIQUE DES VINS
DE FRANCE

Couverture
- Conception graphique: Katherine Sapon
- Photo: Maryse Raymond
- Photo de l'auteur: Jocelyne Brassard

Maquette intérieure
- Conception graphique: Laurent Trudel
- Cartes géographiques: Bertrand Lachance

DISTRIBUTEURS EXCLUSIFS:

- Pour le Canada et les États-Unis:
  LES MESSAGERIES ADP°
  955, rue Amherst, Montréal H2L 3K4
  Tél.: (514) 523-1182
  Télécopieur: (514) 521-4434
  ° Filiale de Sogides Ltée

- Pour la Belgique et le Luxembourg:
  PRESSES DE BELGIQUE
  96, rue Gray, 1040 Bruxelles
  Tél.: (32-2) 640-5881
  Télécopieur: (32-2) 647-0237

- Pour la Suisse:
  TRANSAT S.A.
  Route du Grand-Lancy, 2, C.P. 125, 1211 Genève 26
  Tél.: (41-22) 42-77-40
  Télécopieur: (41-22) 43-46-46

- Pour la France et les autres pays:
  INTER FORUM
  13, rue de la Glacière, 75624 Paris Cédex 13
  Tél.: (33.1) 43.37.11.80
  Télécopieur: (33.1) 43.31.88.15
  Télex: 250055 Forum Paris

JACQUES ORHON

GUIDE PRATIQUE DES VINS DE FRANCE

LES ÉDITIONS DE
L'HOMME

Données de catalogage avant publication (Canada)

Orhon, Jacques

    Guide pratique des vins de France

    Ed. rev. et mise à jour.
    Publ. antérieurement sous le titre: Le petit guide
    des grands vins. 1988.
    Comprend des références bibliographiques et un index.

    ISBN 2-7619-0926-7

    1. Vin — Appellations d'origine — France.
2. Vinification — France.   3. Vin — Dégustation.
I. Titre.   II. Titre: Le petit guide des grands vins.

TP553.O73 1990   641.2'2'0944   C91-096010-0

© 1990, Les Éditions de l'Homme
une division du groupe Sogides

Dépôt légal: 4e trimestre 1990
Bibliothèque nationale du Québec

ISBN: 2-7619-0926-7

Remerciements

À tous ceux qui m'ont aidé et encouragé à mettre à jour *Le petit guide des grands vins* pour en faire l'ouvrage qui aujourd'hui se trouve entre vos mains.

Je tiens à remercier l'Institut national des appellations d'origine, dont le siège est à Paris, et plus particulièrement madame Sylvette Pefeau-Doré, directrice de Sopexa-Canada, qui m'a aimablement autorisé à reproduire la plupart des photos qui illustrent ce livre. Enfin, je remercie bien sincèrement l'Ordre mondial des gourmets dégustateurs pour le prix littéraire attribué au *Petit guide des grands vins,* espérant que cette reconnaissance aidera à élargir un peu plus le cercle des amoureux et des passionnés des vins de qualité.

Préfaces

Nombreux sont ceux d'entre nous qui, à un moment de leur vie, ont vibré devant un tableau de maître, une œuvre musicale ou toute autre marque de civilisation et de culture sans pouvoir l'apprécier à sa juste valeur.

Le vin, comme toutes ces formes de l'art de vivre, exige un effort d'attention et un minimum de culture chez qui désire accroître le plaisir qu'il procure.

Cet ouvrage, rédigé dans un but didactique, permettra aux étudiants en sommellerie et aux sommeliers novices ainsi qu'à tous les œnophiles débutants de puiser de nombreux renseignements pertinents sur le tour de France des appellations.

Regroupée sous forme de tableaux synoptiques, l'information est claire et précise. Cette approche directe et méthodique reflète bien les talents de pédagogue de l'auteur.

S'adressant à tous ceux et celles qui souhaitent entrer dans le monde fascinant du vin, ce vade-mecum des appellations françaises est une porte qui s'ouvre largement sur la connaissance du vin.

À mettre entre toutes les mains œnophiles.

Don-Jean Léandri,
Meilleur sommelier
du Canada

Aussi loin que l'on remonte dans l'Antiquité, «la plus saine et la plus hygiénique des boissons» selon Louis Pasteur, considéré comme le «professeur du goût… le libérateur de l'esprit et l'illuminateur de l'intelligence» par Paul Claudel, le vin est avant tout une philosophie.

Signe de convivialité, de communication et de culture, le vin est devenu une véritable religion.

Symbolisme à l'état liquide, il est fondamentalement source de plaisir. Imaginer une osmose parfaite entre la terre et l'homme, matérialisée autrement que par cette boisson divine, est impensable.

Le livre de Jacques Orhon n'est pas simplement un ouvrage contenant des renseignements utiles, mais bien plus.

En le parcourant, vous aurez le sentiment que l'auteur vous accompagne pour vous montrer le chemin de «l'Amour œnologique», sans dirigisme, en jalonnant seulement vos recherches tout en vous en laissant le libre arbitre. Alors, sans plus attendre, lisez, goûtez et souvenez-vous qu'en matière de vin aussi, la vérité est en vous.

Philippe Faure-Brac
Meilleur sommelier
de France

Avant-propos

Même si le vin a toujours occupé une place importante dans l'environnement de l'homme, il faut reconnaître que ces deux dernières décennies, notamment celle qui se termine, ont vu l'intérêt que l'on porte à celui-ci se développer de façon impressionnante.

Cet engouement est facile à expliquer: le jus de la treille nous permet de découvrir certains aspects de l'histoire, de la littérature, de la science, de la géographie, tout en nous rapprochant de la terre et de la nature qui nous offrent ce noble nectar qui sait, à lui seul, conduire au plaisir et à la convivialité.

Le vin, phénomène culturel, se présente aux consommateurs dans sa singularité et sa complexité.

Aussi, pour mieux le déguster, mieux le comprendre et par conséquent mieux l'apprécier, faut-il connaître ses origines et essayer de parfaire les connaissances que l'on possède à son sujet. Si, dans ce domaine, la spontanéité est souvent utile, on acquerra, en effet, une meilleure maîtrise de la dégustation en cumulant expérience et connaissance.

Ce livre, qui n'a ni la prétention ni le dessein de couvrir dans le détail chacune des appellations, a donc été conçu pour les œnophiles (ou ceux qui désirent le devenir) qui assistent de plus en plus aux conférences-dégustations, participent à des voyages viticoles et, surtout, garnissent amoureusement leurs caves à vins.

Il a été écrit aussi pour les personnes qui reçoivent chez elles et qui ont compris la place que le vin, aussi modeste soit-il, peut prendre dans un repas.

Les renseignements que l'on y trouve aideront, je l'espère, à créer l'harmonie qui peut faire d'une soirée un succès.

Côté restauration enfin, il est facile de constater que la profession de sommelier s'est quelque peu dépoussiérée. L'approche du vin n'est plus la même qu'auparavant et chacun, client ou professionnel, y va de son commentaire, de ses expériences et c'est très bien ainsi.

Si ce recueil peut servir à ceux qui fréquentent les bons restaurants, il aidera également les spécialistes à atteindre un plus haut niveau de compétence.

En attendant de couvrir d'autres pays tels l'Italie, l'Espagne, le Portugal, l'Allemagne, le Chili, les États-Unis, l'Australie et bien d'autres qui produisent certes d'excellents vins, je vous invite à parcourir ce livre, à votre rythme et selon vos besoins. Son approche systématique vous permettra de découvrir les vins d'appellations contrôlées de France en vous évitant les méandres d'un style trop littéraire qui aurait pu cacher l'essentiel de ce sujet aussi passionnant que difficile à apprivoiser.

Les appellations d'origine contrôlées*

Un peu d'histoire...

Aussi loin que l'on remonte dans l'histoire, on s'aperçoit qu'un certain nombre de produits de natures très diverses ont acquis leurs lettres de noblesse dès lors qu'ils portaient un nom géographique: le marbre de Carrare, les épices des Indes, les statuettes de Tanagra, etc.
Mais c'est surtout dans le domaine viticole que cette référence s'est développée.

La dénomination géographique, véritable authentification de l'origine, constituait, dès la plus haute Antiquité, une sorte de sceau de qualité.
Bien évidemment, ces vins se vendirent plus cher que ceux, anonymes, venus d'autres régions viticoles. Marchandises de prix, elles suscitèrent des irritations et, face à cette fraude, des sanctions ponctuelles intervinrent. Mais, jusqu'au début du XXe siècle, rien de vraiment organisé ne fut mis en place.

La destruction quasi totale du vignoble par le phylloxéra dans les années 1870 a eu des conséquences dramatiques.
L'approvisionnement du marché étant compromis, on assista au développement de la «fabrication», sur grande échelle, de vins par des pratiques frauduleuses.
Par ailleurs, la reconstitution du vignoble ayant été beaucoup plus rapide dans les régions méditerranéennes qu'ailleurs, de nombreux vins se parèrent et abusèrent des noms célèbres de Bordeaux et de Bourgogne alors qu'ils provenaient des régions méridionales. À la fin du siècle dernier, on peut dire que rares étaient les vins qui arrivaient sur la table du consommateur dans leur pureté originelle.

Le pouvoir politique ne pouvait rester indifférent à cette dégradation et décida d'intervenir.
Plusieurs lois furent élaborées: la loi du 1er août 1905 qui constitue encore aujourd'hui la charte de la répression des fraudes; puis la loi du 6 mai 1919 sur la protection des appellations d'origine. *Mais aucune d'elles n'aboutit à un système cohérent,* protégeant à la fois le producteur et le consommateur.
Ce n'est qu'en 1935 que naquirent, sous l'impulsion du sénateur Capus, *l'appellation d'origine contrôlée et l'Institution*

---

* Ce chapitre est tiré d'un document aimablement fourni par l'Institut national des appellations d'origine des vins et eaux-de-vie de France.

chargée de la réglementation et du contrôle: l'INAO, consacrées l'une et l'autre par le décret – loi du 30 juillet 1935.

Depuis lors, deux traits caractérisent le droit des appellations:

- *C'est un droit constaté, c'est-à-dire la codification d'une expérience ancestrale* qui, à travers les âges, a reconnu les meilleurs terroirs, les encépagements les plus adaptés, les modes de culture et de vinification traditionnels, lesquels ont amené sur le marché un produit de qualité original et spécifique, un produit unique, liant le terroir au talent de l'homme.

- *C'est une véritable autogestion mise en pratique:* le système des appellations d'origine est géré par les professionnels eux-mêmes. C'est là sa grande originalité ainsi que la source de son efficacité. Tout l'édifice repose, en effet, sur la volonté et la clairvoyance des professionnels.

Leur définition

Alors que la notion d'appellation d'origine remonte à la plus haute Antiquité, il faudra attendre 1966 pour que le législateur français la définisse: «… constitue une appellation d'origine la dénomination d'un pays, d'une région ou d'une localité servant à désigner un produit qui en est originaire et dont la qualité ou les caractères sont dus au milieu géographique, comprenant les facteurs naturels et les facteurs humains…»

Trois éléments assurent la spécificité de la notion «d'appellation»:

- un terroir (c'est-à-dire sol, climat, exposition, etc.);
- un encépagement particulier;
- des méthodes de culture et d'élaboration.

La conjonction de ces trois facteurs donne son véritable sens au mot qualité. On entend parfois dire que la qualité dépend tantôt du terroir, tantôt de l'encépagement, tantôt de l'homme comme si chacun de ces facteurs ne détenait qu'une parcelle des possibilités qui concourent à son existence. C'est faux!

Beaucoup plus justement, il convient de schématiser la qualité comme un tout supporté par trois pieds, l'un étant le *terroir,* l'autre *l'encépagement,* le troisième *l'homme. Si l'un de ces pieds est plus court, la qualité est boiteuse; s'il est trop court, la qualité chute.*

En ce sens, la qualité, c'est l'originalité comprise au sens premier d'ORIGINE.

On aboutit ainsi à l'équation suivante:

$$AOC$$
$$=$$
$$\text{TERROIR + CÉPAGE + TALENT DE L'HOMME}$$
$$=$$
$$\text{PRODUIT UNIQUE}$$

Tout l'intérêt de l'appellation apparaît alors clairement:

- *Au professionnel,* elle apporte une valorisation de son travail et une protection de son produit. En acceptant la rigoureuse discipline qui s'applique au vin bénéficiaire de l'appellation, il est fondé d'attendre, d'une part, de la vente de celui-ci, un prix suffisamment rémunérateur qui est la juste contrepartie des efforts qu'il consent, d'autre part, la défense contre les utilisations abusives et les usurpations de cette référence.
- *Au consommateur,* l'appellation apporte l'assurance de la qualité et de l'originalité liées à la signature du responsable de la bouteille.

Une tradition, un progrès

Loin d'être statique, le monde des vins AOC possède une dynamique qui lui est propre: *la recherche permanente de qualités,* les plus parfaitement représentatives de celles potentiellement contenues dans les terroirs des diverses appellations d'origine.

À cet effet, il utilise largement les acquisitions, même les plus récentes, des sciences agronomiques et œnologiques ainsi que de la technologie. Cette affirmation paraît être en contradiction avec l'idée couramment émise sur le rôle de la Tradition. Percevoir cette dernière comme l'exigence de comportements figés depuis des siècles, seule manière d'obtenir un produit dont la qualité est représentative de son origine, est une vision qui ne correspond pas à la vérité. Mais dire que «la Tradition, c'est le progrès en marche» ou la perpétuation d'un état d'esprit revient alors à traduire ce terme avec beaucoup d'exactitude et de réalisme. Sans entrer dans le détail des techniques ni rechercher l'intérêt de tel ou tel matériel ou de telle méthode, ces études étant conduites en permanence par des centres de recherche répartis dans toute la France et soumises à des expérimentations en grandeur nature dans le vignoble, une simple énumération devrait suffire à montrer cette dynamique:

- désinfection des sols, avant plantation, pour éviter la propagation de maladies préjudiciables à la santé des ceps et donc à la qualité des produits;
- utilisation, au moment de la plantation, de sujets sains, exempts de viroses;
- utilisation de clones, sélectionnés en fonction de leurs aptitudes à donner des productions de qualité;
- traitement contre tous les parasites de la vigne avec des produits n'ayant aucune influence néfaste sur la qualité des vins;
- apparition de la machine à vendanger (les premiers résultats dans des vignobles adaptés sont encourageants; la récolte mécanique ne pourra s'étendre qu'après certaines évolutions nécessaires du matériel et de la conduite du vignoble; elle ne pourra jamais être générale, car certaines pratiques en excluent totalement l'utilisation — tris successifs par exemple);
- utilisation de matériels de cuviers et de chais permettant de travailler dans d'excellentes conditions d'hygiène, de maîtrise des oxydations et des températures, ce qui est un atout capital pour réussir une bonne vinification;
- conduite des vinifications en vue d'obtenir une «extraction» optimum, pour ne pas dire maximum, dans des conditions favorables pour la qualité future, des constituants «nobles» des raisins;
- conduite de l'élevage des vins jusqu'à leur mise en bouteille, dans des conditions que l'on s'efforce d'adapter à la réalité qualitative de chaque millésime et non plus d'une manière uniforme pour tous les vins.

Autant de points qui mériteraient de longs développements pour mieux en saisir l'intérêt rapporté à la seule qualité du vin.

L'Institut national des appellations d'origine des vins et eaux-de-vie (INAO)

L'INAO est *un organisme interprofessionnel* où siègent, d'une part, viticulteurs et négociants choisis sur des listes proposées par les syndicats intéressés par la viticulture et le négoce, et désignés par les ministères de tutelle «Agriculture» et «Économie», et, d'autre part, par les représentants des pouvoirs publics.

L'INAO est bien *la maison des viticulteurs et des négociants*; les syndicats en sont l'ossature. Il a pour tâche *deux missions* essentielles:

1. Reconnaître les vins et eaux-de-vie d'AOC, mais également, depuis 1949, les VDQS (vins délimités de qualité supérieure), ainsi que définir leurs conditions de production.

   Pour remplir cette première mission, l'INAO agit comme une sorte de «Parlement» spécialisé où sont prises des décisions ultérieurement consacrées par les pouvoirs publics.

2. Protéger les vins et eaux-de-vie d'appellation d'origine contre toutes les atteintes qu'ils peuvent subir.

   Cette deuxième mission est essentiellement axée sur:
   - la surveillance du respect des conditions de production sur le terrain par un personnel composé de 130 personnes réparties en 23 bureaux régionaux, dont un central à Paris;
   - la lutte contre la fraude et les usurpations, tant en France qu'à l'étranger;
   - la protection du vignoble dans son assise territoriale contre toutes les atteintes dont il peut faire l'objet (exportation, urbanisation, etc.).

Comment interpréter chaque fiche

I — Fiche technique

Pour chaque appellation d'origine contrôlée, un court texte vous renseigne sur la situation géographique, ou sur le contexte historique.

De plus, des éléments écologiques (sols, climats, situations particulières, etc.), des anecdotes et des constatations tout à fait personnelles précisent parfois certains traits de caractère du vin ou l'origine de la dénomination.

Des AOC ayant de grandes similitudes (situation géographique, aire d'appellation, date de décret, encépagement et caractéristiques) peuvent occasionnellement être réunies sur la même fiche.

Date du décret

Date à laquelle le vin a été officiellement déclaré «appellation d'origine contrôlée». Certaines appellations récentes étaient auparavant des vins délimités de qualité supérieure (VDQS), mention inférieure à l'AOC dans l'échelle qualitative des vins français.

D'autres ont fait l'objet d'une demande relativement récente de la part des personnes concernées par cette dénomination.

Lorsqu'il y a eu modification importante du décret, la première date à laquelle le vin est passé «appellation contrôlée» apparaît entre parenthèses.

Superficie

Aire de production actuellement cultivée ou pouvant être cultivée en vue de l'obtention de l'«appellation d'origine contrôlée». Certaines de ces surfaces variant quelque peu, ces chiffres sont approximatifs. L'hectare est la mesure communément employée. Il équivaut à 10 000 m² (107 600 pi²).

Rendement de base

Quota de production fixé par la loi. Il s'agit du rendement de base (en hectolitres) permis par hectare de vignes en production.

Généralement, ce chiffre peut être modifié chaque année (jusqu'à 20 % en plus) selon la qualité et la quantité de la récolte. Un hectolitre correspond à 100 L (22 gal.).

Il est bon de noter que ces chiffres sont des éléments indicateurs de la qualité d'un vin puisque, dans ce domaine, celle-ci est inversement proportionnelle à la quantité. À titre de comparaison, les vins de pays et les vins de table ont des rendements de base variant de 80 à 120 hectolitres à l'hectare.

Production

La production du vin variant d'une année à l'autre, j'ai préféré indiquer ici les chiffres d'une année en particulier, en l'occurrence 1989. Ces indications fournies par l'INAO (Institut national des appellations d'origine), sont arrondies à la centaine supérieure ou inférieure. Précisons, cependant, que 1989 fut une année particulièrement généreuse et de qualité.

Encépagement

Le cépage est la variété de raisin utilisée. Le raisin étant l'essence même du vin, les cépages autorisés par l'AOC sont indiqués ici. Dans certains cas, les plus importants sont en italique.

Pour comprendre le caractère spécifique d'un vin, il est bon de connaître l'originalité du raisin dont il est issu; on peut consulter à cette fin le chapitre intitulé «Vingt cépages à la loupe».

Durée de conservation

Les vins susceptibles de vieillir très longtemps constituent en fait une minorité.

Ces durées ne sont donc mentionnées qu'à titre indicatif puisqu'elles varient en fonction du cru et du millésime.

D'ailleurs, pour un même cru, les possibilités de vieillissement diffèrent selon l'année de la récolte. Toutefois, lorsque les conditions idéales sont réunies (excellent millésime, entreposage adéquat, etc.), la durée de conservation peut être augmentée.

Généralement, il serait préférable de boire les vins ayant un potentiel de vieillissement limité (de deux à quatre ans), lorsqu'ils sont jeunes, c'est-à-dire dès qu'ils sont en vente dans le commerce.

Quant aux vins qui peuvent vieillir, l'âge moyen auquel on peut commencer à les déguster apparaît entre parenthèses.

Température de service

Pour apprécier le vin à sa juste valeur, il est important de respecter la température de service. Tous les vins blancs ne sont pas forcément servis très froids, ni les rouges toujours chambrés.

Habituellement, les vins rouges plus jeunes sont servis plus frais que les vieux vins rouges qui demandent une température plus élevée.

On peut utiliser un thermomètre à vin.

Millésimes

Le millésime correspond à l'année de la récolte du raisin.

Le climat et les conditions météorologiques jouent, bien sûr, un rôle déterminant sur la qualité du raisin, et par conséquent sur celle du vin (la période la plus critique va du début du mois d'août jusqu'aux vendanges).

J'ai donc tenu à mentionner dans cette rubrique les années susceptibles de vous apporter les plus grands plaisirs.

Cependant, lorsqu'il s'agit de grands crus très bien vinifiés, les années moyennes se présentent comme de fort honorables millésimes, mais la durée de vieillissement s'en trouve dès lors diminuée. C'est pour cette raison précisément que j'ai tenu à indiquer parfois l'année 1987, année qui nous réserve encore régulièrement d'agréables surprises.

Le millésime n'est pas obligatoire et la «presque fâcheuse» habitude de le mentionner systématiquement sur les étiquettes a fait disparaître en même temps la dimension qualitative qu'il revêtait autrefois.

Aussi est-il important pour l'amateur de savoir distinguer l'année exceptionnelle, sinon la grande année, de la médiocre. Enfin, pour vous permettre d'atteindre au meilleur, j'indique en caractères gras, parmi tous ces bons millésimes, ceux considérés comme de très grandes années, frisant parfois l'exceptionnel.

Comme vous le remarquerez, la région de Bordeaux a été particulièrement bénie des dieux au cours de la dernière décennie. Quant à la Champagne, aucun millésime n'est mis en relief puisque cette région est la seule de France qui a gardé l'habitude de millésimer son vin quand l'année le mérite.

II — Caractéristiques

Les indications décrivent ici l'aspect très général, mais néanmoins nuancé, des divers crus.

Cependant, si elles sont le reflet fidèle de nombreuses dégustations, elles veulent traduire par un langage relativement simple la personnalité «de vins de bonnes maisons, dans de bonnes années», et rejoindre en même temps une certaine typicité.

Dans l'ordre, vous retrouverez presque systématiquement l'aspect visuel (la robe ou la couleur), l'aspect olfactif (arômes et senteurs décrits par analogie, donc rappelant des odeurs plus familières tels les fruits, les fleurs, etc.) et, enfin, l'aspect gustatif.

D'ailleurs, afin de mieux apprivoiser ce langage peu usuel qu'est celui de la dégustation, il est recommandé de consulter le glossaire qui se trouve à la fin de ce livre.

Parfois, pour mieux expliquer ces diverses caractéristiques, des précisions sur le sol sont apportées.

Les pourcentages apparaissant dans cette rubrique servent à indiquer la proportion d'une couleur par rapport à une autre.

III — Mets suggérés

L'art d'harmoniser les vins et les mets étant relativement complexe et comportant aussi une grande part de subjectivité, ces conseils servent, avant tout, à guider le consommateur, de façon générale et précise à la fois.

En choisissant ou en élaborant des plats à partir de ces suggestions, les risques d'erreur sont assez limités.

De nombreuses expériences ayant déjà été faites à ce sujet, d'excellentes réalisations culinaires sont parfois proposées et indiquées entre parenthèses. De plus, il sera facile de substituer des plats ou des vins dans la mesure où ceux-ci ont des caractéristiques similaires.

Ainsi, un plat suggéré avec un certain vin pourra très bien être servi avec un autre vin aux caractéristiques semblables. Et réciproquement. Enfin, je me suis permis d'indiquer en italique les quelques coups de cœur auxquels je n'ai su résister. À la fin de cet ouvrage, un index vous est proposé pour vous aider à choisir rapidement votre vin en fonction du plat désiré.

IV — Les bonnes maisons

Propriétés: Ce sont des vins que j'ai dégustés pour la plupart ou dont la qualité est généralement reconnue. Cependant, le manque d'espace empêche bien souvent de citer de nombreuses autres propriétés qui produisent des vins de grande qualité.

Caves: Cette dénomination regroupe de nombreuses associations de propriétaires — unions, caves coopératives, caveaux, caves agricoles, etc. — qui proposent de plus en plus des vins de bonne qualité.

Dans certaines régions, ces caves suppléent souvent à l'insuffisance technique de certaines propriétés ou à l'absence du négoce.

Négoce: À cause de la très grande quantité de maisons de négoce existant en France, je n'ai retenu ici que les négociants (mise en bouteille et commercialisation) et négociants-éleveurs (élevage du vin avant mise en bouteille) installés dans l'aire viticole régionale concernant l'appellation.

Il est d'ailleurs généralement préférable de choisir un négociant ou mieux un négociant-éleveur installé dans la grande région de production pour s'assurer de la qualité d'un produit. De plus, lorsque sur la fiche le nom d'un négociant-éleveur est en italique, cela signifie que ce négociant peut aussi agir à titre de propriétaire.

Pour certaines régions telles que l'Alsace, le Bordelais, la Champagne et une partie de la Bourgogne, j'ai préféré indiquer en fin de chapitre une liste non exhaustive des négociants et négociants-éleveurs; cela, principalement, afin d'éviter des répétitions inutiles.

N.B.: Bien entendu, ces maisons sont indiquées sans ordre alphabétique ni de préférence.

Abréviations:

ha:	Hectare
hl:	Hectolitre
Dom.:	Domaine
Ch.:	Château
R:	Rouge
B:	Blanc
Rs:	Rosé
M:	Mousseux
n. c.:	Non connu

Carte des régions vinicoles de France

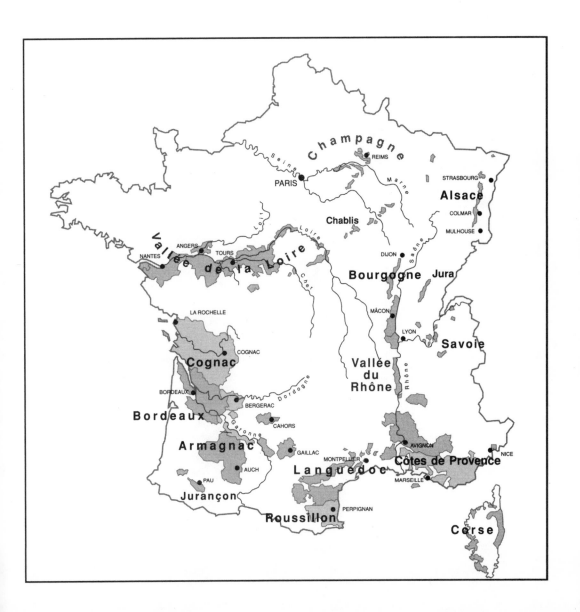

Champagne

Seine

REIMS

PARIS

Marne

STRASBOURG

Alsace

Chablis

COLMAR

MULHOUSE

Loir

Loire

Vallée de la Loire

ANGERS

NANTES TOURS

Cher

DIJON

Saône

Bourgogne Jura

LA ROCHELLE

MÂCON

COGNAC

LYON

Cognac

Savoie

Vallée du Rhône

Rhône

BORDEAUX

Dordogne

BERGERAC

Bordeaux

CAHORS

Garonne

GAILLAC

AVIGNON

NICE

Armagnac

AUCH

MONTPELLIER

Côtes de Provence

PAU

Languedoc

MARSEILLE

Jurançon

PERPIGNAN

Roussillon

Corse

Alsace

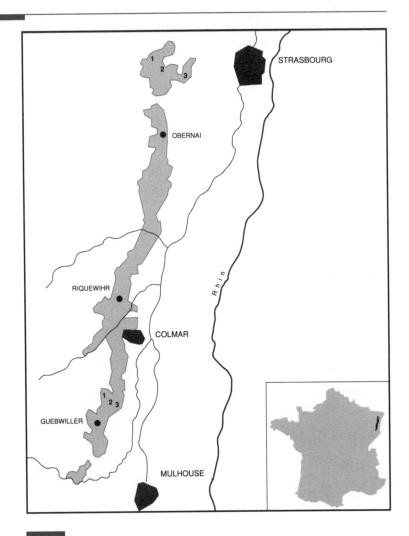

1 Alsace ou vin d'Alsace
2 Alsace Grand Cru
3 Crémant d'Alsace

Alsace ou vin d'Alsace

Date du décret:
3 octobre 1962
Superficie: 12 800 ha
Rendement de base:
100 hl/ha
Production: 1 070 000 hl
Encépagement:
Sylvaner – Riesling –
Gewürztraminer –
Pinot blanc (klevner) –
Pinot auxerrois – Tokay
pinot gris – Muscat –
Pinot noir – Chasselas
Durée de conservation:
3-5 ans (beaucoup plus
pour les plus corsés) (1)
Température de service:
8 °C
Millésimes:
71 - **76** - 79 - 81 - **83** - **85** -
86 - 88 - **89**

Le vignoble alsacien s'étire sur environ 120 km entre le massif des Vosges et la vallée du Rhin à l'est. Cette région qui n'a pas été épargnée par une succession de guerres peut être fière de son identité et de la personnalité de ses vins. Magnifique par ses paysages et attachée à ses traditions, l'Alsace est malheureusement encore trop négligée sur certaines cartes des vins.

Sylvaner (20 %)
- Vin blanc – Arômes fruités discrets – Sec – Léger – Fruité
- *Tarte à l'oignon* – Charcuteries – Salade de poisson

Riesling (20 %)
- Vin blanc très fin – Arômes floraux généralement très expressifs – Sec – Fruité – Racé – Bon équilibre entre le corps et l'acidité
- Huîtres – Crustacés – *Choucroute* – Poissons en sauce (*Médaillon de lotte aux écrevisses*) – Cuisses de grenouille – Coq au riesling

Gewürztraminer (19 %) (Signifie littéralement «Traminer épicé»)
- Vin blanc à robe jaune doré – Arômes fruités puissants et caractéristiques, nuancés de rose – Sec – Corsé et bien charpenté – Vin de garde
- Crustacés et *fruits de mer en sauce (relevée)*

Pinot blanc (18 %)
- Vin blanc à robe jaune clair – Arômes floraux et fruités – Sec – Souple et fruité
- Charcuteries – Volailles sautées en sauce (Fricassée de poulet à l'estragon) – *Quiche lorraine*

Tokay pinot gris (5 %)
- Vin blanc à robe dorée – Arômes floraux délicats (parfois nuancés de miel et de noisette) – Sec – Capiteux – Vin de garde
- *Foie gras en brioche* – Casserole de rognons et de ris de veau – Viandes blanches rôties

Muscat d'Alsace (3 %)
- Vin blanc à robe dorée – Arômes fruités et musqués – Sec et fruité
- *Idéal en apéritif*

Un seul cépage produit des vins d'Alsace rouges ou rosés: le pinot noir (7,5 %).
L'«Edelzwicker» est une mention correspondant à un mélange de plusieurs cépages.
Voir «Les bonnes maisons d'Alsace», p. 29.

Alsace Grand Cru

Date du décret:
20 novembre 1975
Superficie: Incluse dans l'AOC «Alsace»
Rendement de base:
70 hl/ha
Production: 39 000 hl
Encépagement:
Riesling – Gewürztraminer – Tokay pinot gris – Muscat
Durée de conservation:
12-20 ans (parfois plus selon les années et les cépages)
Température de service:
10-12 °C
Millésimes:
71 - **76** - 79 - 81 - **83** - **85** - 86 - 88 - **89**

Si la législation des vins d'Alsace est axée sur les cépages, il n'en demeure pas moins que certains terroirs ou lieux-dits sont à l'origine de vins blancs encore plus prestigieux et plus complexes. Ces lieux-dits sont les grands crus de l'Alsace. Et j'ai rarement vu d'amateurs éclairés résister à la beauté de ces grands vins.

Liste des 48 lieux-dits classés ou en cours de classement (°)

Altenberg de Bergbieten
Altenberg de Bergheim
Altenberg de Wolxheim °
Brand (Turckheim)
Eichberg (Eguisheim)
Engelberg (Dahlenheim) °
Frankstein (Dambach-la-Ville) °
Froehn (Zellenberg)
Furstentum (Kientzheim) °
Geisberg (Ribeauvillé)
Gloeckelberg (Rodern et Saint-Hippolyte)
Goldert (Gueberschwihr)
Hatschbourg (Hattstatt et Voegtlinshoffen)
Hengst (Wintzenheim)
Kanzlerberg (Bergheim)
Kastelberg (Andlau)
Kessler (Guebwiller)
Kitterlé (Guebwiller)
Kirchberg de Barr
Kirchberg de Ribeauvillé
Mambourg (Sigolsheim) °
Mandelberg (Mittelwihr) °
Markrain (Bennwihr)
Moenchberg (Andlau et Eichhoffen)
Muenchberg (Nothalten) °

Ollwiller (Wuenheim)
Osterberg (Ribeauvillé) °
Pfersigberg (Eguisheim) °
Pfingstberg (Orschwihr) °
Praelatenberg (Orschwiller) °
Rangen (Thann)
Rosacker (Hunawihr)
Saering (Guebwiller)
Schlossberg (Kaysersberg et Kientzheim)
Schoenenbourg (Riquewihr) °
Sommerberg (Niedermorschwihr et Katzenthal)
Sonnenglanz (Beblenheim)
Spiegel (Bergholtz et Guebwiller)
Sporen (Riquewihr) °
Steinert (Pfaffenheim) °
Steingrubler (Wettolsheim) °
Steinklotz (Marlenheim) °
Vorbourg (Rouffach-Westhalten) °
Wiebelsberg (Andlau)
Wineck-Schlossberg (Katzenthal) °
Winzenberg (Blienschwiller) °
Zinnkoepflé (Westhalten-Soultzmatt) °
Zotzenberg (Mittelbergheim) °

- *Les communes des lieux-dits apparaissent entre parenthèses.*
- *Seuls les cépages cités plus haut ont le droit à la dénomination «Alsace Grand Cru».*
- *Ceux-ci sont cultivés dans ces lieux-dits, dont le nom apparaît ou non sur l'étiquette.*

Voir «Alsace ou vin d'Alsace», p. 25.
Le caractère de finesse de ces vins ne peut qu'accentuer l'heureuse harmonie existant entre ceux-ci et les mets cités sur la fiche précédente.

Voir «Les bonnes maisons d'Alsace», p. 29.
De nombreuses maisons produisent également des vins d'Alsace Grand Cru.

Crémant d'Alsace

Date du décret:
 24 août 1976
Superficie: Incluse dans l'AOC «Alsace»
Rendement de base:
 100 hl/ha
Production: 116 200 hl
Encépagement:
 Pinot blanc –
 Pinot auxerrois – Riesling –
 Pinot noir – Pinot gris –
 Chardonnay
Durée de conservation:
 3 ans (1)
Température de service:
 8 °C
Millésimes:
 85 - 86 - 88 - **89**

Élaboré à partir de vins de base produits en Alsace, ce crémant est un vin mousseux présentant une mousse très légère due à une pression moins forte lors de la deuxième fermentation en bouteille que celle de la traditionnelle méthode champenoise. De plus en plus populaire, c'est un vin généralement très agréable.

Vin mousseux
Élaboré selon la méthode champenoise (deuxième fermentation en bouteille) – Robe limpide et délicate – Mousse fine et persistante – Arômes fruités et délicats – Typé – Fruité en bouche et rafraîchissant
Une petite quantité de crémant rosé est élaborée à partir du seul raisin pinot noir (3 %).

À l'apéritif – Poissons pochés au crémant d'Alsace – Kougloff (spécialité de gâteau alsacien)

Voir «Les bonnes maisons d'Alsace», p. 29.

Les mentions «Vendanges Tardives» et «Sélection de Grains Nobles»

Le climat du vignoble alsacien avec ses très faibles précipitations et son haut taux d'ensoleillement en automne permet, certaines années, le passerillage des raisins ainsi que le développement de la pourriture noble. La récolte des cépages les plus nobles est ainsi retardée bien au-delà des vendanges normales.

Les mentions «Vendanges Tardives» et «Sélection de Grains Nobles» qui doivent présenter une richesse en sucre particulièrement élevée désignent des vins de classe exceptionnelle et, lorsque la nature le permet, ce sont les deux cépages suivants qui sont les plus utilisés:

- le *riesling* qui est d'une très grande finesse, capiteux, racé et plus ou moins moelleux;
- le *gewürztraminer* qui est généralement moelleux, opulent et qui accompagne parfaitement le foie gras d'Alsace et certains desserts comme les tartes aux fruits.

Pour bénéficier, aux termes de ce décret, des mentions spécifiques «Vendanges Tardives» et «Sélection de Grains Nobles», les vins des appellations d'origine contrôlées «Alsace» et «Alsace Grand Cru» doivent répondre à des conditions de production très strictes, entre autres:

- être issus d'un cépage unique et être déclarés et vendus avec mention de ce cépage;
- n'avoir fait l'objet d'aucun enrichissement;
- être issus de vendanges de l'un des cépages ci-dessous présentant les richesses naturelles minimales suivantes en sucre par litre de moût:

	Mention «Vendanges Tardives»		Mention «Sélection de Grains Nobles»	
	Sucre g/L	Degré d'alcool en puissance	Sucre g/L	Degré d'alcool en puissance
Gewürztraminer	243	14,3 °	279	16,4 °
Pinot gris	243	14,3 °	279	16,4 °
Riesling	220	12,9 °	256	15,1 °
Muscat d'Alsace	220	12,9 °	256	15,1 °

- être présentés, dégustés et agréés à l'examen analytique et organoleptique sous leur mention particulière;
- être présentés obligatoirement avec l'identification du millésime.

Ces nouvelles dispositions, en imposant une discipline de production tout à fait remarquable, sont indiscutablement de nature à maintenir à son plus haut niveau la tradition de qualité de ces vins admirables.

Les bonnes maisons d'Alsace

Propriétés (26 %): Je propose ici une liste de propriétaires aussi bien que de négociants puisque ces derniers produisent également des vins de leurs propres domaines. Des domaines (ou clos) en particulier sont aussi indiqués.

Négoce (40 %): Gérard Hartmann – Dom. Schlumberger – Trimbach (Clos Sainte-Hune) – Hugel – Dopff (Au Moulin) – Dopff et Irion – Willm – Josmeyer – P. Adam – Léon Beyer – Baumann – F. Kiefer – L. Albrecht – L. Hauller – Muré (Clos Saint-Landelin) – Caves J.-B. Adam – G. Lorentz – L. Siffert – P. Sparr – Rolly-Gassmann – Dirler – A. Blanck – Armand Gilg – P. Sperry – Landmann-Ostholt – Clos Sainte-Odile – J.-L. Dirringer – Dom. des Comtes de Lupfen – J.-P. et X. Vorburger – J. Cattin – P. Scherer – C. Baur – R. Faller – J.-M. Spielmann – M. Deiss – Zind-Humbrecht – J. Sipp – P. Ginglinger – P. Frick – W. Gisselbrecht – J. Wach – J.-P. Klein – E. Rominger – R. Schoffit – Kuentz-Bas

Caves: Cave vinicole de Hunawihr – Cave vinicole de Pfaffenheim – Divinal cave vinicole d'Obernai – Viticulteurs réunis de Bennwihr – Cave vinicole d'Ingersheim – Cave vinicole de Turckheim – Cave vinicole de Westhalten – Coopérative viticole de Cleebourg – Cave coopérative de Dambach – Cave vinicole de Kientzheim – Cave vinicole d'Eguisheim

Quelques précisions

- Les vins d'Alsace représentent 20 % de la production française de vins blancs AOC.
- La mise en bouteille se fait à 100 % dans la région de production.
- L'Alsace a sa propre bouteille: la flûte d'Alsace.

Bordeaux

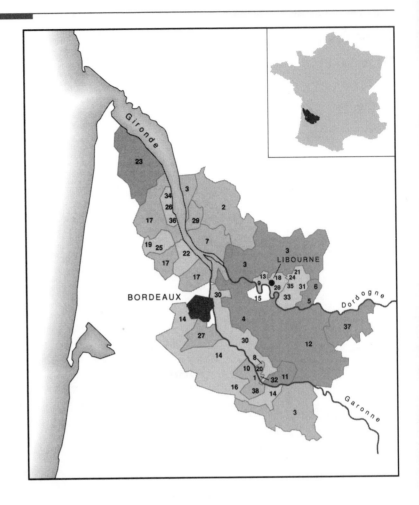

1 Barsac
2 Blaye ou Blayais
3 Bordeaux
3 Bordeaux Clairet
4 Bordeaux Haut-
   Bénauge
3 Bordeaux Rosé
3 Bordeaux Supérieur
6 Bordeaux Supérieur
   – Côtes de Francs
7 Bourg ou Bourgeais
8 Cadillac
9 Canon-Fronsac
10 Cérons

2 Côtes de Blaye
11 Côtes de Bordeaux –
   Saint-Macaire
7 Côtes de Bourg
5 Côtes de Castillon
12 Entre-deux-Mers
13 Fronsac
14 Graves
15 Graves de Vayres
16 Graves Supérieures
17 Haut-Médoc
18 Lalande-de-Pomerol
19 Listrac
20 Loupiac

21 Lussac –
   Saint-Émilion
22 Margaux
23 Médoc
24 Montagne –
   Saint-Émilion
25 Moulis
26 Pauillac
27 Pessac-Léognan
28 Pomerol
29 Premières Côtes de
   Blaye
30 Premières Côtes de
   Bordeaux

31 Puisseguin –
   Saint-Émilion
32 Sainte-Croix-du-
   Mont
37 Sainte-Foy-Bordeaux
33 Saint-Émilion
33 Saint-Émilion Grand
   Cru
34 Saint-Estèphe
35 Saint-Georges –
   Saint-Émilion
36 Saint-Julien
38 Sauternes

Barsac

Date du décret:
11 septembre 1936
Superficie: 600 ha
Rendement de base:
25 hl/ha
Production: 13 600 hl
Encépagement:
Sémillon – Sauvignon –
Muscadelle
Durée de conservation:
25 ans et plus (3-5 ans)
Température de service:
6-8 °C
(10 °C pour les plus corsés)
Millésimes:
71 - 75 - 76 - 79 - 80 - 81 -
83 - 85 - **86** - **88** - **89**

Même si tous les vins de l'AOC «Barsac» peuvent bénéficier de l'appellation «Sauternes», le vignoble, séparé du Sauternais par la petite vallée du Ciron, possède un terrain original lui donnant droit à sa propre appellation. Moins riche que le Sauternes, le Barsac est un vin à découvrir absolument.

Vin blanc uniquement
Belle robe d'or brillante – Arômes de tilleul et de miel évoluant vers des bouquets d'amande et de noisette grillée – Liquoreux (en général plus légèrement que le Sauternes) – Ample – Équilibré en acidité – Gras et élégant à la fois

À l'apéritif – *Foie gras frais* – Melon rafraîchi – *Filets de sole à la crème* – Brochettes de coquilles Saint-Jacques à la crème – Fromages à pâte persillée (roquefort) – Fruits rafraîchis – Tartes aux fruits

Propriétés: Ch. Farluret – Ch. Cantegril – Ch. de Rolland – Ch. Piot David – Ch. Piada
Voir p. 53 pour les crus classés de Barsac.

Blaye ou Blayais

Date du décret:
11 septembre 1936
Superficie: 400 ha
Rendement de base:
B: 65 hl/ha
R: 55 hl/ha
Production: 24 900 hl
Encépagement:
B: *Sémillon – Sauvignon –*
Muscadelle – Merlot blanc –
Colombard – Ugni blanc
R: *Cabernet sauvignon –*
Cabernet franc – Merlot –
Malbec – Prolongeau –
Petit verdot
Durée de conservation:
3 ans (1)
Température de service:
8 °C
Millésimes:
86 - 87 - 88 - **89**

C'est à Blaye, face au Médoc, que Vauban (maréchal de France sous Louis XIV) fit construire une citadelle, point de vue idéal pour admirer l'estuaire de la Gironde. Cette appellation est de moins en moins utilisée.

Blanc (97,5 %): Robe jaune pâle – Arômes floraux et fruités – Sec – Léger et frais
Rouge (2,5 %): Ressemble au Premières Côtes de Blaye, mais en moins généreux

Blanc: Voir «Côtes de Blaye» p. 36.
Rouge: Voir «Premières Côtes de Blaye», p. 46.

Propriétés: Quelques domaines, mais la commercialisation se fait localement.
Cave: Cave coopérative d'Anglade

Bordeaux

Date du décret:
14 novembre 1936
Superficie: 34 000 ha
Rendement de base:
B: 55 hl/ha
R: 65 hl/ha
Production: 2 580 900 hl
Encépagement:
R: *Cabernet sauvignon –
Cabernet franc – Merlot –
Malbec – Petit verdot –
Carménère*
B: *Sémillon, sauvignon et
muscadelle (70 %) –
Merlot blanc – Colombard
– Mauzac – Ondenc –
Ugni blanc*
Durée de conservation:
R: 4-5 ans (1)
B: 3 ans (1)
Température de service:
R: 12-16 °C
B: 8 °C
Millésimes:
85 - 86 - 88 - 89

Si cette appellation tire son nom de la ville même de Bordeaux, le vin peut provenir de toute la Gironde viticole. Bordeaux, port de tout temps stratégique, a toujours joué un grand rôle, tant politique et historique qu'économique.

Rouge (68 %): Couleur rubis – Arômes fruités – Délicat – Peu corsé – Souple
Blanc (32 %): Belle couleur jaune pâle – Arômes floraux – Sec – Fruité et plutôt léger
Une faible quantité de Bordeaux mousseux (16 mars 1943) est également produite en blanc et en rosé, mais l'appellation «Crémant de Bordeaux» qui vient d'être créée (3 avril 1990) remplacera peu à peu l'AOC Bordeaux (mousseux).

Rouge: Terrines et pâtés – Grillades – *Fricassée de lapin* – Fromages peu relevés
Blanc: Coquillages (huîtres, moules) – Poissons grillés, frits et meunière

Propriétés: Ch. du Haut Guérin – Ch. du Juge – Ch. Bonnet – Ch. La Cour Pavillon – Ch. La Mongie – Dom. de Laubertrie – Ch. Timberlay – Pavillon Blanc – Ch. Milary – Ch. du Petit Puch – Ch. De Jayle – Ch. de Loudenne – R. de Rieussec – G. de Ch. Guiraud – Ch. Cadillac – Ch. Le Dragon – Dom. des Justices – Ch. Thieuley – Ch. Le Trébuchet
Caves: Les vignerons de Guyenne – Cave coopérative de Grangeneuve – Cave coopérative de Gironde – Chais de Vaure – Union Saint-Vincent

Bordeaux Rosé – Bordeaux Clairet

Date du décret:
13 septembre 1951
(14 novembre 1936)
Superficie: 250 ha
Rendement de base:
55 hl/ha
Production: 14 500 hl
Encépagement:
Voir cépages rouges de «Bordeaux», p. 32
Durée de conservation:
3 ans (1)
Température de service:
8 °C
Millésimes: 86 - 88 - 89

Ce type de vin n'est pas l'image de marque de cette région; il n'en demeure pas moins que le Clairet a une longue histoire puisque, au XIIe siècle déjà, l'exportation de vins de l'année, appelés «Clarets», se faisait par mer, vers l'Angleterre.

Rosé (70 %): Couleur saumon clair – Arômes présents – Sec – Fruité – Frais et léger
Clairet (30 %): Couleur brillante plus soutenue que le rosé – Arômes discrets – Fruité – Souple et frais
Le Clairet est un vin rouge obtenu après une courte macération des éléments.

Charcuteries – Soufflé au fromage – *Jambon braisé* – Lamproie à la bordelaise – Volailles rôties – Fromages doux

Propriétés: *Rosé:* Ch. Launay – Dom. des Cailloux – Dom. de la Croix de Miaille – Ch. du Vieux Manoir – Ch. Du Brana – Ch. La Blanquerie – Ch. Les Arromans – Ch. Vieil Orme – Ch. Les Alberts
Caves: Cave coopérative de Générac – Union des Producteurs de Lugon
Propriétés: *Clairet:* Ch. Brethous – Ch. Castagnon – Ch. Gantonet – Ch. Thieuley – Clairet de Taleyran

Bordeaux Haut-Bénauge

Cette appellation distincte de «Bordeaux» provient d'une aire de production située à l'ouest de l'Entre-deux-Mers. Les critères donnant droit à cette AOC sont plus exigeants que pour l'appellation régionale.

Date du décret:
15 juillet 1955
(14 novembre 1936)
Superficie: 60 ha
Rendement de base:
45 hl/ha
Production: 5 400 hl
Encépagement:
Sémillon – Sauvignon –
Muscadelle
Durée de conservation:
3 ans (1)
Température de service:
8 °C
Millésimes:
86 - **88** - **89**

 Vin blanc uniquement
Vin blanc sec ressemblant au vin blanc d'appellation générale «Bordeaux»

 Voir «Bordeaux», p. 32.

 Propriétés: Voir «Bordeaux», p. 32.

Bordeaux Supérieur

Le Bordeaux Supérieur se distingue du «simple» Bordeaux par une meilleure structure, une plus grande complexité, un degré d'alcool légèrement plus élevé et un meilleur potentiel de vieillissement. Ce vin constitue souvent un excellent rapport qualité-prix.

Date du décret:
14 octobre 1943
Superficie: 9 000 ha
Rendement de base:
50 hl/ha
Production: 600 900 hl
Encépagement:
Voir cépages principaux de
«Bordeaux», p. 32
Durée de conservation:
R: 6-7 ans (2)
B: 3 ans (1)
Température de service:
R: 14-16 °C
B: 8 °C
Millésimes:
83 - **85** - 86 - 88 - **89**

 Rouge (98 %): Belle robe rubis – Arômes de fruits rouges – Tanins bien fondus – Souple – Fruité
Blanc (2 %): Voir «Bordeaux», p. 32.

 Rouge: *Foie de veau poêlé* – Viandes rouges grillées, rôties et sautées – Fromages peu relevés
Blanc: Voir «Bordeaux», p. 32.

 Propriétés: Ch. Lagrave-Paran – Ch. Peyrebon – Ch. La Capelle – Ch. Bertinerie – Ch. Le Grand Verdus – Ch. de la Grande Chapelle – Ch. du Moulin Meyney – «Y» du Ch. D'Yquem – Ch. Vieil Orme – Ch. Terres d'Agnès – Ch. Parenchère – Ch. Fayau – Ch. Cap de Merle – Ch. la France – Dom. des Justices – Ch. Recougne – Ch. Guiraud – Ch. Sorillon – Ch. Clos l'Église – Ch. Grand Village – Ch. La Blanquerie
Cave: Cave coopérative de Génissac
Voir aussi «Bordeaux», p. 32.

Bordeaux Supérieur – Côtes de Francs

Petite appellation située au nord de l'AOC «Côtes de Castillon», les «Côtes de Francs» tirent leur nom du petit village de Francs, situé en plein cœur du vignoble. L'appellation «Bordeaux – Côtes de Francs», pour sa part, existe aussi, mais en petite quantité.

Date du décret:
26 mai 1967
(14 novembre 1936)
Superficie: 350 ha
Rendement de base:
50 hl/ha
Production: 22 300 hl
Encépagement:
R: Cabernet sauvignon –
Cabernet franc – Merlot –
Malbec
B: Sémillon – Sauvignon –
Muscadelle
Durée de conservation:
8-10 ans (2)
Température de service:
R: 15-17 °C
B: 8 °C
Millésimes: 78 - 79 - **82** - **83**
- **85** - 86 - 88 - **89**

Rouge (98 %): Belle robe rubis intense – Arômes présents de fruits rouges – Assez corsé
Blanc (2 %): Très petite production de vins blancs secs ou légèrement moelleux

Rouge: *Terrine de canard ou de lapin* – Rognons de veau grillés sauce béarnaise – *Lapin sauté au romarin* – Viandes rouges grillées et rôties – Volailles rôties – Fromages moyennement relevés
Blanc: Poissons et fruits de mer

Propriétés: Ch. Puygueraud – Ch. Les Meneries – Ch. Laclaverie – Ch. de Francs
Cave: Cave coopérative des Côtes de Francs

Bourg ou Bourgeais ou Côtes de Bourg

Situé au sud de Blaye, sur la rive droite de la Dordogne, Bourg donne son nom à une région de coteaux généralement bien exposés qui se consacre principalement à la production de vins rouges de qualité. Ce sont des vins à ne pas négliger dont le caractère et la personnalité sont parfois inversement proportionnels aux prix proposés.

Date du décret:
R: 11 septembre 1936
B: 14 mai 1941
Superficie: 3 000 ha
Rendement de base:
R: 50 hl/ha
B: 60 hl/ha
Production: 210 300 hl
Encépagement:
Voir Cépages principaux de
Bordeaux, p. 32
Durée de conservation:
R: 10-12 ans (3)
B: 3 ans (1)
Température de service:
R: 15-18 °C
B: 8 °C
Millésimes: 81 - **82** - **83** - 85
- 86 - 88 - **89**

Rouge (98 %): Robe profonde – Arômes intenses de fruits rouges (cassis) – Bonne rondeur grâce au merlot – Tannique – Bien charpenté
Blanc (2 %): Couleur jaune pâle – Arômes de fleurs et de miel – Bon équilibre entre l'acidité et le moelleux – Sec et léger

Rouge: Gigot d'agneau – Entrecôte à la bordelaise – *Rognons de veau grillés* – Fromages moyennement relevés
Blanc: Coquillages (huîtres) – Poissons grillés et meunière

Propriétés: Ch. Haut-Guiraud – Ch. Moulin des Graves – Ch. Brûlesécailles – Ch. de Lidonne – Ch. Labarde – Ch. Haut-Macô – Ch. des Graves De Repinplet – Ch. Le Clos du Notaire – Ch. Grand Launay – Ch. Mercier – Ch. Guerry – Ch. Les Hommes Cheval Blanc – Ch. de la Grave – Ch. Rousset – Ch. Tayac
Cave: Cave du Bourgeais

Cadillac

Date du décret:
10 août 1973
Superficie: 70 ha
Rendement de base:
40 hl/ha
Production: 3 100 hl
Encépagement:
Sémillon – Sauvignon –
Muscadelle
Durée de conservation:
10-12 ans (2-3)
Température de service:
6-8 °C
Millésimes:
76 - 82 - **83** - 85 - **86** - **88** -
89

Planté sur un sol graveleux et calcaire, le vignoble de Cadillac est inclus dans l'aire d'appellation «Premières Côtes de Bordeaux» et produit un vin blanc moelleux et aromatique. Peu connue, cette appellation n'est pas toujours revendiquée par les producteurs.

Vin blanc uniquement
Robe dorée – Arômes floraux – Très doux à liquoreux – Souple et nerveux à la fois – Fruité

À l'apéritif – *Melon rafraîchi* – Poissons en sauce – Volailles pochées sauce suprême – Fromages à pâte persillée – Desserts (*tartes aux fruits*)

Propriétés: Ch. Fayau – Ch. La Bertrande – Ch. Manos – Ch. Birot – Ch. De Lardiley – Ch. Labatut Bouchard

Canon-Fronsac

Date du décret:
1er juillet 1939
Superficie: 300 ha
Rendement de base:
47 hl/ha
Production: 16 500 hl
Encépagement:
Voir «Fronsac», p. 38
Durée de conservation:
15-18 ans (5)
Température de service:
16-18 °C
Millésimes:
75 - 76 - 78 - 79 - 80 - 81 -
82 - 83 - 84 - **85** - 86 - 88 -
89

Seuls les vins produits sur les coteaux argilo-calcaires de Fronsac et de Saint-Michel-de-Fronsac ont droit à cette appellation. L'AOC «Côtes de Fronsac» n'existe plus depuis 1976. On parle peu de ce vignoble qui produit néanmoins de grands crus à des prix encore abordables.

Vin rouge uniquement
Robe rubis intense – Arômes de bois, de fruits (groseille), nuancés de vanille – Charnu et charpenté – Bonne présence de tanins permettant le vieillissement. (Généralement ce vin est plus généreux et plus corsé que le «simple» Fronsac.)

Viandes et volailles (*Filet d'agneau en croûte* – Poulet sauté aux olives) – Petits gibiers à poils (*Civet de lièvre*) – Fromages relevés

Propriétés: Ch. du Pavillon – Ch. Toumalin – Ch. Mausse – Ch. Grand Renouil – Ch. Canon de Brem – Ch. Belloy – Ch. La Marche-Canon – Ch. Mazeris – Ch. Vray Canon Boyer – Ch. Canon – Ch. Coustolle – Ch. Barrabaque – Ch. Bodet La Justice

Cérons

Le vignoble de Cérons est enclavé dans la région des Graves, face à Cadillac. Son sol graveleux et siliceux produit un vin blanc qui se situe entre le Barsac et le Graves Supérieures.

Date du décret:
11 septembre 1936
Superficie: 70 ha
Rendement de base:
40 hl/ha
Production: 2 900 hl
Encépagement:
Sémillon – Sauvignon –
Muscadelle
Durée de conservation:
12-15 ans (3-5)
Température de service:
6-8 °C
Millésimes:
75 - 76 - 79 - 83 - 85 - 86 -
88 - 89

 Vin blanc uniquement
Belle robe dorée brillante – Arômes de miel et de fleurs – Doux à liquoreux – Bonne suavité mais n'atteint pas l'ampleur et la richesse du Sauternes – Plus nerveux que le Sauternes

 À l'apéritif – Crustacés (Gratin de langoustines) – *Poissons pochés (Brochet sauce mousseline)* – Fruits rafraîchis – Tartes aux fruits

 Propriétés: Ch. d'Archambeau – Ch. Haura – Ch. de Cérons – Grand Enclos du Ch. de Cérons

Côtes de Blaye

L'existence de cette appellation destinée aux vins blancs seulement explique l'importance réservée autrefois à la production de ce type de vin, notamment au nord de cette région située aux alentours de Blaye.

Date du décret:
11 septembre 1936
Superficie: 260 ha
Rendement de base:
60 hl/ha
Production: 18 200 hl
Encépagement:
*Sémillon – Sauvignon –
Muscadelle* – Merlot blanc –
Folle blanche – Colombard
Durée de conservation:
3 ans (1)
Température de service:
8 °C
Millésimes:
88 - **89**

 Vin blanc uniquement
Robe jaune pâle – Arômes fruités et floraux – Sec – Nerveux et délicat

 Coquillages et crustacés (Moules marinière – *Salade de crevettes* – Huîtres) – Poissons grillés, frits et meunière

 Propriétés: Ch. Haut-Grelot – Ch. Charron – Ch. Tayat – Ch. La Braulterie – Ch. Marinier – Ch. Maine Marzelle – Dom. de la Nouzillette – Ch. Chante Alouette – Ch. des Tourtes – Ch. Peyreyre
Cave: Cave coopérative des Hauts de Gironde

Côtes de Bordeaux – Saint-Macaire

Date du décret:
31 juillet 1937
Superficie: 30 ha
Rendement de base:
50 hl/ha
Production: 1 700 hl
Encépagement:
Sémillon – Sauvignon –
Muscadelle
Durée de conservation:
8-10 ans
Température de service:
8 °C
Millésimes:
81 - 82 - 83 - 85 - 86 - 88 -
89

Le vignoble installé sur la rive droite de la Garonne offrait déjà au Moyen Âge, aux cours de France et d'Angleterre, des vins fort appréciés. Aujourd'hui, sa petite production et le voisinage des grands moelleux empêchent une plus grande reconnaissance de cette appellation plutôt méconnue et en nette diminution, au profit des vins rouges d'appellations «Bordeaux» et «Bordeaux Supérieur».

 Vin blanc uniquement
Belle couleur brillante – Demi-sec ou mœlleux – Souple

 À l'apéritif – Poissons pochés (Saumon sauce hollandaise) – Poissons en sauce *(Darnes de colin à la crème)* – Desserts (Omelette norvégienne)

 Propriétés: Ch. Lagrave-Paran – Ch. Vieil Orme

Côtes de Castillon

Date du décret:
9 février 1989
(15/7/55-14/11/36)
Superficie: 2 200 ha
Rendement de base:
50 hl/ha
Production: 165 200 hl
Encépagement:
Voir cépages rouges de
«Bordeaux» p. 32
Durée de conservation:
10-12 ans (3)
Température de service:
15-17 °C
Millésimes:
78 - 79 - **82** - **83** - **85** - 86 -
88 - **89**

Situé à l'est de Saint-Émilion, ce vignoble entoure la petite ville de Castillon-la-Bataille. Commercialisant autrefois ce vin sous l'appellation «Bordeaux», les vignerons ont amélioré la qualité de leurs vins et viennent d'obtenir leur propre appellation.

 Vin rouge uniquement
Robe rubis intense – Arômes de fruits mûrs – Charnu – Bonne présence de tanins – Relativement corsé

 Terrine de canard – *Noisettes d'agneau* – Viandes rouges rôties – Volailles rôties (pintade, oie) – Fromages moyennement relevés

 Propriétés: Ch. Moulin de Clotte – Ch. Fonds-Rondes – Ch. Terrasson – Ch. Puycarpin – Dom. la Tuque Bel Air – Ch. Fontbaude – Ch. De Belcier – Ch. Bel Air – Ch. Toureau – Ch. Landry
Cave: Cave coopérative de Castillon-la-Bataille

Entre-deux-Mers

Date du décret:
31 juillet 1937
Superficie: 3 000 ha
Rendement de base:
60 hl/ha
Production: 137 200 hl
Encépagement:
Sémillon, sauvignon et muscadelle (70 %) – Merlot blanc – Colombard – Mauzac – Ugni blanc
Durée de conservation:
3 ans (1)
Température de service:
8 °C
Millésimes:
86 - **88** - **89**

Ce nom qui remonterait au XVIᵉ siècle dériverait du latin «inter duo maria» même s'il aurait été plus justifié de dire «entre-deux-fleuves» puisque cette vaste région est encadrée par la Dordogne et la Garonne. Si, entre les années 1940 et 1950, les vignerons produisaient des vins plutôt moelleux, le vin d'Entre-deux-Mers a pourtant toujours été un vin blanc sec. Cette AOC peut être suivie du nom du cru «Haut-Benauge» (7 %).

Vin blanc uniquement
Robe or pâle à reflets verts – Arômes floraux typiques, parfois nuancés de citron – Sec – Frais – Fruité

Salade d'avocat aux crevettes – *Huîtres* – *Moules marinière* – Plateau de fruits de mer – Poissons grillés *(Truite grillée aux herbes)* – Poissons meunière (plie, truite ou limande)

Propriétés: Ch. Thieuley – Ch. Bonnet – Ch. Launay – Ch. Ducla – Ch. Les Arromans – Ch. de Bertin – Ch. Latour – Ch. Les Hauts de Sainte-Marie – Dom. de Fontenille – Ch. Reynier – Ch. Petit Freylon – Ch. Vrai Caillou – Ch. de Beauregard – Ch. Fondarzac – Ch. Plessis
Caves: Cave coopérative de Rauzan – Cave coopérative de Cazaugitat – Cave coopérative de Romagne – Cave coopérative de Gensac

Fronsac

Date du décret:
4 mars 1937
Superficie: 720 ha
Rendement de base:
47 hl/ha
Production: 48 800 hl
Encépagement:
Merlot – Cabernet franc – Cabernet sauvignon – Malbec
Durée de conservation:
12-14 ans (3)
Température de service:
15-17 °C
Millésimes:
75 - 76 - 78 - 79 - 80 - 81 - **82** - **83** - 84 - **85** - 86 - 88 - 89

C'est à Fronsac, sur la rive droite de la Dordogne, que Charlemagne établit en 769 un camp fortifié. Démontrant un vif intérêt pour le vignoble, il aurait été, dit-on, le promoteur de l'utilisation des barriques cerclées de fer pour le transport du vin. Et c'est nul autre que Richelieu, duc de Fronsac, qui fit connaître ce vin en organisant sur place, dit-on, des fêtes mémorables.

Vin rouge uniquement
Robe rubis – Arômes floraux et fruités évoluant vers des notes vanillées et épicées – Souple et charpenté à la fois – Bons tanins permettant un certain vieillissement

Viandes sautées ou rôties *(Navarin d'agneau)* – Volailles rôties (Pintade aux pruneaux) – Fromages moyennement relevés

Propriétés: Ch. Arnauton – Ch. Villars – Ch. de la Huste – Clos du Roy – Ch. Lambert – Ch. Dalem – Ch. de La Rivière – Ch. Puy Guilhem – Ch. Renard – Ch. Moulin Haut Larocque – Ch. La Brande – Ch. La Dauphine – Ch. de Carles – Ch. Roumagnac La Maréchale – Ch. Jeandeman – Ch. Mayne-Vieil – Ch. Moulin Haut-Villars

Graves

Date du décret:
  4 mars 1937
Superficie: 2 100 ha
Rendement de base:
  50 hl/ha
Production: 142 000 hl
Encépagement:
R: *Cabernet sauvignon –*
  Cabernet franc – Merlot –
  Malbec – Petit verdot
B: Sémillon – Sauvignon –
  Muscadelle
Durée de conservation:
  R: 20 ans et plus (5)
  B: 10-12 ans (2)
Température de service:
  R: 16-18 °C
  B: 8-10 °C
Millésimes:
  75 - 76 - **78** - 79 - 81 - **82** -
  83 - **85** - **86** - 87 - **88** - 89

Cette appellation est la seule de France (avec Graves de Vayres) à tirer son nom du sol qui la produit. En effet, si le vignoble est très ancien, c'est son sol en terrasses de graviers et de galets façonnées par les crues de la Garonne qui apporte à ces vins la réputation de caractère et de finesse qu'ils méritent.

Rouge (65 %): Robe foncée et intense – Arômes floraux et fruités (fruits mûrs) évoluant vers un bouquet complexe de vanille et de bois – Tannique – Fin et puissant à la fois
Blanc (35 %): Robe jaune clair aux légers reflets verts – Arômes délicats floraux et fruités – Sec – Nerveux – Puissant

Rouge: Viandes rôties (Gigot d'agneau) – Poissons en sauce au vin rouge (Lamproie à la bordelaise – Matelote) – Gibiers à poils (Civet de chevreuil) et à plumes (Faisan vigneronne) – Fromages moyennement relevés
Blanc: Salade de crevettes – Crustacés (Langoustines grillées) – Fruits de mer au gratin – Poissons braisés (Saumon braisé au vin blanc) – Poissons meunière (Sole de Douvres)

Propriétés: Ch. D'Ardennes – Ch. D'Archambeau – Ch. Respide-Medeville – Ch. de Roquetaillade La Grange – Ch. St-Agrèves – Ch. D'Arricaud – Clos Floridène – Ch. Magence – Ch. de Chante-grive – Ch. Rahoul – Ch. Cazebonne – Ch. Pessan – Ch. La Tuilerie – Ch. des Jaubertes – Ch. Brondelle – Ch. du Maine
Cave: Sica Les vignobles de Bordeaux

Graves de Vayres

Date du décret:
  31 juillet 1937
Superficie: 450 ha
Rendement de base:
  R: 50 hl/ha
  B: 60 hl/ha
Production: 27 700 hl
Encépagement:
Voir Cépages principaux de
  Bordeaux, p. 32
Durée de conservation:
  R: 5-8 ans (2)
  B: 3-4 ans (1)
Température de service:
  R: 14-16 °C
  B: 8 °C
Millésimes: 81 - **82** - **83** - **85**
  - **86** - **88** - **89**

Petite enclave dans la région de l'Entre-deux-Mers, cette appellation tire son nom du village de Vayres et du sol graveleux, ressemblant notamment à celui de la région des Graves.

Rouge (60 %): Robe rubis – Arômes de fruits rouges nuancés de notes épicées – Peu corsé – Charnu et souple à la fois
Blanc (40 %): Robe légèrement dorée – Arômes floraux – Rafraîchissant – Sec (parfois moelleux)

Rouge: Viandes rouges grillées – Volailles grillées ou rôties (Poulet rôti) – Fromages peu relevés
Blanc: Coquillages et crustacés – Poissons grillés et meunière – Se sert en apéritif lorsque moelleux

Propriétés: Ch. Pichon-Bellevue – Ch. Le Tertre – Ch. Bacchus – Ch. Barre-Gentillot – Ch. D'Arveyres

Graves Supérieures

Date du décret:
 4 mars 1937
Superficie: 550 ha
Rendement de base:
 50 hl/ha
Production: 17 400 hl
Encépagement:
 Sémillon – Sauvignon –
 Muscadelle
Durée de conservation:
 10-12 ans (3)
Température de service:
 6-8 °C
Millésimes:
 79 - 80 - 81 - **83** - 85 - **86** -
 88 - **89**

L'appellation «Graves Supérieures» (au féminin) est réservée au vin blanc moelleux et est généralement produite au sud de la région, autour des AOC «Barsac», «Sauternes» et «Cérons». Je ne connais en dégustation que les charmes d'un seul château, mais ceux-ci se mariaient habilement à la truite à la crème et aux herbes servie pour la circonstance.

 Vin blanc uniquement
Robe jaune doré – Arômes fruités délicats (agrumes) évoluant vers des notes de pain grillé en vieillissant – Moelleux – Harmonieux en bouche mais n'atteint pas la richesse des vins liquoreux voisins

 À l'apéritif – Foie gras frais – Melon rafraîchi – *Poissons pochés et en sauce* – Volailles pochées (Poularde à la crème) – Fromages à pâte persillée – Fruits rafraîchis – Tartes aux fruits

 Propriété: Ch. D'Arricaud

Haut-Médoc

Date du décret:
 14 novembre 1936
Superficie: 3 000 ha
Rendement de base:
 48 hl/ha
Production: 213 500 hl
Encépagement:
 Voir «Médoc», p. 43
Durée de conservation:
 12-15 ans et plus (3)
Température de service:
 15-17 °C
Millésimes:
 75 - 76 - **78** - 79 - 81 - **82** -
 83 - **85** - **86** - 87 - **88** - 89

En remontant la Gironde, on trouve le Haut-Médoc (paradoxalement) au sud du vignoble. Plus réputée que l'appellation «Médoc», celle du «Haut-Médoc» se distingue par une grande finesse, proche parfois de celle des grands crus voisins.

 Vin rouge uniquement
Belle robe rubis intense et brillante – Arômes fins et complexes (cassis et cerise) – Généreux mais sans excès – Présence de tanins permettant un bon vieillissement

 Omelette aux champignons – Côte de bœuf – *Gigot d'agneau* – Lapin à la moutarde – Volailles rôties (Pintade aux pruneaux) – Fromages moyennement relevés

 Propriétés: Ch. Liversan – Ch. le Fournas Bernadotte – Ch. Citran – Ch. Bel-Orme – Ch. Sociando-Mallet – Ch. Verdignan – Ch. Coufran – Ch. Lemoine Lafon Rochet – Ch. Lanessan – Ch. Hanteillan – Ch. Beaumont – Ch. de Lamarque – Ch. Senejac – Ch. Puy-Castéra – Ch. Ramage La Batisse – Ch. Larose Trintaudon – Ch. Hourtin-Ducasse – Ch. Tour du Haut Moulin
Caves: Cave coopérative de Cissac – Cave coopérative de Saint-Sauveur – Cave coopérative de Vertheuil – Cave coopérative de Saint-Seurin-de-Cadourne

Voir p. 52 pour les crus classés du Haut-Médoc

Lalande-de-Pomerol

Date du décret:
8 décembre 1936
Superficie: 900 ha
Rendement de base:
42 hl/ha
Production: 53 400 hl
Encépagement:
Merlot – Cabernet franc
(Bouchet) – Cabernet sauvignon – Malbec
Durée de conservation:
10-12 ans (3)
Température de service:
15-17 °C
Millésimes:
78 - 79 - 81 - **82** - **83** - **85** -
86 - 88 - **89**

Historiquement, Lalande-de-Pomerol jouit d'une grande réputation, puisque le vignoble s'est développé dès le XIIe siècle sous le patronage de l'ordre des Hospitaliers qui y installèrent une commanderie pour accueillir et protéger, entre autres, les pèlerins de Saint-Jacques-de-Compostelle. Je puis assurer que les vignerons de Lalande sont aussi accueillants avec les pèlerins (ou visiteurs œnophiles) d'aujourd'hui.

 Vin rouge uniquement
Belle robe rubis intense – Arômes floraux (violette) évoluant vers des bouquets de vanille et de bois – Généreux – Présence de tanins permettant un bon vieillissement

 Terrine de gibier – Viandes grillées, rôties et sautées (*Entrecôte marchand de vin* – Gigot d'agneau) – Volailles rôties (oie, dinde) – Fromages moyennement relevés

 Propriétés: Ch. Haut Chaigneau – Ch. Les Hauts Conseillants – Ch. Haut-Chatain – Ch. La Fleur Saint-Georges – Ch. Pavillon Bel-Air – Ch. Perron – Ch. Vieux Chevrol – Ch. de Tourelles – Ch. Bechereau – Ch. Marchesseau – Ch. La Croix des Moines – Ch. de Bel-Air – Ch. Siaurac – Ch. des Moines

Listrac

Date du décret:
8 juin 1957
Superficie: 550 ha
Rendement de base:
45 hl/ha
Production: 38 700 hl
Encépagement:
*Cabernet sauvignon –
Cabernet franc – Merlot –*
Malbec – Carménère –
Petit verdot
Durée de conservation:
12-15 ans (4)
Température de service:
15-18 °C
Millésimes:
75 - 76 - **78** - 79 - 81 - **82** -
83 - **85** - **86** - 87 - **88** - 89

Appellation communale du Haut-Médoc, Listrac a depuis des siècles une tradition viticole. En retrait des quatre autres communes et collé à Moulis, Listrac est le point culminant du Haut-Médoc (43 m). Le sous-sol argilo-calcaire typique de Listrac est à l'origine de la complexité aromatique de son vin.

 Vin rouge uniquement
Robe rubis profonde – Arômes de fruits mûrs – Fruité – Charnu – Robuste – Bon potentiel de vieillissement même dans les millésimes les plus faibles

 Viandes rôties (gigot d'agneau, roast-beef) – Gibiers à plumes (*Perdreau rôti*) – Petits gibiers à poils (Civet de lièvre) – Fromages relevés

 Propriétés: Ch. Mayne-Lalande – Clos des Demoiselles – Ch. Moulin de Laborde – Ch. Lalande – Ch. Liouner – Ch. Fourcas Loubaney – Ch. Cap Léon Veyrin – Ch. Bellegrave – Ch. Clarke – Ch. Fourcas-Hosten – Ch. Peyredon la Gravette – Ch. Fonréaud – Ch. Lestage – Ch. Fourcas-Dupré
Cave: Cave de vinification de Listrac

Loupiac

Date du décret:
11 septembre 1936
Superficie: 300 ha
Rendement de base:
40 hl/ha
Production: 13 500 hl
Encépagement:
Sémillon – Sauvignon –
Muscadelle
Durée de conservation:
12-15 ans et plus (3-5)
Température de service:
6-8 °C
Millésimes:
75 - 76 - 79 - 80 - 81 - 82 -
83 - 85 - **86** - **88** - **89**

Situé tout près de Sainte-Croix-du-Mont, Loupiac est plus au nord et produit un vin qui se distingue peut-être par un côté plus moelleux que liquoreux. D'origine très ancienne, le vignoble était déjà connu au XIIIe siècle.

Vin blanc uniquement
Belle robe légèrement dorée – Arômes de fleurs et de miel – Fruité – Moelleux à liquoreux – Ressemble au Sainte-Croix-du-Mont

À l'apéritif – *Melon rafraîchi* – Foie gras frais – Volailles pochées – Poissons en sauce – *Fromages à pâte persillée* – Desserts (tartes aux fruits)

Propriétés: Ch. Grand-Peyruchet – Ch. Le Tarey – Ch. Terrefort – Ch. Loupiac-Gaudiet – Ch. Le Portail Rouge – Ch. Dauphine Rondillon – Ch. du Cros

Lussac – Saint-Émilion

Date du décret:
14 novembre 1936
Superficie: 1 100 ha
Rendement de base:
45 hl/ha
Production: 78 400 hl
Encépagement:
Merlot – Cabernet franc –
Cabernet sauvignon – Malbec
Durée de conservation:
8-10 ans (2)
Température de service:
15-17 °C
Millésimes:
81 - **82** - **83** - 85 - 86 - 88 -
89

Lussac fait partie des appellations satellites de Saint-Émilion puisque, à l'instar des trois autres (Montagne, Saint-Georges, Puisseguin), elle est située au nord de la célèbre cité et que son nom précède sur l'étiquette celui de cette dernière. Comme à Saint-Émilion, on peut distinguer les vins de graves et les vins de côtes, ces derniers étant plus colorés et plus charpentés.

Vin rouge uniquement
Robe rubis – Arômes fruités nuancés de sous-bois – Souple et tannique à la fois

Terrine de canard – Poissons en sauce au vin rouge – *Viandes rouges grillées et rôties* – Gibiers à plumes – Fromages moyennement relevés

Propriétés: Ch. Mayne-Blanc – Ch. Chambeau – Ch. Verdu – Ch. Lussac – Ch. de Bellevue – Ch. Croix de Rambeau – Ch. du Courlat – Ch. Haut-Piquat – Ch. Cap de Merle – Ch. Haut Pagaud – Ch. La Petite Clotte – Ch. La Haute Claymore
Cave: Cave coopérative de Puisseguin-Lussac

Margaux

Date du décret:
10 août 1954
Superficie: 1 100 ha
Rendement de base:
45 hl/ha
Production: 68 700 hl
Encépagement:
Cabernet sauvignon –
Cabernet franc – Merlot –
Malbec – Carménère –
Petit verdot
Durée de conservation:
15 ans et plus (4)
Température de service:
15-18 °C
Millésimes:
75 - 76 - **78** - 79 - 81 - **82** -
83 - **85** - **86** - 87 - **88** - 89

Célèbre dans le monde entier, Margaux est surtout connu pour son château (premier cru classé). Mais l'appellation s'étend aussi sur cinq communes (dont Margaux) et réunit environ le tiers des crus classés en 1855. Son sol particulièrement propice à la viticulture et son encépagement apportent aux vins de Margaux une renommée que je crois tout à fait légitime.

 Vin rouge uniquement
Belle robe grenat – Arômes fins et complexes de sous-bois, d'épices et de fruits mûrs – En vieillissant, arômes évoluant vers des bouquets délicats mais intenses – Généreux tout en étant souple et moelleux – Le terroir assez maigre favorise des tanins qui permettent au vin de bien vieillir

 Terrine de volaille – *Foie gras frais* – Viandes rouges grillées (Entrecôte à la bordelaise – Chateaubriand) – Gibiers à plumes *(Cailles aux raisins sur canapés)* – Fromages moyennement relevés

 Propriétés: Ch. D'Angludet – Ch. Charmant – Ch. Labégorce – Ch. Larruau – Ch. Siran – Ch. La Gurgue – Ch. Mongravey – Ch. Pontac-Lynch – Ch. Labégorce-Zédé – Ch. La Galiane – Ch. La Tour-de-Mons – Ch. Les Vimières – Ch. Tayac – Ch. Pontet Chappaz – Ch. Martinens – Ch. Tour de Bessan – Ch. Deyrem Valentin
Voir p. 52 pour les crus classés de Margaux.
Voir p. 54 pour les deuxième vins de château.

Médoc

Date du décret:
14 novembre 1936
Superficie: 3 000 ha
Rendement de base:
50 hl/ha
Production: 244 500 hl
Encépagement:
Cabernet sauvignon –
Cabernet franc – Merlot –
Malbec – Carménère –
Petit verdot
Durée de conservation:
8-10 ans (2)
Température de service:
14-16 °C
Millésimes:
79 - 81 - **82** - **83** - **85** - **86** -
87 - **88** - 89

Étymologiquement, Médoc signifie «pays du milieu». En effet, cette vaste région forme une presqu'île triangulaire bordée à l'ouest par l'océan Atlantique et à l'est par l'estuaire de la Gironde. Même si l'ensemble du vignoble médocain a droit à l'appellation «Médoc», celle-ci est principalement utilisée dans le Bas-Médoc (au nord du vignoble).

 Vin rouge uniquement
Belle robe rubis – Arômes de fruits rouges – En vieillissant, bouquet agréable de vanille avec note de bois – Tanins souples (forte présence du merlot) – Étoffé et harmonieux

 Foie de veau à l'anglaise – Viandes rouges grillées (Entrecôte à la bordelaise) – Lapin aux pruneaux – *Carré d'agneau aux herbes* – Fromages peu relevés

 Propriétés: Ch. Les Ormes-Sorbet – Ch. La Tour de By – Ch. Greysac – Ch. La Landotte – Ch. La Tour Blanche – Ch. Potensac – Ch. Loudenne – Ch. Bellerive – Ch. La Cardonne – Ch. Plagnac – Ch. La Tour-Haut-Caussan – Ch. Sestignan – Ch. Bournac – Ch. La Clare – Ch. des Brousteras – Ch. de Tastes – Ch. Les Tuileries – Ch. Patache d'Aux – Ch. Laujac
Caves: Cave coopérative de Saint-Yzans de Médoc – Cave coopérative d'Ordonnac – Cave coopérative de Bégadan – Cave coopérative de Queyrac

Montagne – Saint-Émilion

Montagne fait partie des appellations satellites de Saint-Émilion puisque, à l'instar des trois autres (Saint-Georges, Lussac, Puisseguin), elle est située au nord (ouest) de la célèbre cité. Comme son nom l'indique, une partie des vignes est cultivée sur des coteaux bien exposés.

Date du décret:
14 novembre 1936
Superficie: 1 350 ha
Rendement de base:
45 hl/ha
Production: 89 700 hl
Encépagement:
Merlot – Cabernet franc – Cabernet sauvignon – Malbec
Durée de conservation:
8-10 ans (2)
Température de service:
15-17 °C
Millésimes:
78 - 79 - **81** - **82** - **83** - **85** - 86 - 88 - **89**

 Vin rouge uniquement
Robe rubis, brillante – Arômes de fruits rouges évoluant vers des bouquets de réglisse, de vanille et de truffe – Tannique et souple à la fois – Généreux. (Les vins qui proviennent du plateau calcaire sont fermes et corsés; ceux qui sont issus des versants exposés au sud-ouest sont plus souples et se dégustent plus jeunes que les premiers.)

 Foie gras poêlé – *Poissons en sauce au vin rouge (Matelote)* – Viandes rouges grillées (Chateaubriand) – Gibiers à plumes et à poils – Fromages moyennement relevés

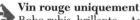 **Propriétés:** Vieux Château Saint-André – Ch. Petit Clos Du Roy – Ch. Maison Blanche – Ch. des Laurets – Ch. Roudier – Ch. Faizeau – Ch. Croix Beauséjour – Ch. Grand Baril – Ch. Calon – Ch. de Maison Neuve – Ch. Vieux Bayard – Ch. Cardinal – Ch. Notre-Dame – Ch. La Papeterie – Ch. Cazelon

Moulis

Moulis est la moins étendue de toutes les appellations communales du Haut-Médoc. Puisqu'on y rencontre tous les types de terroirs, on dit de cette appellation qu'elle est la synthèse de toutes celles du Médoc. Il est vrai que plusieurs châteaux de cette commune auraient pu faire partie du grand classement de 1855.

Date du décret:
14 mai 1938
Superficie: 450 ha
Rendement de base:
45 hl/ha
Production: 29 000 hl
Encépagement:
Cabernet sauvignon – Cabernet franc – Merlot – Malbec – Carménère – Petit verdot
Durée de conservation:
10-12 ans (3)
Température de service:
15-18 °C
Millésimes:
78 - 79 - 81 - **82** - **83** - **85** - **86** - 87 - **88** - 89

 Vin rouge uniquement
Belle robe rubis foncé – Arômes complexes de fruits rouges et de sous-bois – Tanins fondus – Rond et charnu à la fois – Très fin

 Ris de veau braisés – Rôti de bœuf – Gibiers à plumes (Faisan rôti) – Bœuf grillé (*Tournedos à la béarnaise*) – Fromages moyennement relevés

 Propriétés: Ch. Poujeaux – Ch. Maucaillou – Ch. Moulin à Vent – Ch. Duplessis Fabre – Ch. Chasse-Spleen – Ch. Jordi – Ch. Dutruch Grand Poujeaux – Ch. Bel-Air La Grave – Ch. Pomeys – Ch. Anthonic – Ch. Brillette – Ch. La Mouline – Ch. Moulis – Ch. Branas Grand Poujeaux – Ch. Lestage-Darquier

Pauillac

Date du décret:
14 novembre 1936
Superficie: 1 000 ha
Rendement de base:
45 hl/ha
Production: 64 500 hl
Encépagement:
Cabernet sauvignon –
Cabernet franc – Merlot –
Malbec – Carménère –
Petit verdot
Durée de conservation:
15-20 ans et plus (5)
Température de service:
16-18 °C
Millésimes:
75 - 76 - **78** - 79 - 81 - **82** -
83 - **85** - **86** - 87 - **88** - 89

Capitale du Médoc viticole en raison de sa situation géographique, Pauillac a le privilège de posséder 3 des 4 premiers crus ainsi que 18 autres châteaux classés en 1855. Une commune à laquelle de nombreuses autres du Bordelais et de France aimeraient ressembler.

Vin rouge uniquement
Robe rouge très profond – Arômes complexes de fruits rouges (cassis) et de sous-bois évoluant vers des notes de vanille et de réglisse – Corsé et charpenté – Tannique – Généreux et long en bouche – Excellent potentiel de vieillissement

Foie gras frais – *Carré d'agneau vert-pré* – Filet de bœuf au madère – Pintadeau à l'armagnac – *Noisettes de chevreuil* – Fromages relevés

Propriétés: Ch. Bernadotte – Ch. Belle-Rose – Ch. Pey La Rose – Ch. Padarnac – Ch. Pibran – Ch. La Fleur-Milon – Ch. La Bécasse – Ch. Fonbadet – Ch. Artigues Arnaud – Ch. Haut-Bages-Monpelou – Ch. Colombier Monpelou
Cave: Cave coopérative de Pauillac
Voir p. 52 pour les crus classés de Pauillac.
Voir p. 54 pour les deuxièmes vins de château.

Pessac-Léognan

Date du décret:
9 septembre 1987
Superficie: 520 ha
Rendement de base:
R: 45 hl/ha
B: 48 hl/ha
Production: 53 500 hl
Encépagement:
R: *Merlot – Cabernet*
sauvignon – Cabernet franc
– Petit verdot – Carménère
B: Sémillon – Sauvignon –
Muscadelle
Durée de conservation:
R: 20 ans et plus (5)
B: 10-12 ans (2)
Température de service:
R: 16-18 °C
B: 10 °C
Millésimes:
75 - 76 - **78** - 79 - 81 - **82** -
83 - **85** - **86** - 87 - **88** - 89

Même si les viticulteurs de Pessac et de Léognan ont demandé l'appellation communale distincte, une seule AOC «Pessac-Léognan» a été accordée, et ce pour 10 communes. Ce secteur situé au sud de la ville de Bordeaux jouit depuis longtemps d'une grande renommée, la totalité des crus classés provenant de ce territoire. Je me souviens d'un petit déjeuner au petit matin à la Mission Haut-Brion, avec entrecôte et grands vins; original mais quel régal!

Rouge (83 %): Voir «Graves» p. 39.
Blanc (17 %): Voir «Graves» p. 39.
Les grands crus sont élevés en fûts de chêne, ce qui leur apporte richesse et complexité (bouquet de miel) et permet ainsi un bon vieillissement.

Voir «Graves» p. 39.

Propriétés: Ch. Larrivet Haut-Brion – Ch. De Cruzeau – Ch. La Louvière – Ch. De Rochemorin – Ch. Coucheroy – Ch. Magneau – Ch. de France – Ch. Gazin – Ch. La Garde – Ch. Laffargue – Ch. Haut-Bergey – Dom. de la Solitude
Voir p. 53 pour les crus classés des Graves.
Voir p. 54 pour les deuxièmes vins de château.

Pomerol

Date du décret:
 8 décembre 1936
Superficie: 730 ha
Rendement de base:
 42 hl/ha
Production: 39 900 hl
Encépagement:
 Merlot – Cabernet franc
 (bouchet) *– Cabernet sauvi-*
 gnon – Malbec
Durée de conservation:
 12-15 ans et plus (3)
Température de service:
 16-18 °C
Millésimes:
 75 - 76 - **78** - 79 - 81 - **82** -
 83 - **85** - 86 - 88 - **89**

Les hospitaliers de Saint-Jean développèrent le vignoble au XIIe siècle; celui-ci fut dévasté pendant la guerre de Cent Ans, puis reconstitué durant les XVe et XVIe siècles. Cette appellation a été rendue célèbre par le non moins célèbre Château Pétrus, et les prix de ses vins ont tendance à suivre la courbe ascendante de leur porte-drapeau. Triste constatation!

Vin rouge uniquement
Belle robe rubis très foncé – Arômes puissants de fruits rouges et de truffe évoluant vers des odeurs complexes (animales) – Très bien structuré (bons tanins) – Élégant et velouté – Grande finesse
Même si les sols sont très divers selon les secteurs, c'est le sous-sol riche en oxydes de fer qui confère au Pomerol son caractère typique.

Fricassée de cèpes – Foie gras truffé – *Truffes en brioche* – Volailles rôties (Canard à l'orange – Canard aux navets) – Gibiers à poils (Noisettes de chevreuil) – *Tournedos sauce périgueux* – Fromages relevés

Propriétés: Ch. Bonalgue – Ch. Moulinet – Ch. La Pointe – Ch. Mazeyres – Ch. Petit-Village – Ch. L'Enclos – Ch. Taillefer – Ch. La Croix – Ch. Feytit-Clinet – Ch. Bourgneuf Vayron – Ch. Le Bon Pasteur – Ch. Lagrange – Ch. La Croix Toulifaut – Ch. Gombaude-Guillot – Ch. La Ganne
Malgré la notoriété de cette AOC, il n'existe à ce jour aucun classement officiel. Cependant, une hiérarchie de fait s'est établie, dressant la liste indiquée à la p. 55.

Premières Côtes de Blaye

Date du décret:
 11 septembre 1936
Superficie: 2 900 ha
Rendement de base:
 R: 50 hl/ha
 B: 60 hl/ha
Production: 191 900 hl
Encépagement:
 R: *Cabernet franc – Cabernet*
 sauvignon – Merlot –
 Malbec
 B: Sémillon – Sauvignon –
 Muscadelle
Durée de conservation:
 6-8 ans (2)
Température de service:
 14-16 °C
Millésimes: 81 - **82** - **83** - **85**
 - 86 - 88 - **89**

Blaye donne son nom à cette appellation qui offre un excellent rapport qualité/prix et qui produit principalement du vin rouge. Depuis l'ère gallo-romaine, la vigne a toujours fait partie de ce paysage vallonné aux confins maritimes.

Rouge (99,6 %): Belle robe rubis – Arômes de fruits rouges nuancés de vanille et de sous-bois – Tanins discrets – Généreux et souple à la fois
Blanc (0,4 %): Voir «Côtes de Blaye», p. 36.

Rouge: Charcuteries (*Jambon persillé* – Pâté de campagne) – Viandes rouges grillées (Entrecôte) – Volailles grillées
Blanc: Voir «Côtes de Blaye», p. 36.

Propriétés: Ch. Haut Grelot – Ch. Sociondo – Ch. Les Jonqueyres – Ch. Crusquet de Lagarcie – Ch. Bertinerie – Ch. Les Chaumes – Ch. Peybonhomme – Ch. Labrousse – Ch. La Rose-Bellevue – Ch. La Rivalerie – Ch. Maine Gazin – Ch. Mayne Guyon – Ch. Capville – Ch. Crusquet-Sabourin – Ch. La Croix-Saint-Jacques – Ch. Peyreyre
Cave: Cave coopérative de Générac

Premières Côtes de Bordeaux

Cette région correspond à une bande de 60 km environ, s'étendant le long de la Garonne, face à la région des Graves. L'appellation tire son nom des coteaux dominant le fleuve, à partir de la ville de Bordeaux.

Date du décret:
  10 août 1973
  (31 juillet 1937)
Superficie: 2 300 ha
Rendement de base:
  50 hl/ha
Production: 164 400 hl
Encépagement:
R: *Cabernet sauvignon –*
  Cabernet franc – Merlot –
  Malbec – Carménère – Petit
  verdot
B: Sémillon – Sauvignon –
  Muscadelle
Durée de conservation:
  R: 8-10 ans (2)
  B: 10-12 ans (2)
Température de service:
  R: 14-16 °C
  B: 8 °C
Millésimes: 78 - 79 - 81 - **82**
- **83** - **85** - 86 - 87 - 88 - **89**

Rouge (78 %): Belle robe intense – Arômes puissants – Charnu – Corsé et puissant – Assez tannique – Bon potentiel de vieillissement
Blanc (22 %): Robe jaune paille – Arômes de fleurs et de miel – Moelleux à liquoreux – Riche et intense

Rouge: Viandes sautées en sauce (*Navarin d'agneau ou de mouton*) – Rôti de porc aux herbes – Fromages moyennement relevés
Blanc: À l'apéritif – *Mousse de foies de volaille* – Mousseline aux fruits de mer – Poissons pochés

Propriétés: Ch. Lamothe – Dom. du Moulin – Dom. de La Meulière – Ch. du Peyrat – Ch. de Marsan – Ch. La Prioulette – Ch. Melin – Ch. Haut-Brignon – Ch. du Juge – Ch. La Clyde – Ch. Anniche – Ch. Brethous – Ch. Reynon – Ch. Manos – Ch. La Croix-Bouey – Dom. de Chastelet – Ch. Poncet – Ch. Renon – Ch. Mathereau
Cave: Cave coopérative de Quinsac

Puisseguin – Saint-Émilion

Puisseguin fait partie des appellations satellites de Saint-Émilion puisque, à l'instar des trois autres (Lussac, Saint-Georges, Montagne), elle est située au nord (est) de la célèbre cité et que son nom précède sur l'étiquette celui de cette dernière. Proche du Saint-Émilion, le vin de Puisseguin est produit à partir d'un sol argilo-calcaire, propice à la qualité.

Date du décret:
  14 novembre 1936
Superficie: 650 ha
Rendement de base:
  45 hl/ha
Production: 42 600 hl
Encépagement:
  Merlot – Cabernet franc –
  Cabernet sauvignon – Malbec
Durée de conservation:
  12-14 ans (4)
Température de service:
  16-18 °C
Millésimes:
  75 - 76 - **78** - 79 - 81 - **82** -
  83 - **85** - 86 - 88 - **89**

Vin rouge uniquement
  Robe rubis – Arômes fruités – Bien charpenté – Présence de tanin permettant le vieillissement – Bonne rondeur

Viandes sautées en sauce (Navarin d'agneau) – Volailles rôties – Gibiers à plumes et petits gibiers à poils – Fromages moyennement relevés

Propriétés: Ch. Durand La Plagne – Ch. De Roques – Ch. Les Magrines – Ch. Guibot La Fourvieille – Ch. Haut-Bernat – Ch. La Plagne – Ch. Côtes du Fayan – Ch. Vaisinerie
Cave: Cave coopérative de Puisseguin

Sainte-Croix-du-Mont

Date du décret:
　11 septembre 1936
Superficie: 420 ha
Rendement de base:
　40 hl/ha
Production: 15 800 hl
Encépagement:
　Sémillon – Sauvignon –
　Muscadelle
Durée de conservation:
　12-15 ans et plus (3-5)
Température de service:
　8 °C
Millésimes:
　75 - 76 - 79 - 80 - 81 - 82 -
　83 - 85 - **86** - **88** - **89**

L'originalité de cette appellation tient à son sous-sol composé de coquilles d'huîtres datant de l'ère tertiaire. On y a aménagé des caves, une chapelle, et des visiteurs tels Louis XIII et Richelieu firent honneur à ce vin encore aujourd'hui trop méconnu. Une expérience de vendangeur dans cette commune au sol si particulier m'est restée comme un très beau souvenir.

 Vin blanc uniquement
Belle robe jaune paille, brillante – Arômes de fleurs et de miel – Fruité – Moelleux à liquoreux – Onctueux

 À l'apéritif – *Melon rafraîchi* – Foie gras frais – Volailles pochées (Poularde à la crème aux cèpes) – Poissons en sauce – Fromages à pâte persillée – *Tartes aux fruits*

 Propriétés: Ch. Bertranon – Ch. la Rame – Ch. Loubens – Ch. Grand Peyrot – Dom. des Graves du Tich – Ch. Bel-Air – Ch. de Crabitan – Ch. Lousteau-Vieil – Ch. Coulac

Sainte-Foy-Bordeaux

Date du décret:
　31 juillet 1937
Superficie: 100 ha
Rendement de base:
　R: 50 hl/ha
　B: 55 hl/ha
Production: 6 200 hl
Encépagement:
　Voir «Bordeaux», p. 32.
Durée de conservation:
　R: 6-8 ans (2)
　B: 3-4 ans (1)
Température de service:
　R: 14-16 °C
　B: 8 °C
Millésimes:
　82 - **83** - **85** - 86 - 88 - **89**

Petite appellation, Sainte-Foy-Bordeaux prolonge la région de l'Entre-deux-Mers autour de Sainte-Foy-la-Grande, le long de la rive gauche de la Dordogne. Ses vins (notamment les rouges) sont souvent commercialisés en AOC «Bordeaux».

 Voir «Bordeaux», p. 32.

 Voir «Bordeaux», p. 32.

 Quelques propriétaires produisent le vin de cette AOC qui est surtout commercialisé localement.

Saint-Émilion

Date du décret:
11 janvier 1984
(14 novembre 1936)
Superficie: 2 100 ha
Rendement de base:
45 hl/ha
Production: 130 500 hl
Encépagement:
Merlot – Cabernet franc –
Cabernet sauvignon –
Malbec
Durée de conservation:
14-15 ans (4)
Température de service:
16-18 °C
Millésimes:
75 - 76 - **78** - 79 - 81 - **82** -
83 - **85** - 86 - **88** - **89**

Saint-Émilion est un des plus célèbres vignobles du monde et ses nombreux vestiges demeurent les témoins d'un passé chargé d'histoire. Ville forte pendant la guerre de Cent Ans, Saint-Émilion a su conserver son charme d'un autre temps; cependant les vins produits sur son prestigieux terroir sont le reflet d'une viticulture de qualité tournée vers le futur.

Vin rouge uniquement
Robe rouge vif intense – Arômes présents et complexes (fruits rouges écrasés) évoluant en vieillissant vers des notes de bois et de vanille – Charnu – Généreux – Tanins présents mais soyeux apportant moelleux et souplesse

Terrine de gibier – Foie gras poêlé – Matelote d'anguilles – *Poissons en sauce au vin rouge (Lamproie à la bordelaise)* – Viandes rouges (Tournedos Rossini) – Gibiers à plumes et à poils – Fromages relevés

Propriétés: Ch. Franc Du Barry – Ch. Sicard – Ch. Patarabet – Ch. Queyron Patarabet – Ch. La Caze Bellevue – Ch. Brun – Ch. Gueyrosse – Ch. Haut-Badette – Ch. Billerond – Ch. Barberousse – Ch. Vieux Maurins – Ch. Hautes-Versannes – Ch. Barrail des Graves
Cave: Union des producteurs de Saint-Émilion (de nombreux excellents vins de château sont vinifiés par cette cave coopérative)

Saint-Émilion Grand Cru

Date du décret:
11 janvier 1984
(14 novembre 1936)
Superficie: 3 000 ha
Rendement de base:
40 hl/ha
Production: 174 600 hl
Encépagement:
Merlot – Cabernet franc –
Cabernet sauvignon –
Malbec
Durée de conservation:
15-20 ans (5)
Température de service:
16-18 °C
Millésimes:
75 - 76 - **78** - 79 - 81 - **82** -
83 - **85** - 86 - **88** - **89**

Cette appellation ne correspond pas à un terroir défini mais à une sélection de châteaux et de domaines ayant fait l'objet d'un classement. Celui-ci date du 7 octobre 1954 et est soumis à une révision décennale, remettant en question, parfois douloureusement, la place de certains crus. Dernière révision: 1984.

Vin rouge uniquement
Ces vins ressemblent à ceux de l'AOC «Saint-Émilion» mais chacun des éléments visuels, olfactifs et gustatifs se présente sous une forme plus intense et plus complexe. En fonction de leur situation géographique, les vins de côtes (coteaux argilo-calcaires sur sous-sol calcaire), les plus nombreux, sont généreux et corsés.
Les vins de graves (sol et sous-sol de graves alluvionnaires et sableuses), se rapprochant géographiquement de Pomerol, sont très aromatiques et se distinguent par une grande finesse.

Voir «Saint-Émilion», ci-haut.
Les préparations très fines et parfois plus relevées que celles indiquées sont mises en valeur par ces grands crus de Saint-Émilion.

Propriétés: Ch. Haut-Segottes – Ch. Guillemin La Gaffelière – Ch. Carteau-Côtes-Daugay – Ch. la Fleur-Pourret – Ch. Peyrelongue – Ch. Pindefleurs – Ch. Vieux Sarpe – Ch. de la Nauve – Ch. Monbousquet – Ch. Montlabert – Ch. Viramière – Ch. Le Jurat – Ch. Fombrauge – Ch. Rozier – Ch. Capet-Guillier
Cave: Union des producteurs de Saint-Émilion
Voir p. 53 la liste des grands crus classés de Saint-Émilion.

Saint-Estèphe

Saint-Estèphe est l'appellation la plus septentrionale du Haut-Médoc. Célèbre grâce à ses cinq crus classés et à ses nombreux crus bourgeois, Saint-Estèphe jouit d'une renommée méritée. C'est à chaque fois avec un plaisir non dissimulé que je déguste les grands vins de cette commune.

Date du décret:
11 septembre 1936
Superficie: 1 100 ha
Rendement de base:
45 hl/ha
Production: 71 200 hl
Encépagement:
Cabernet sauvignon –
Cabernet franc – Merlot –
Malbec – Carménère –
Petit verdot
Durée de conservation:
15-20 ans (5)
Température de service:
16-18 °C
Millésimes:
75 - 76 - **78** - 79 - 81 - **82** -
83 - **85** - **86** - 87 - **88** - 89

Vin rouge uniquement
Belle robe d'un rouge soutenu – Grande finesse aromatique (fruits mûrs) évoluant en vieillissant vers des notes épicées – Bonne charpente – Forte présence de tanin permettant le vieillissement

Viandes rouges rôties – Volailles sautées en sauce (Coq au vin rouge) – Fromages moyennement relevés

Propriétés: Ch. Haut-Marbuzet – Ch. la Haye – Ch. MacCarthy – Ch. Saint-Estèphe – Ch. Pomys – Ch. de Pez – Ch. Valrose – Ch. Domeyne – Ch. Andron-Blanquet – Ch. le Boscq – Ch. Les-Ormes-de-Pez – Ch. Meyney – Ch. Tronquoy-Lalande – Ch. Tour des Termes – Ch. le Crock – Ch. Phélan-Ségur
Cave: Cave coopérative de Saint-Estèphe
Voir p. 52 pour les crus classés de Saint-Estèphe.
Voir p. 54 pour les deuxièmes vins de château.

Saint-Georges – Saint-Émilion

Saint-Georges fait partie des appellations satellites de Saint-Émilion, puisque, à l'instar des trois autres (Puisseguin, Montagne, Lussac), elle est située au nord (ouest) de la célèbre cité et que son nom précède sur l'étiquette celui de cette dernière.

Date du décret:
14 novembre 1936
Superficie: 150 ha
Rendement de base:
45 hl/ha
Production: 11 100 hl
Encépagement:
Merlot – Cabernet franc –
Cabernet sauvignon –
Malbec
Durée de conservation:
14-15 ans (4)
Température de service:
16-18 °C
Millésimes:
75 - 76 - **78** - 79 - 81 - **82** -
83 - **85** - 86 - 88 - **89**

Vin rouge uniquement
Petite appellation par sa superficie, Saint-Georges fait partie depuis une quinzaine d'années de l'aire d'AOC «Montagne – Saint-Émilion». Son terroir se rapproche de celui de Montagne et ses vins sont quelque peu semblables.

Voir «Montagne – Saint-Émilion», p. 44.

Propriétés: Ch. Saint-Georges – Ch. la Croix-Saint-Georges – Ch. Tour du Pas Saint-Georges – Ch. Calon – Ch. Troquart – Ch. Divon

Saint-Julien

Situé entre Pauillac et Margaux, Saint-Julien offre une certaine harmonie entre ces deux crus dont il s'inspire, pour le corps du premier et pour la finesse du second. Mais Saint-Julien tire aussi sa renommée de son terroir et de la personnalité de ses châteaux dont 11 se sont classés en 1855. J'aime particulièrement certains de ses crus bourgeois.

Date du décret:
14 novembre 1936
Superficie: 800 ha
Rendement de base:
45 hl/ha
Production: 50 400 hl
Encépagement:
Cabernet sauvignon –
Cabernet franc – Merlot –
Malbec – Carménère –
Petit verdot
Durée de conservation:
10-15 ans et plus (5)
Température de service:
16-18 °C
Millésimes:
75 - 76 - **78** - 79 - 81 - **82** -
83 - **85** - **86** - 87 - **88** - 89

Vin rouge uniquement
Robe intense et brillante – Arômes fins et délicats de raisins mûrs, d'épices et de vanille – Corsé – Bien structuré – Présence de tanins permettant un bon vieillissement

Entrecôte à la bordelaise – *Filet de sanglier à la bordelaise* – Noisettes d'agneau – *Filet de bœuf Wellington* – Pigeonneaux aux champignons – Fromages assez relevés

Propriétés: Ch. la Bridane – Ch. Lalande Borie – Ch. Lalande – Dom. Castaing – Ch. Gloria – Ch. Terrey-Gros-Cailloux – Ch. du Glana – Ch. Moulin de la Rose
Voir p. 52 pour les crus classés de Saint-Julien.
Voir p. 54 pour les deuxièmes vins de château.

Sauternes

Le Sauternes est célèbre pour son vin blanc riche et moelleux. Le sol (argilo-calcaire, graveleux et calcaire), le climat (forte humidité automnale favorisant la prolifération de la «pourriture noble» sur le sémillon principalement) et l'homme s'unissent magnifiquement pour produire ce merveilleux vin. Yquem, en grand seigneur, règne sur cette appellation qui nous réserve ici et là d'autres belles surprises.

Date du décret:
30 septembre 1936
Superficie: 1 400 ha
Rendement de base:
25 hl/ha
Production: 30 500 hl
Encépagement:
Sémillon – Sauvignon –
Muscadelle
Durée de conservation:
30 ans et plus (4-6)
Température de service:
6-8 °C (10 °C pour les plus
corsés)
Millésimes:
70 - **71** - 75 - 76 - 79 - 80 -
81 - **83** - 85 - **86** - **88** - **89**

Vin blanc uniquement
Belle robe dorée brillante – Arômes floraux complexes évoluant vers des bouquets de vanille, de miel et de pain grillé – Liquoreux – Riche, suave et onctueux – Puissant et racé

À l'apéritif – *Foie gras frais* – Melon rafraîchi – Turbot sauce mousseline – *Homard ou langouste à la crème et au sauternes* – Canard aux pêches – Fromages à pâte persillée (Roquefort) – Tartes aux fruits

Propriétés: Ch. Gilette – Ch. Raymond-Lafon – Ch. Haut-Bergeron – Ch. de Fargues – Ch. les Justices – Ch. Haut-Bommes – Ch. Bechereau – Clos Mercier – Ch. La Maringue – Ch. Prost – Ch. Thibaut – Ch. Saint-Amand – Ch. Gravas – Ch. Cru D'Arche-Pugneau – Ch. Bouyot
Voir p. 53 pour les crus classés du Sauternais.

Le classement de 1855 revu en 1973 des vins du Médoc

**Petite note
sur les crus bourgeois**
De nombreux châteaux figurant sur les fiches techniques des AOC du Médoc ont droit à la mention de «Cru Bourgeois». Cependant, cette mention reste facultative et n'appartient pas pour l'instant à une réglementation officielle. Ces châteaux peuvent cependant se regrouper au sein du syndicat des Crus Bourgeois.

Premiers crus
Château Lafite-Rothschild (Pauillac)
Château Latour (Pauillac)
Château Margaux (Margaux)
Château Mouton-Rothschild (Pauillac)
Château Haut-Brion (Graves)

Seconds crus
Château Brane-Cantenac (Margaux)
Château Cos d'Estournel (Saint-Estèphe)
Château Ducru-Beaucaillou (Saint-Julien)
Château Durfort Vivens (Margaux)
Château Gruaud-Larose (Saint-Julien)
Château Lascombes (Margaux)
Château Léoville-Las Cases (Saint-Julien)
Château Léoville-Poyferré (Saint-Julien)
Château Léoville-Barton (Saint-Julien)
Château Montrose (Saint-Estèphe)
Château Pichon-Longueville Baron (Pauillac)
Château Pichon-Longueville Comtesse de Lalande (Pauillac)
Château Rausan-Ségla (Margaux)
Château Rauzan-Gassies (Margaux)

Troisièmes crus
Château Boyd-Cantenac (Margaux)
Château Cantenac-Brown (Margaux)
Château Calon-Ségur (Saint-Estèphe)
Château Desmirail (Margaux)
Château Ferrière (Margaux)
Château Giscours (Margaux)
Château d'Issan (Margaux)
Château Kirwan (Margaux)
Château Lagrange (Saint-Julien)
Château la Lagune (Haut-Médoc)
Château Langoa (Saint-Julien)

Château Malescot-Saint-Exupéry (Margaux)
Château Marquis-d'Alesme-Becker (Margaux)
Château Palmer (Margaux)

Quatrièmes crus
Château Beychevelle (Saint-Julien)
Château Branaire-Ducru (Saint-Julien)
Château Duhart-Milon-Rothschild (Pauillac)
Château Lafon-Rochet (Saint-Estèphe)
Château Marquis de Terme (Margaux)
Château Pouget (Margaux)
Château Prieuré-Lichine (Margaux)
Château Saint-Pierre (Saint-Julien)
Château Talbot (Saint-Julien)
Château la Tour-Carnet (Haut-Médoc)

Cinquièmes crus
Château Batailley (Pauillac)
Château Haut-Batailley (Pauillac)
Château Belgrave (Haut-Médoc)
Château Camensac (Haut-Médoc)
Château Cantemerle (Haut-Médoc)
Château Clerc-Milon (Pauillac)
Château Cos-Labory (Saint-Estèphe)
Château Croizet-Bages (Pauillac)
Château Dauzac (Margaux)
Château Grand-Puy-Ducasse (Pauillac)
Château Grand-Puy-Lacoste (Pauillac)
Château Haut-Bages-Libéral (Pauillac)
Château Lynch-Bages (Pauillac)
Château Lynch-Moussas (Pauillac)
Château Mouton-Baronne-Philippe (Pauillac)
Château Pedesclaux (Pauillac)
Château Pontet-Canet (Pauillac)
Château du Tertre (Margaux)

Les crus classés du Sauternais en 1855

Premier cru supérieur
Château d'Yquem

Premiers crus
Château Climens
Château Coutet
Château Guiraud
Château Lafaurie-Peyraguey
Clos Haut-Peyraguey
Château Rayne-Vigneau
Château Rabaud-Promis
Château Sigalas-Rabaud
Château Rieussec
Château Suduiraut
Château la Tour-Blanche

Seconds crus
Château d'Arche
Château Broustet
Château Nairac
Château Caillou
Château Doisy-Daëne
Château Doisy-Dubroca
Château Doisy-Védrines
Château Filhot
Château Lamothe (Despujols)
Château Lamothe (Guignard)
Château de Malle
Château Myrat
Château Romer
Château Romer-Du-Hayot
Château Suau

Les grands crus classés des Graves
Classement de 1959

Vins rouges
Château Haut-Brion
(classé 1er cru en 1855)
Château La Mission-Haut-Brion
Château La Tour-Haut-Brion
Domaine de Chevalier
Château Pape-Clément
Château Carbonnieux
Château Malartic-Lagravière
Château Olivier
Château La Tour-Martillac
Château Bouscaut
Château de Fieuzal

Château Haut-Bailly
Château Smith-Haut-Lafitte

Vins blancs
Château Laville Haut-Brion
Domaine de Chevalier
Château Carbonnieux
Château Malartic-Lagravière
Château Olivier
Château La Tour-Martillac
Château Bouscaut
Château Couhins-Lurton

Classement des grands crus de Saint-Émilion

Saint-Émilion, premiers grands crus classés
A   Château Ausone
     Château Cheval Blanc
B   Château Beauséjour
     (Duffau-Lagarosse)
     Château Belair
     Château Canon
     Château Clos Fourtet
     Château Figeac
     Château la Gaffelière
     Château Magdelaine
     Château Pavie
     Château Trotte-Vieille

Saint-Émilion, grands crus classés
Château Balestard-la-Tonnelle
Château Beauséjour (Bécot)
Château Bellevue
Château Bergat
Château Berliquet
Château Cadet-Piola
Château Canon-la-Gaffelière
Château Cap de Mourlin
Château Chauvin
Château Clos des Jacobins
Château Clos La Madeleine
Château Clos de L'Oratoire
Château Clos Saint-Martin
Château Corbin
Château Corbin-Michotte

Saint-Émilion, grands crus classés (suite)
Château Couvent des Jacobins
Château Croque-Michotte
Château Curé Bon la Madeleine
Château Dassault
Château Faurie-de-Soutard
Château Fonplegade
Château Fonroque
Château Franc-Mayne
Château Grand-Barrail-
  Lamarzelle-Figeac
Château Grand Corbin
Château Grand Corbin Despagne
Château Grand-Mayne
Château Grand Pontet
Château Guadet Saint-Julien
Château Haut-Corbin
Château Haut-Sarpe
Château la Clotte
Château la Clusière
Château la Dominique
Château l'Angélus
Château Laniote
Château Larcis-Ducasse
Château la Marzelle
Château Larmande
Château Laroze
Château l'Arrosée
Château la Serre
Château la Tour du Pin Figeac
  (Giraud-Belivier)
Château la Tour du Pin Figeac
  (Moueix)
Château la Tour Figeac
Château le Châtelet
Château le Prieuré
Château Matras
Château Mauvezin
Château Moulin du Cadet
Château Pavie-Decesse
Château Pavie-Macquin
Château Pavillon-Cadet
Château Petit Faurie de Soutard
Château Ripeau
Château Sansonnet
Château Saint-Georges
  Côte Pavie
Château Soutard
Château Tertre-Daugay
Château Trimoulet
Château Troplong-Mondot
Château Villemaurine
Château Yon-Figeac

Les deuxièmes vins de château

De quoi s'agit-il donc lorsque l'on parle de deuxième vin?

Le deuxième vin existe sans doute depuis le début du XVIIIe siècle. Autrefois, le second vin était celui que l'on obtenait à la fin de l'écoulage; c'est-à-dire qu'après avoir tiré le vin de goutte, on récupérait le reste de vin que le marc (matières solides) produisait en se tassant sur lui-même à l'intérieur de la cuve.

Aujourd'hui, les choses ont quelque peu changé. L'accroissement des connaissances œnologiques, une certaine abondance des récoltes, l'expansion de certains domaines et, surtout, une replantation à grande échelle de nouveaux pieds de vigne amènent certains propriétaires de grands châteaux à faire une sélection rigoureuse de leurs vins.

Aussi, les vieilles vignes qui produisent les grands crus et qui ont un rendement plus faible laissent-elles à leurs «petites sœurs», les jeunes vignes, et aux terroirs rapportés le soin de produire les seconds vins qui restent ainsi de noble lignée.

Il va sans dire que souvent l'achat d'un second vin reste justifié pour son prix, moins élevé, pour sa qualité et, généralement, pour son «air de famille» avec le plus grand.

Châteaux	Deuxièmes vins	AOC
Margaux	Pavillon Rouge	Margaux
Lascombes	Segonnes	Margaux
Durfort Vivens	Dom. de Cure-Bourse	Margaux
Brane-Cantenac	Notton	Margaux
Desmirail	Baudry	Margaux
Prieuré-Lichine	De Clairefont	Margaux
Palmer	Réserve du Général	Margaux
Rauzan-Gassies	Enclos de Moncabon	Margaux
Siran	Saint-Jacques	Margaux
Dauzac	Labarde	Margaux
Lafite-Rothschild	Moulin des Carruades	Pauillac
Latour	Les Forts de Latour	Pauillac
Pichon-Longueville	Réserve de la Comtesse	Pauillac
(Comtesse de Lalande)		
Pontet-Canet	Les Hauts de Pontet	Pauillac
Lynch-Bages	Haut-Bages Averous	Pauillac
Duhart-Milon	Moulin de Duhart	Pauillac
Grand-Puy-Lacoste	Lacoste-Borie	Pauillac
Pedesclaux	Bellerose	Pauillac
Haut-Batailley	La Tour l'Aspic	Pauillac
Lafon-Rochet	Vieille Chapelle	Saint-Estèphe
Montrose	La Dame de Montrose	Saint-Estèphe
Calon-Ségur	Capbern Gasqueton	Saint-Estèphe
Cos d'Estournel	Marbuzet	Saint-Estèphe
Meyney	Prieuré de Meyney	Saint-Estèphe
Beychevelle	Amiral de Beychevelle	Saint-Julien
Gruaud-Larose	Sarget de Gruaud-Larose	Saint-Julien
Talbot	Connétable Talbot	Saint-Julien
Léoville-Poyferré	Moulin Riche	Saint-Julien
Lagrange	Les Fiefs de Lagrange	Saint-Julien
la Tour-Carnet	Le Sire de Camin	Saint-Julien
Léoville-Las Cases	Clos du Marquis	Saint-Julien
Haut-Brion	Bahans-Haut-Brion	Graves
Haut-Bailly	La Parde de Haut-Bailly	Graves
Carbonnieux	La Tour Léognan	Graves
La Mission-Haut-Brion	Tour-Haut-Brion	Graves

Les grands crus de Pomerol (Classement non officiel)

Château Pétrus
  (cru exceptionnel)
Château L'Évangile
Château la Conseillante
Château Trotanoy
Vieux-Château-Certan
Château Beauregard
Château Certan Giraud
Château Certan-De-May
Château la Croix-De-Gay

Château l'Église-Clinet
Château Gazin
Château La Fleur-Pétrus
Château Latour-à-Pomerol
Château Nenin
Clos-René
Château de Sales
Château Lafleur-Gazin
Château Clinet

Les grandes maisons de négoce de Bordeaux

En plus d'agir à titre de négociants, de nombreuses maisons sont aussi propriétaires de grands châteaux et de crus classés.

Alexis-Lichine
Barrière Frères
Barton et Guestier
Borie-Manoux
Calvet
Cheval Quancard
Cordier
Cruse
F. Debecq
De Luze
Dourthe
Dubroca
Dulong
Eschenauer
Gilbey de Loudenne
R. Giraud
Kressmann
La Baronnie
Mälher Besse
A. Moueix
J.-P. Moueix
Roger Joanne
Schröder et Schyler
Sichel
Yvon Mau

Bourgogne

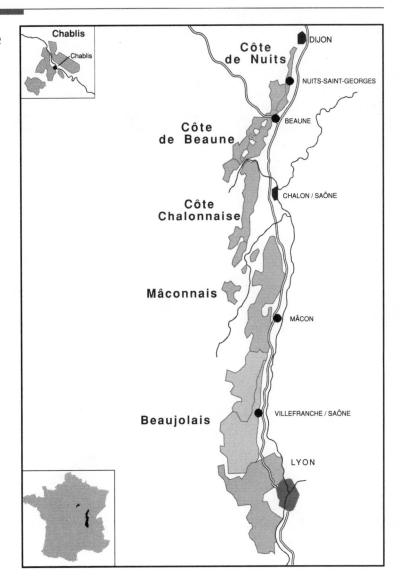

Chablis

Chablis

Côte
de Nuits

DIJON

NUITS-SAINT-GEORGES

Côte
de Beaune

BEAUNE

CHALON / SAÔNE

Côte
Chalonnaise

Mâconnais

MÂCON

Beaujolais

VILLEFRANCHE / SAÔNE

LYON

Avertissement

Dans l'ensemble de la Bourgogne, l'usage d'incorporer dans les vignes destinées à faire du vin rouge un certain nombre de plants de raisins blancs (pinot blanc, pinot gris, chardonnay), dans un pourcentage maximum de 15 %, reste autorisé.

Pour cette raison, et pour le vignoble du département de la Côte d'Or (Côte de Nuits et Côte de Beaune) plus particulièrement, seul le cépage principal sera indiqué.

Cette remarque concerne également certains vins blancs qui acceptent la présence de pinot blanc, même si le chardonnay est le cépage essentiel, pour ne pas dire fondamental des grands vins blancs de Bourgogne.

D'autre part, le terme «climat», utilisé dans les fiches, correspond exactement à la notion de cru utilisée dans d'autres régions de France et s'applique comme tel à une parcelle ou à un lieu-dit cadastré. Ce terme bourguignon illustre d'ailleurs l'influence écologique sur la qualité du vin.

Enfin, pour vous permettre de mieux vous y retrouver, les appellations régionales sont indiquées en premier lieu à la suite de la carte générale. La deuxième carte ouvre ensuite le volet consacré aux appellations de Chablis, de la Côte de Nuits et de la Côte de Beaune, présentées par ordre alphabétique. Puis, les AOC de la Côte Chalonnaise et du Mâconnais suivent la troisième carte qui leur est consacrée. Enfin, les vins du Beaujolais sont traités dans la quatrième partie.

Bourgogne

Date du décret:
  31 juillet 1937
Superficie: 2 800 ha env.
Rendement de base:
  R/Rs: 55 hl/ha
  B: 60 hl/ha
Production: 177 100 hl
Encépagement:
R/Rs: *Pinot noir* – César –
  Tressot (dans la région de
  Chablis)
B: *Chardonnay* – Pinot blanc
Durée de conservation:
  6 ans env. (2)
Température de service:
  R: 14-16 °C
  B/Rs: 8-10 °C
Millésimes:
  83 - **85** - 86 - 87 - 88 - **89**

Sans doute une des régions les plus prestigieuses, la Bourgogne a vécu l'histoire de France et celle de la viticulture à travers les siècles. L'appellation concerne l'ensemble de la Bourgogne viticole. Depuis le printemps 90, les vins produits dans la grande région de la Côte chalonnaise peuvent faire suivre l'AOC Bourgogne de la mention «Côte chalonnaise».

Rouge (90 %): Belle robe brillante – Arômes fruités assez présents, parfois plus complexes lorsque le vin a vieilli en fût de chêne – Fruité – Tanins discrets – Bonne longueur en bouche
Blanc (10 %): Robe légèrement dorée – Arômes floraux et fruités, nuancés de pain grillé en vieillissant (typique du chardonnay) – Sec et souple à la fois
Il existe aussi une petite production de rosé et de Clairet dans cette appellation.

Rouge: Viandes rouges grillées (tournedos), sautées (Bœuf bourguignon) et pochées (*Pot-au-feu*) – Volailles sautées (Poulet chasseur) – Fromages moyennement relevés
Blanc: *Gougères au fromage (à l'apéritif)* – Poissons meunière – Viandes blanches et volailles sautées en sauce (Escalopes de veau – Fricassée de poulet à l'ancienne) – Dinde farcie

Propriétés: Dom. Fougeray – S. Dussort – L. Denizot – L. Sorin – P. Sorin – A. L'Héritier – Dom. de La Tour Bajole – J.-P. Sorin – L. Desfontaine – J.-H. Goisot – A. Berthault – Dom. du Ch. de Meursault – B. Chevillon – P. Defrance – P. Bouzereau – R. Dupuis – Dom. M. Goubard – J.-L. Joillot – P. Javillier – B. Michel – Dom. Mongeard-Mugneret
Caves: Les Caves des Hautes-Côtes – Les vignerons d'Igé – Cave coopérative de Lugny Saint-Gengoux

Bourgogne Aligoté – Bourgogne Aligoté Bouzeron

En fonction de la zone de production, les caractéristiques de l'aligoté (nom du cépage) varient sensiblement. Ce vin n'en demeure pas moins léger et rafraîchissant et reste l'élément de base du fameux kir. Le chanoine du même nom et maire de Dijon avait en effet l'habitude de recevoir ses hôtes avec un aligoté-cassis. Une habitude devenue une tradition.

Date du décret:
   31 juillet 1937
Superficie: Incluse dans l'AOC «Bourgogne»
Rendement de base:
   60 hl/ha
   Bouzeron: 45 hl/ha
Production: 70 540 hl
Encépagement:
   Aligoté
Durée de conservation:
   3-4 ans (1)
Température de service:
   8 °C
Millésimes:
   86 - 87 - 88 - **89**

 Vin blanc uniquement
Robe jaune paille – Arômes de fleurs nuancés parfois de pomme verte – Sec – Vif et rafraîchissant – Parfois perlant (très léger pétillement)
Le Bourgogne Aligoté Bouzeron (7 mars 1979) provient du nord de la Côte chalonnaise, aux environs de Chagny. Sa finesse et sa distinction lui permettent de se démarquer des autres aligotés.

 À l'apéritif avec un soupçon de crème de cassis – Coquillages (Huîtres – Moules marinière) – Charcuteries (jambon, *cervelas*) – Escargots à la bourguignonne – Poissons frits et grillés

 Propriétés: Arnoux Père et Fils – B. Cros – J.-M. Brocard – L. Sorin – R. Defrance – H. et G. Remoriquet – H. Naudin Ferrand – C. Maréchal – Parigot Père et Fils – Grivelet Père et Fils – Dom. J. Lamy – E. Chalmeau – Derey Frères – Dom. Fougeray – J. Griffe
Bouzeron: Chanzy Frères – A. et P. De Villaine – J.-F. Delorme
Caves: Les Caves des Hautes-Côtes

Bourgogne Ordinaire

Cette dénomination, aussi appelée Bourgogne Grand Ordinaire, manque quelque peu de prestige; elle est moins utilisée, au profit d'appellations plus renommées telles que «Bourgogne» ou «Bourgogne Aligoté».

Date du décret:
   31 juillet 1937
Superficie: Incluse dans l'AOC «Bourgogne»
Rendement de base:
   R/Rs: 55 hl/ha
   B: 60 hl/ha
Production: 14 200 hl
Encépagement:
   R/Rs: Pinot noir – Gamay – César – Tressot
   B: Chardonnay – Pinot blanc – Aligoté – Sacy
Durée de conservation:
   2 ans
Température de service:
   R: 14 °C
   B/Rs: 8-10 °C
Millésimes: 87 - 88 - **89**

 Rouge (85 %): Robe légèrement violacée – Arômes de petits fruits rouges (cassis et framboise) – Léger et fruité
La proportion des cépages utilisés entraîne de nombreuses variations dans la qualité. Le gamay est souvent à la base d'un vin fruité et léger.
Blanc (15 %): Voir «Bourgogne», p. 59.
Il existe aussi une petite production de rosé dans cette appellation.

Voir «Bourgogne», p. 59.

 Propriétés: G. Borgnat – Dom. Thévenot Le Brun et Fils
Caves: Les Caves des Hautes-Côtes – Cave coopérative des vignerons de Buxy

Bourgogne-Passe-tout-grain

Cette appellation est réservée aux vins issus de l'assemblage, au moment de la vendange, de pinot noir pour un tiers minimum et de gamay pour deux tiers maximum.

Date du décret:
31 juillet 1937
Superficie: Incluse dans l'AOC «Bourgogne»
Rendement de base:
55 hl/ha
Production: 62 900 hl
Encépagement:
Gamay noir à jus blanc – Pinot noir
Durée de conservation:
2-3 ans (1)
Température de service:
12-14 °C
Millésimes:
86 - 87 - 88 - **89**

 Vin rouge principalement
Robe soutenue aux reflets légèrement violacés – Le gamay apporte le fruit et la jeunesse – Les tanins du pinot noir (suivant la proportion) permettent au vin de bien évoluer
Il existe une petite production de rosé dans cette appellation.

 Charcuteries – Viandes rouges grillées – Viandes blanches rôties (*Rôti de porc boulangère*) – Fromages peu relevés

 Propriétés: B. Mondange – R. Bourgeon – L. Desfontaine – Mazilly Père et Fils – H. Naudin Ferrand – J.-N. Jeannet – J. Clément
Caves: Les Caves des Hautes-Côtes – Cave coopérative de Lugny Saint-Gengoux – Cave coopérative de Charnay – Cave coopérative des vignerons de Buxy

Crémant de Bourgogne

Des conditions de production aussi exigeantes qu'en Champagne ont été soumises en 1974 afin de permettre l'élaboration d'un vin mousseux de grande qualité, ce qui n'était peut-être pas le cas auparavant. L'appellation «Crémant» devenait ainsi officielle en 1975. L'appellation «Bourgogne Mousseux» a été supprimée pour les blancs et rosés.

Date du décret:
17 octobre 1975
Superficie: Incluse dans l'AOC «Bourgogne»
Rendement de base:
50 hl/ha
Production: 26 600 hl
Encépagement:
Pinot noir – Pinot gris – Pinot blanc – Chardonnay – Gamay – Aligoté – Sacy
Durée de conservation:
6-8 ans
Température de service:
8 °C
Millésimes:
83 - **85** - 86 - 87 - 88 - **89**

 Vin mousseux blanc principalement
Rendu mousseux par la méthode champenoise – Mousse fine et délicate – Arômes présents – Léger et élégant à la fois
Les blancs de blancs offrent des arômes plus complexes; les blancs de noirs sont plus corsés; les rosés, plus fruités.

 À *l'apéritif* – Poissons pochés au crémant de Bourgogne – Crustacés – Desserts (rosés)

 Propriétés: André Delorme – D. Fouquerand – L. Vitteaut-Alberti – B. Cros – M. Isaie
Caves: Cave des vignerons d'Igé – Caves de Bailly – Les Caves des Hautes-Côtes – Cave coopérative de Viré – Cave coopérative de Lugny Saint-Gengoux

Chablis – Côte de Nuits – Côte de Beaune

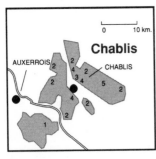

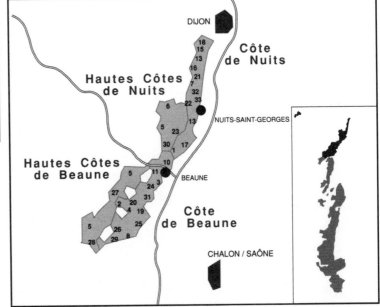

Bourgogne Irancy

Irancy est une commune de la région de Chablis, dans l'Yvonne, habituellement vouée à la production de vin blanc; cependant le sol argilo-calcaire et la topographie du village se prêtent aisément à la culture du pinot noir.

Date du décret:
13 décembre 1977
Superficie: 78 ha
Rendement de base:
50 hl/ha
Production: 4 500 hl
Encépagement:
Pinot noir – César – Tressot
Durée de conservation:
6-8 ans (2)
Température de service:
15-16 °C
Millésimes:
82 - 83 - **85** - 86 - 87 - 88 - **89**

 Vin rouge uniquement
Robe pourpre – Arômes discrets de violette, agrémentés de vanille lorsque élevé en fût de chêne – Généralement charpenté – Fruité – Présence de tanins

 Viandes rouges grillées et rôties (entrecôte, roast-beef) – *Coq au vin bourguignon* – Foie de veau sauté à la lyonnaise – Fromages moyennement relevés

 Propriétés: L. Bienvenu – L. Sorin – R. Delaloge – D. Renaud – J.-R. Podor – R. Meslin – J.-P. Colinot

---

Chablis

La petite ville de Chablis a donné son nom à ce vin trop souvent imité (très mal d'ailleurs) dans le monde entier. Malgré deux gelées catastrophiques en 1957 et en 1961, le vignoble s'est doucement relevé même si la surface de plantation correspond seulement à un tiers environ de l'aire potentielle d'appellation.

Date du décret:
13 janvier 1938
Superficie: 1 800 ha
Rendement de base:
50 hl/ha
Production: 95 300 hl
Encépagement:
Chardonnay
Durée de conservation:
5-6 ans (3)
Température de service:
10 °C
Millésimes:
83 - **85** - 86 - 87 - 88 - **89**

 Vin blanc uniquement
Robe jaune pâle avec des reflets verts – Arômes de fleurs (genêt) et parfois de miel – Très sec – Fruité – Goût de pierre à fusil souvent présent plus prononcé et plus typique que celui que l'on retrouve dans les grands crus

 Charcuteries (Jambon à la chablisienne) – Plateau de fruits de mer – Huîtres – *Escargots à la bourguignonne* – *Cuisses de grenouille sautées au chablis* – Poissons meunière

 Propriétés: J.-M. Brocard – R. Laventureux – B. Legland – C. Adine – Pascal Bouchard – E. Defaix – R. Séguinot – P. Lasnier – J. Durup – (Dom. de l'Églantière) – G. Mothe – L. Michaud – G. Picq – A. Geoffroy – M. Hamelin – B. Defaix – G. Tremblay – S. Mosnier – J.-C. Dauvissat – J.-C. Martin – Dom. Long Depaquit – L. Michel
Cave: Cave coopérative La Chablisienne
Négoce: *Henri Laroche* – *Joseph Drouhin* – *Moreau et Fils* – Bacherot et Josselin – Regnard et Fils – Simonnet Fèbvre – *Bichot*

Chablis Grand Cru

Date du décret:
13 janvier 1938
Superficie: 93 ha
Rendement de base:
45 hl/ha
Production: 5 200 hl
Encépagement:
Chardonnay
Durée de conservation:
10-12 ans (5)
Température de service:
12 °C
Millésimes:
78 - **79** - 81 - 82 - **83** - **85** -
86 - 87 - 88 - **89**

Les grands crus proviennent exclusivement d'un terroir situé au nord-nord-est de Chablis, sur la rive droite du Serein. Le sol calcaire du Chablisien joue un rôle particulier en cet endroit sur la puissance et la complexité de ces vins. Il est facile encore aujourd'hui de retrouver des coquilles fossiles vieilles de cent cinquante millions d'années. Le vignoble est bien exposé au soleil, sur les versants de coteaux orientés vers le sud-sud-ouest.

Vin blanc uniquement
Belle robe or pâle, brillante – Arômes très complexes et très fins – Sec et souple à la fois – Doit vieillir pour que ses saveurs persistantes et riches mais également nuancées soient appréciées
Les sept grands crus sont: Blanchot, Bougros, Les Clos, Grenouilles, Les Preuses, Valmur et Vaudésir.

Poissons pochés et en sauce – *(Filets de sole en paupiette – Quenelles de brochet au chablis – Truite aux herbes et à la crème)* – Crustacés (Homard à l'américaine – Gratin de langoustines)

Propriétés: J. Dauvissat – J.-P. Droin – Dom. Laroche – Dom. Jean Collet – Pascal Bouchard – Dom. Joseph Drouhin – Dom. Servin – W. Fèvre – R. Dauvissat – R. Vocoret – Dom. Long Depaquit
Cave: Cave coopérative La Chablisienne
Négoce: *Lamblin et Fils – Bichot*

Chablis Premier Cru

Date du décret:
27 février 1978
(13 janvier 1938)
Superficie: 590 ha
Rendement de base:
50 hl/ha
Production: 36 600 hl
Encépagement:
Chardonnay
Durée de conservation:
8-10 ans (4)
Température de service:
12 °C
Millésimes:
78 - **79** - 81 - 82 - **83** - **85** -
86 - 87 - 88 - **89**

Une trentaine de lieux-dits (ou climats) peuvent, du fait de leur situation, inscrire leurs noms à la suite de l'appellation «Chablis Premier Cru». Certains premiers crus sont situés de chaque côté des grands crus; d'autres sont situés sur la rive gauche du Serein, petite rivière qui traverse Chablis. Une innovation reste à souligner: le traitement de certaines vignes contre la gelée, par aspersion, à partir d'un lac artificiel.

Vin blanc uniquement
Belle robe dorée teintée de reflets verts – Arômes complexes de miel et d'acacia sur un fond de pierre à fusil – Sec – Saveurs persistantes rappelant parfois la noisette – Ample et rond à la fois
Les principaux premiers crus de la rive droite sont: Monts de Milieu, Fourchaume et Montée de Tonnerre. Ceux de la rive gauche sont: Vaillons, Beauroy, Montmains, Côte de Léchet, Vosgros, Les Fourneaux, Vaucoupin et Les Lys.

Voir ci-haut «Chablis Grand Cru».

Propriétés: M. Barat – R. Dauvissat – Dom. Laroche – C. Adine – E. Defaix – A. Geoffroy – G. Tremblay – Dom. J. Drouhin – J. Durup – Dom. Moreau – D. Defaix – J.-P. Droin – L. Michaud – B. Defaix – Dom. J. Collet – W. Fèvre – S. Mosnier – Dom. Long Depaquit
Cave: Cave coopérative La Chablisienne
Négoce: Regnard et Fils – *Lamblin et Fils* – Simonnet Fèbvre – *Bichot*

Vignes dans le pays nantais

Vendanges en Alsace

Grands crus à Guebwiller (Alsace)

Sauternes: Château d'Yquem

La vigne à Château Mouton-Rothschild

Arrivée du raisin au cuvier

Petit Chablis

Date du décret:
 5 janvier 1944
Superficie: 160 ha
Rendement de base:
 50 hl/ha
Production: 10 700 hl
Encépagement:
 Chardonnay – Pinot blanc
Durée de conservation:
 2-3 ans (1)
Température de service:
 10 °C
Millésimes:
 86 - 88 - **89**

À cause d'une exposition au soleil moins favorable, certaines parties du vignoble chablisien produisent des vins de qualité inférieure à celle des autres appellations. Considérant la dénomination de leur AOC quelque peu péjorative, les viticulteurs ont demandé depuis peu et à juste raison, un changement dans leur appellation. Nom envisagé: Hautes Côtes de Chablis.

 Vin blanc uniquement
Robe pâle légèrement verdâtre – Arômes agréables plutôt discrets – Sec – Léger et très rafraîchissant. (L'acidité de ce vin, par rapport aux autres Chablis, est relativement plus élevée.)

 Coquillages – *Friture de petits poissons* (*Éperlans*, goujons) – Poissons grillés et meunière – Fromages de chèvre

 Propriétés: R. Lavantureux – P. Millet – Pascal Bouchard – G. Mothe (Dom. du Colombier) – M. Hamelin – J. Durup – R. Séguinot – P. Lasnier – G. Tremblay
Cave: Cave coopérative La Chablisienne
Négoce: *Henri Laroche* – *Joseph Drouhin* – Moreau et Fils

Aloxe-Corton
(Côte de Beaune)

Date du décret:
 11 mars 1938
Superficie: 130 ha
Rendement de base:
 R: 40 hl/ha
 B: 45 hl/ha
Production: 5 000 hl
Encépagement:
 R: Pinot noir
 B: Chardonnay
Durée de conservation:
 8-10 ans (3)
Température de service:
 15-16 °C
Millésimes:
 78 - 79 - 83 - **85** - 86 - 87 - 88 - **89**

Situé au pied de la Montagne de Corton, le petite village d'Aloxe donne son nom à une appellation moins prestigieuse que celles des grands crus qui l'entourent. Néanmoins, des premiers crus de grande qualité lui assurent une très bonne réputation.

 Vin rouge principalement
Belle robe rubis avec de légers reflets violacés (lorsque le vin est jeune) – Arômes de fruits sur fond discret de vanille – Moins ample et moins structuré que le Corton – Fin et de longue garde

 Viandes rouges (Roast-beef – Entrecôte grillée) – *Dindonneau à la broche* – Coq au vin – Fromages moyennement relevés

 Propriétés: G. et P. Ravaut – Chevalier Père et Fils – P. André – Capitain Gagnerot – Dom. Machard de Gramont – A. Masson – M. Martin et Fils – Dom. A. Nudant et Fils – M. Voarick – Mallard Gaulin
Climats premiers crus: Basses-Mourettes – En Pauland – La Coutière – La Maréchaude – La Toppe-au-Vert – Les Chaillots – Les Grandes-Lolières – Les Guérets – Les Fournières – Les Maréchaudes – Les Meix – Les Petites-Lolières – Les Valozières – Les Vercots

Auxey-Duresses
(Côte de Beaune)

Le vignoble d'Auxey, dont le nom est complété par celui du premier cru «Les Duresses», prolonge celui de Monthélie et est proche également de celui de Meursault. C'est une appellation peu connue qui mérite d'être découverte, notamment pour son vin blanc.

Date du décret:
21 mai 1970
(31 juillet 1937)
Superficie: 170 ha
Rendement de base:
R: 40 hl/ha
B: 45 hl/ha
Production: 4 800 hl
Encépagement:
R: Pinot noir
B: Chardonnay
Durée de conservation:
6-8 ans (3)
Température de service:
R: 15-16 °C
B: 12 °C
Millésimes:
82 - 83 - **85** - 86 - 87 - 88 - **89**

Rouge (80 %): Belle couleur d'un rouge soutenu – Arômes floraux et fruités – Bien structuré – Bon potentiel de vieillissement
Blanc (20 %): Belle robe aux reflets dorés – Arômes de fruits mûrs – Sec et moelleux à la fois – Capiteux

Rouge: Voir «Côte de Beaune-Villages», p. 78.
Blanc: Crustacés (Langoustines – *Coquilles Saint-Jacques au gratin*) – Poissons en sauce – Volailles pochées à la crème

Propriétés: M. Prunier – Dom. Bernard Delagrange – J.-P. Diconne – G. Maréchal Jacquet – LeRoy – J.-N. Bazin – Moillard
Climats premiers crus: Climat-du-Val dit Clos-du-Val – Les Bas-des-Duresses – Les Bretterins dit La Chapelle – Les Duresses – Les Écusseaux – Les Grands-Champs – Reugne – Reugne dit La Chapelle

Bâtard-Montrachet
(Côte de Beaune)

Comme le Montrachet, ce climat est situé à cheval sur les communes de Chassagne et de Puligny. Situé juste au-dessous de son illustre «collègue», Bâtard-Montrachet lui ressemble beaucoup et arrive parfois, dans les grandes années, à l'égaler. Au XVe siècle, le «Bâtard» était nul autre qu'un des nombreux fils naturels de Philippe le Bon, duc de Bourgogne.

Date du décret:
31 juillet 1937
Superficie: 12 ha
Rendement de base:
40 hl/ha
Production: 500 hl
Encépagement:
Chardonnay
Durée de conservation:
12-15 ans (4)
Température de service:
12 °C
Millésimes:
73 - 76 - 78 - **79** - 81 - 82 - **83** - **85** - 86 - 88 - **89**

Vin blanc uniquement
Ressemble souvent au Montrachet mais en plus charpenté. (Les arômes sont peut-être moins délicats mais, dans ce registre des grands crus, la différence consiste plus à les distinguer qu'à les rabaisser.)

Voir «Montrachet», p. 86.

Propriétés: Dom. Étienne Sauzet – Leflaive – A. Ramonet – Bouchard Père et Fils – Dom. de La Romanée-Conti

Beaune
(Côte de Beaune)

Date du décret:
  11 septembre 1936
Superficie: 450 ha
Rendement de base:
  R: 40 hl/ha
  B: 45 hl/ha
Production: 15 500 hl
Encépagement:
  R: Pinot noir
  B: Chardonnay
Durée de conservation:
  8-10 ans et plus (3)
Température de service:
  15-16 °C
Millésimes:
  78 - 79 - 83 - **85** - 86 - 87 -
  88 - **89**

Beaune est tout d'abord la capitale viti-vinicole de la Bourgogne et de nombreux négociants et négociants-éleveurs s'y sont installés. Beaune offre également de nombreux attraits touristiques dont les fameux Hospices qui datent de 1443 et qui ont joué un rôle important dans l'industrie viticole de la région depuis cette date. Une ville à visiter absolument!

 Vin rouge principalement
Robe rouge rubis très dense – Arômes complexes (fruits mûrs et sous-bois) – Tannique – Assez corsé – Très élégant – Long en bouche
Une infime quantité de Beaune blanc de très grande qualité est produite sous cette appellation (0,6 %).

 Viandes rouges rôties et braisées (Bœuf mode) – *Petits gibiers à plumes* (Cailles aux raisins – Faisan rôti) – Fromages moyennement relevés

 Propriétés: Joseph Drouhin – Dom. J. Prieur – Dom. C. Allexant et Fils – Bouchard Père et Fils – P. Bouzereau – Dom. Voiret – Chanson Père et Fils – Parigot Père et Fils – Louis Jadot – Ch. de Meursault – Dom. P. Labet – J. Allexant – Jaboulet Vercherre – Remoissenet Père et Fils
Climats premiers crus: À l'Écu – Aux Coucherias – Aux Cras – Champs-Pimont – Clos-du-Roi – En Genêt – En l'Orme – La Mignotte – Le Bas-des-Theurons – Le Clos-de-la-Mousse – Le Clos-des-Mouches – Les Aigrots – Les Avaux – Les Blanches-Fleurs – Les Boucherottes – Les Bressandes – Les Cent-Vignes – Les Chouacheux – Les Épenottes – Les Fèves – Les Grèves – Les Marconnets – Les Perrières – Les Vignes-Franches – Sur-les-Grèves – Tiélandry ou Clos-Landry

Bienvenues-Bâtard-Montrachet
(Côte de Beaune)

Date du décret:
  31 juillet 1937
Superficie: 2,30 ha
Rendement de base:
  40 hl/ha
Production: 200 hl
Encépagement:
  Chardonnay
Durée de conservation:
  12-15 ans (4)
Température de service:
  12 °C
Millésimes:
  73 - 76 - 78 - **79** - 81 - 82 -
  83 - **85** - 86 - 88 - **89**

Ce très petit climat est situé sur la commune de Puligny, au sud du grand Montrachet et juste à l'est du Bâtard-Montrachet. De production confidentielle, cette appellation est également moins connue.

 Vin blanc uniquement
Ressemble principalement au Bâtard-Montrachet

Voir «Montrachet», p. 86.

 Propriétés: Ramonet Bachelet – Ramonet Prudhon – Leflaive

Blagny
(Côte de Beaune)

Blagny est un hameau situé sur Meursault et Puligny-Montrachet. Appellation réservée aux vins rouges, une partie de sa production est utilisée dans l'AOC «Côte de Beaune-Villages».

Date du décret:
21 mai 1970
(31 juillet 1937)
Superficie: 7 ha
Rendement de base:
40 hl/ha
Production: 300 hl
Encépagement:
Pinot noir
Durée de conservation:
6-8 ans (3)
Température de service:
15-16 °C
Millésimes:
82 - 83 - **85** - 86 - 87 - 88 - **89**

 Vin rouge uniquement
Robe rouge vif – Arômes de fruits rouges – Peu charpenté – Fin et délicat
Les vins blancs provenant de cette commune sont vendus sous le nom de «Meursault» ou de «Puligny-Montrachet».

 Voir «Volnay», p. 94.

 Propriétés: Dom. A. Langoureau
Certains lieux-dits classés premiers crus situés sur Meursault ou Puligny-Montrachet appartiennent également à cette appellation contrôlée.

Bonnes-Mares
(Côte de Nuits)

Ce lieu-dit est situé à cheval sur les communes de Morey-Saint-Denis et de Chambolle-Musigny, mais c'est sur cette dernière que se situe la plus grande partie du vignoble (13,70 ha). C'est un des très grands crus de la Côte de Nuits.

Date du décret:
8 décembre 1936
Superficie: 15,48 ha
Rendement de base:
35 hl/ha
Production: 500 hl
Encépagement:
Pinot noir
Durée de conservation:
12-15 ans (8)
Température de service:
16 °C
Millésimes:
72 - **78** - 79 - 82 - 83 - **85** - 86 - 87 - 88 - **89**

 Vin rouge uniquement
Très belle robe – Arômes de fruits cuits évoluant vers des bouquets complexes d'épices – Très rond – Charnu – Plus corsé que le Musigny – Bon potentiel de vieillissement

 Viandes rouges (Tournedos au poivre vert) – Volailles rôties (Canard à l'orange) – *Gibiers à plumes et à poils* – Fromages relevés mais fins

 Propriétés: P. Ponnelle – Naigeon Chauveau – Moillard – Comte G. de Vogüé

Bourgogne Hautes-Côtes de Beaune
(Côte de Beaune)

Le vignoble est situé à l'ouest du vignoble de la Côte de Beaune et est parallèle à celui-ci. Une vingtaine de communes ont droit à cette appellation qui est moins connue mais qui offre un rapport qualité/prix intéressant.

Date du décret:
 4 août 1961
Superficie: 600 ha
Rendement de base:
 50 hl/ha
Production: 25 500 hl
Encépagement:
R: Pinot noir
B: Chardonnay
Durée de conservation:
 6-8 ans (2)
Température de service:
 R: 15-16 °C
 B: 12 °C
Millésimes:
 82 - 83 - **85** - 86 - 87 - 88 - **89**

Ressemble beaucoup au Bourgogne Hautes-Côtes de Nuits avec cependant un peu moins d'ampleur
Quelques vins rosés peuvent être élaborés sous cette appellation.

Voir ci-après «Bourgogne Hautes-Côtes de Nuits».

Propriétés: J.-N. Bazin – D. Fouquerand – H. Naudin Ferrand – Ch. de Mercey – G. Demangeot – Dom. Thevenot Le Brun et Fils – Parigot Père et Fils – J. Joliot et Fils – Dom. P. Chevrot
Cave: Les Caves des Hautes-Côtes

Bourgogne Hautes-Côtes de Nuits
(Côte de Nuits)

Le vignoble est parallèle à celui de la Côte de Nuits, à l'ouest. Seize communes ont droit à cette appellation au rapport qualité/prix remarquable. Les Hautes-Côtes sont réputées également pour la culture des petits fruits destinés à l'élaboration de liqueurs dont la plus connue est la crème de cassis.

Date du décret:
 4 août 1961
Superficie: 500 ha
Rendement de base:
 50 hl/ha
Production: 20 200 hl
Encépagement:
R: Pinot noir
B: Chardonnay
Durée de conservation:
 8-10 ans (2)
Température de service:
 R: 15-16 °C
 B: 12 °C
Millésimes:
 81 - 82 - 83 - **85** - 86 - 87 - 88 - **89**

Rouge (90 %): Belle robe rubis – Arômes de fruits évoluant vers des bouquets plus complexes (animal, cuir) en vieillissant – Relativement corsé – Tanins harmonieux – Long en bouche
Blanc (10 %): Robe légèrement dorée – Arôme et bouquet typiques du cépage chardonnay – Sec – Tendre et harmonieux
Quelques vins rosés peuvent être élaborés sous cette appellation.

Rouge: Viandes rouges rôties – Casserole de ris et de rognons de veau au madère – Petits gibiers à plumes *(Salmis de canard sauvage)* – Fromages moyennement relevés
Blanc: Crustacés (Pétoncles au gratin) – Poissons pochés (Brochet – Truite pochée au vin blanc) – Ris de veau braisés – Volailles pochées

Propriétés: Dom. M. et B. Fribourg – Dom. F. Gerbet – Simon Fils – Dom. Cornu – A. Chaley – H. Naudin Ferrand – Dom. de Montmain – Dom. Thevenot Le Brun et Fils – A. Verdet
Cave: Les Caves des Hautes-Côtes

Chambertin
(Côte de Nuits)

Date du décret:
 31 juillet 1937
Superficie: 12,90 ha
Rendement de base:
 35 hl/ha
Production: 500 hl
Encépagement:
 Pinot noir
Durée de conservation:
 15-20 ans (8)
Température de service:
 16 °C
Millésimes:
 69 - 70 - 71 - 72 - 76 - **78** -
 79 - 82 - 83 - **85** - 86 - 87 -
 88 - **89**

Fort de l'expérience des moines qui produisaient depuis longtemps du vin de grande qualité au Clos de Bèze, un vigneron planta les mêmes cépages chez lui pour obtenir un vin de qualité égale. C'est ainsi que le champ de Bertin (nom du vigneron) devint le célèbre Chambertin. Ce vin est parfois appelé le «vin de l'Empereur» car Napoléon, dit-on, en faisait toujours une bonne provision qui le suivait partout où il allait, même durant ses longues campagnes. Il avait malheureusement la fâcheuse habitude de le couper avec de l'eau.

 Vin rouge uniquement
Robe rubis foncé (avec reflets orangés en vieillissant) – Arômes puissants de fruits mûrs (cassis), de réglisse et de vanille évoluant vers des bouquets complexes de cuir et d'épices, mêlés d'odeurs animales – Puissant – Charpenté – Long en bouche – Tannique – Doit vieillir pour être apprécié pleinement

 Truffes au foie gras en feuilletage – Viandes rouges (Tournedos Rossini – *Côte de bœuf forestière* – Volailles sautées (Coq au chambertin) et rôties (Canard aux cerises) – Gibiers à poils (Cuissot de sanglier sauce venaison – *Filet de chevreuil sauce poivrade)* – Fromages relevés et fins

Propriétés: H. Rebourseau – Dom. J. Prieur – Dom. Tortochot – Dom. L. Trapet – C. Quillardet – Leroy – A. Bichot – Bouchard Père et Fils – Dom. Camus – Dom. Rousseau – L. Latour – Dom. de Marion – Dom. P. Damoy – Jaboulet Vercherre

Chambertin Clos de Bèze
(Côte de Nuits)

Date du décret:
 31 juillet 1937
Superficie: 15 ha
Rendement de base:
 35 hl/ha
Production: 330 hl
Encépagement:
 Pinot noir
Durée de conservation:
 15-20 ans (8)
Température de service:
 16 °C
Millésimes:
 69 - 70 - 71 - 72 - 76 - **78** -
 79 - 82 - 83 - **85** - 86 - 87 -
 88 - **89**

Le Clos de Bèze est situé juste au nord du célèbre Chambertin, contigu à celui-ci; c'est vers 630 que les abbés de l'abbaye de Bèze plantèrent une vigne qui donna ce vin de très grande qualité. Petite coquetterie, le Clos de Bèze est le seul lieu-dit qui a le droit, parmi les grands crus de Gevrey-Chambertin, de faire précéder son nom de celui de «Chambertin». Les autres lieux-dits ne peuvent que l'ajouter. Enfin, le Clos de Bèze peut être commercialisé sous le seul nom de «Chambertin» mais l'inverse n'est pas possible.

 Vin rouge uniquement
Les caractéristiques de ce vin ressemblent beaucoup à celles du Chambertin, d'autant plus que les vignobles sont situés à la même altitude. Généralement les vignes les plus élevées (ce qui est le cas ici) donnent des vins plus élégants que les vignes moins hautes. Le Clos de Bèze est parfois plus charpenté que le Chambertin: parfois et en fonction des millésimes c'est tout à fait le contraire.

 Voir ci-haut, «Chambertin».

 Propriétés: Dom. Pierre Gelin – J. Faiveley – Dom. J. Prieur – Moillard – C. Rousseau

Chambolle-Musigny
(Côte de Nuits)

Date du décret:
  11 septembre 1936
Superficie: 180 ha
Rendement de base:
  40 hl/ha
Production: 6 300 hl
Encépagement:
  Pinot noir
Durée de conservation:
  10-12 ans (6)
Température de service:
  15-16 °C
Millésimes:
  76 - **78** - 79 - 82 - 83 - **85** -
  86 - 87 - 88 - **89**

Le village de Chambolle, dont le nom est complété par celui du grand cru «Musigny», est situé entre Morey-Saint-Denis et Vougeot. Des appellations communales de la Côte de Nuits, Chambolle-Musigny se distingue par son élégance et doit sa réputation, en plus du Musigny, à ses premiers crus de haute qualité. Le sol calcaire de Chambolle-Musigny est à l'origine de la délicatesse de ses vins, le côté féminin dit-on, fait de soie et de dentelle, propre à cette appellation. Parole de vigneron!

 Vin rouge uniquement
Robe rubis brillante – Arômes de fleurs (violette) et d'épices, nuancés de vanille (vieillissement en fût de chêne) – Très riche en bouche – Fruité et délicat

 Viandes rouges grillées, sautées et rôties – Volailles sautées (Coq au vin) – Gibiers à plumes (faisan, cailles) – *Fromages moyennement relevés et très fins*

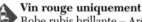 **Propriétés:** A. Hudelot – J. Grivot – Dom. Comte de Vogüé – Dom. A. Guyon – J. Faiveley – G. Lignier et Fils – G. Barthod Noellat – H. Felettig – J.-F. Mugnier – Dom. G. Roumier – M. Sigaut – H. Roumier
Climats premiers crus: Aux Beaux-Bruns – Aux Combottes – Derrière-la-Grange – Les Amoureuses – Les Baudes – Les Borniques – Les Chatelots – Les Charmes – Les Combottes – Les Fuées – Les Fousselottes – Les Gras – Les Groseilles – Les Gruenchers – Les Hauts-Doix – Les Lavrottes – Les Noirots – Les Plantes – Les Sentiers

Chapelle-Chambertin
(Côte de Nuits)

Date du décret:
  31 juillet 1937
Superficie: 5,38 ha
Rendement de base:
  37 hl/ha
Production: 220 hl
Encépagement:
  Pinot noir
Durée de conservation:
  12-18 ans (8)
Température de service:
  16 °C
Millésimes:
  69 - 70 - 71 - 72 - 76 - **78** -
  79 - 82 - 83 - **85** - 86 - 87 -
  88 - **89**

Ce grand cru, contigu au Clos de Bèze et au Griotte-Chambertin, doit son nom à une chapelle qui fut bâtie au XIIᵉ siècle par les abbés de l'abbaye de Bèze. Malheureusement, celle-ci fut rasée au moment de la Révolution.

 Vin rouge uniquement
Ressemble aux autres grands crus de Gevrey-Chambertin, en s'inspirant du Roi Chambertin; principalement en ce qui a trait aux arômes, il se rapproche du Clos de Bèze, mais il lui manque le corps et la longueur en bouche que présente son illustre voisin.

 Voir «Chambertin», p. 70.

 Propriétés: Dom. L. Trapet

Charmes-Chambertin
(Côte de Nuits)

Date du décret:
31 juillet 1937
Superficie: 31 ha
Rendement de base:
37 hl/ha
Production: 1 200 hl
Encépagement:
Pinot noir
Durée de conservation:
12-18 ans (8)
Température de service:
16 °C
Millésimes:
69 - 70 - 71 - 72 - 76 - **78** -
79 - 82 - 83 - **85** - 86 - 87 -
88 - **89**

Ce grand cru est situé juste en dessous du Chambertin et du Latricières-Chambertin. Il partage son territoire avec une dénomination de moins en moins utilisée, «Mazoyères-Chambertin». Si ce dernier se commercialise sous l'appellation «Charmes-Chambertin», l'inverse n'est pas possible.

Vin rouge uniquement
Ressemble aux autres grands crus de Gevrey-Chambertin, en s'inspirant du Roi Chambertin, mais ses caractéristiques se rapprochent surtout de celles du Chapelle-Chambertin et du Griotte-Chambertin.

Voir «Chambertin», p. 70.

Propriétés: Dom. P. Charlopin Parizot – Dom. Camus Père et Fils – Geantet-Pansiot – Jean Raphet – P. Ponnelle – H. Rebourseau – Dom. Tortochot – Dom. des Varoilles – Dom. A. Guyon – Dom. P. Damoy – J.-P. Marchand

---

Chassagne-Montrachet
(Côte de Beaune)

Date du décret:
21 mai 1970
(31 juillet 1937)
Superficie: 330 ha
Rendement de base:
R: 40 hl/ha
B: 45 hl/ha
Production: 14 500 hl
Encépagement:
R: Pinot noir
B: Chardonnay
Durée de conservation:
R: 8-10 ans (3)
B: 12-15 ans (4-5)
Température de service:
R: 15-16 °C
B: 12 °C
Millésimes:
76 - 78 - **79** - 82 (blanc) - 83
- **85** - 86 - 87 - 88 - **89**

Située au sud de Puligny, la commune de Chassagne partage avec celle-ci le privilège de posséder de grands crus dont le Montrachet. La célébrité de ses grands vins blancs fait oublier que l'on y produit aussi de grands vins rouges, fins et délicats.

Rouge (50 %): Belle couleur vive – Arômes de fruits évoluant vers des notes de bois et d'épices en vieillissant – Fruité et souple à la fois – Assez corsé
Blanc (50 %): Belle robe or aux légers reflets verts – Arômes complexes et puissants – Ressemble à son voisin le Puligny mais en plus souple – Bonne longueur en bouche

Rouge: Viandes rouges grillées et rôties – Lapin sauté à la moutarde – Dindonneau rôti – *Fromages moyennement relevés*
Blanc: Foie gras frais – *Crustacés* (Homard à l'américaine – *Fruits de mer au gratin*) – Poissons en sauce – Volailles pochées (Poularde à la crème et aux pleurotes)

Propriétés: G. Deleger – B. Morey – J.-M. Morey – M. Colin – G. Prieur – R. Lamy – Dom. J. Belland – A. Ramonet
Climats premiers crus: Clos-Saint-Jean – Chassagne ou Cailleret – En Caillerets – Grandes-Ruchottes – La Boudriotte – La Maltroie – La Romanée – Les Brussolles – Les Champs-Gain – Les Chevenottes – Les Macherelles – Les Vergers – Morgeot – Morgeot dit Abbaye-de-Morgeot

Chevalier-Montrachet
(Côte de Beaune)

En totalité sur la commune de Puligny, Chevalier-Montrachet se situe au-dessus du Montrachet, sur la partie supérieure du coteau. Ce vin de grande classe est produit par une douzaine de propriétaires.

Date du décret:
  31 juillet 1937
Superficie: 7 ha
Rendement de base:
  40 hl/ha
Production: 300 hl
Encépagement:
  Chardonnay
Durée de conservation:
  12-15 ans (3)
Température de service:
  12 °C
Millésimes:
  73 - 76 - 78 - **79** - 81 - 82 - **83** - **85** - 86 - 88 - **89**

 Vin blanc uniquement
Ressemble en tous points au grand Montrachet; il a, cependant, moins d'ampleur et arrive plus rapidement à maturité

 Voir «Montrachet», p. 86.

 Propriétés: Dom. Louis Latour – Bouchard Père et Fils – Louis Jadot – Leflaive – Dom. J. Prieur

Chorey-les-Beaune
(Côte de Beaune)

En raison de sa situation géographique, le vignoble de Chorey, au nord de la ville de Beaune, ne jouit ni des meilleurs sols ni de la meilleure exposition. Ses vins sont généralement vendus sous l'AOC «Côte de Beaune-Villages».

Date du décret:
  21 mai 1970
  (31 juillet 1937)
Superficie: 123 ha
Rendement de base:
  R: 40 hl/ha
  B: 45 hl/ha
Production: 6 200 hl
Encépagement:
  Pinot noir
Durée de conservation:
  6-8 ans (3)
Température de service:
  14-16 °C
Millésimes:
  81 - 82 - 83 - **85** - 86 - 87 - 88 - **89**

 Vin rouge principalement
Robe rubis – Arômes de fruits rouges évoluant vers des bouquets de fruits secs et de pain d'épice – Relativement corsé – Bonne charpente malgré des tanins souples

 Voir «Côte de Beaune-Villages», p. 78.

 Propriétés: Dom. Arnoux et Fils – Dom. des Terregelesses – Dom. A. Nudant Père et Fils – M. Martin et Fils – Gay Père et Fils – Dom. R. Podechard

Clos de la Roche
(Côte de Nuits)

Le Clos de la Roche est situé au nord du village de Morey-Saint-Denis, près de Gevrey-Chambertin. Compte tenu de sa superficie, il est le plus vaste de tous les grands crus de la commune et comprend plusieurs lieux-dits.

Date du décret:
  8 décembre 1936
Superficie: 16 ha
Rendement de base:
  35 hl/ha
Production: 600 hl
Encépagement:
  Pinot noir
Durée de conservation:
  12-15 ans (8)
Température de service:
  16 °C
Millésimes:
  71 - 72 - 76 - **78** - 79 - 82 -
  83 - **85** - 86 - 87 - 88 - **89**

  Vin rouge uniquement
Robe rubis, profonde – Arômes intenses de fruits rouges et d'épices, nuancés d'une touche de bois – Assez corsé – Tanins permettant un très bon vieillissement – Bonne longueur en bouche

 Voir «Clos de Tart», p. 75.

Propriétés: Dom. Dujac – Dom. Ponsot – G. Lignier et Fils – Dom. P. Amiot et Fils

Clos des Lambrays
(Côte de Nuits)

C'est en 1981 seulement que l'INAO a rendu justice à ce fameux clos (bien entouré de murs) qui jouissait d'une excellente réputation mais qui n'avait pu, pour des raisons obscures, accéder à la place tant méritée de grand cru et par le fait même obtenir son appellation contrôlée à part entière.

Date du décret:
  27 avril 1981
Superficie: 9 ha
Rendement de base:
  35 hl/ha
Production: 360 hl
Encépagement:
  Pinot noir
Durée de conservation:
  12-15 ans (8)
Température de service:
  16 °C
Millésimes:
  71 - 72 - 76 - **78** - 79 - 82 -
  83 - **85** - 86 - 87 - 88 - **89**

 Vin rouge uniquement
Belle couleur riche et intense – Arômes de fruits confits – Belle structure tannique permettant le vieillissement – Fin et racé

 Voir «Clos de Tart», p. 75.

 Propriétés: Le même propriétaire exploite la presque totalité de cette appellation: Dom. Des Lambrays.

Clos de Tart
(Côte de Nuits)

Date du décret:
4 janvier 1939
Superficie: 7,21 ha
Rendement de base:
35 hl/ha
Production: 240 hl
Encépagement:
Pinot noir
Durée de conservation:
15-18 ans (10)
Température de service:
16 °C
Millésimes:
69 - 71 - 72 - 76 - **78** - 79 -
82 - 83 - **85** - 86 - 87 - 88 -
89

Propriété exclusive de Mommessin depuis 1932, le Clos de Tart est entièrement ceint de murs et produit, pour de rares privilégiés, un vin d'une grande finesse dont la renommée est tout à fait justifiée. En dégustant ce vin religieusement, je pense souvent aux sœurs cisterciennes, autrefois propriétaires de ce clos prestigieux.

 Vin rouge uniquement
Très belle robe soyeuse – Arômes de fruits rouges (cassis) et de bois neuf (vieillissement en fût) – Tanins très agréables mais présents – Racé – Charnu et bien charpenté

 Viandes rouges (*Tournedos aux morilles* – Filet de bœuf Wellington) – Volailles rôties – Gibiers à plumes (perdrix, faisan) – Gibiers à poils (*Filet de chevreuil sauce poivrade*) – Fromages relevés mais très fins

Un seul propriétaire: J. Mommessin

Clos de Vougeot
(Côte de Nuits)

Date du décret:
31 juillet 1937
Superficie: 50 ha
Rendement de base:
35 hl/ha
Production: 1 800 hl
Encépagement:
Pinot noir
Durée de conservation:
10-20 ans (8)
Température de service:
16 °C
Millésimes:
69 - 70 - 71 - 72 - 76 - **78** -
79 - 82 - 83 - **85** - 86 - 87 -
88 - **89**

Fondé au XIIᵉ siècle par les moines cisterciens, le Clos de Vougeot a donné son nom à une des appellations les plus célèbres de France. C'est aussi le plus étendu des grands crus de la Côte de Nuits mais, étant donné le morcellement de ce vignoble et le nombre de propriétaires, il faut faire preuve de prudence dans son choix. La Confrérie des chevaliers du tastevin est propriétaire du Château du Clos de Vougeot, qu'il faut absolument visiter lorsqu'on est de passage en Bourgogne.

 Vin rouge uniquement
Robe profonde – Arômes riches de fruits mûrs, parfois de réglisse – Charnu – Corsé et délicat à la fois – Long en bouche
Dans l'ensemble, les vignes situées plus en haut (près de Musigny) donnent les meilleurs résultats.

 Viandes rouges (Tournedos sauce périgueux – *Filet de bœuf en croûte*) – Volailles rôties (Canard aux navets) – Gibiers à plumes (*Faisan farci aux noix*) – Gibiers à poils (Gigue de chevreuil grand veneur) – Fromages relevés mais très fins

 Propriétés: Dom. Lamarche – L'Héritier Guyot – J. Grivot – Dom. J. Prieur – Dom. H. Rebourseau – A. Bichot – Moillard – J. Faiveley – Naigeon Chauveau – Dom. R. Engel – Dom. Drouhin Laroze – Ch. de La Tour – Jaboulet Vercherre – Dom. Roumier – Dom. Mongeard Mugneret
De nombreux autres propriétaires ne sont pas mentionnés puisqu'ils sont environ 70, sinon plus, sur le même clos.

Clos Saint-Denis
(Côte de Nuits)

Le Clos Saint-Denis est morcelé et regroupe plusieurs propriétaires. À l'instar de nombreuses appellations bourguignonnes qui étaient rattachées à un autre nom, celle-ci le fut autrefois à celui de Morey.

Date du décret:
8 décembre 1936
Superficie: 6,50 ha
Rendement de base:
35 hl/ha
Production: 210 hl
Encépagement:
Pinot noir
Durée de conservation:
10-15 ans (6)
Température de service:
16 °C
Millésimes:
72 - 76 - **78** - 79 - 82 - 83 - **85** - 86 - 87 - 88 - **89**

 Vin rouge uniquement
Ressemble quelque peu à ses illustres voisins (Clos de la Roche et Clos des Lambrays) mais en plus souple et plus léger – Vieillit bien même s'il s'épanouit un peu plus rapidement

 Voir «Clos de Tart», p. 75.

 Propriétés: Dom. Dujac – G. Lignier et Fils

Corton
(Côte de Beaune)

Situé principalement sur la commune d'Aloxe, le vignoble de Corton est un grand cru installé avec ses prestigieuses parcelles sur un coteau particulièrement bien exposé, proche de la Côte de Nuits, et que l'on appelle parfois «La Montagne de Corton». Les œnophiles sportifs comprendront beaucoup de choses en faisant le tour du Corton en vélo de montagne…

Date du décret:
31 juillet 1937
Superficie: 88 ha
Rendement de base:
R: 35 hl/ha
B: 40 hl/ha
Production: 3 300 hl
Encépagement:
R: Pinot noir
B: Chardonnay
Durée de conservation:
12-15 ans (5)
Température de service:
R: 16 °C
B: 12 °C
Millésimes:
71 - 76 - **78** - 79 - 82 - 83 - **85** - 86 - 87 - 88 - **89**

 Rouge (98 %): Belle robe rubis brillante – Arômes complexes de chêne et de noyau de cerise évoluant vers les bouquets rappelant le cuir et les sous-bois – Bonne présence de tanins – Exige un certain vieillissement pour être apprécié pleinement – Charpenté – Très fin
Blanc (2 %): Voir «Corton-Charlemagne», p. 77.

 Rouge: Viandes rouges (Tournedos aux morilles) – Gibiers à plumes (Cailles farcies – Faisan vigneronne) et à poils (Côtelettes de chevreuil) – Fromages relevés
Blanc: Voir «Corton-Charlemagne», p. 77.

 Propriétés: Dom. Chandon de Briailles – Dom. Daniel Senard – Dom. Cachat Ocquidant et Fils – P. André (Clos du Roi) – Dom. Bonneau du Martray – M. Gaunoux – Louis Latour (Corton Grancey) – Dom. Cornu – G. et P. Ravaut – Faiveley (Clos des Cortons) – Dom. M. Mallard et Fils – Dom. A. Guyon – Moillard
Quelques climats: Clos du Roi – Les Bressandes – Les Pougets – Les Renardes – La Vigne au Saint – Les Maréchaudes – Clos de Vergennes – Les Grèves – Les Meix

Corton-Charlemagne
(Côte de Beaune)

Cette appellation située sur les communes d'Aloxe-Corton et de Pernand-Vergelesses a fait naître de nombreuses légendes. Mais il est vrai que Charlemagne, qui a donné son nom à ce climat, a reçu en don des terres de cette région, bien avant qu'il ne devînt empereur.

Date du décret:
31 juillet 1937
Superficie: 33 ha
Rendement de base:
40 hl/ha
Production: 1 800 hl
Encépagement:
Chardonnay
Durée de conservation:
15-18 ans (5-6)
Température de service:
12 °C
Millésimes:
71 - 73 - 76 - 78 - **79** - 81 - 82 - **83** - **85** - 86 - 88 - **89**

Vin blanc uniquement
Belle robe or brillante – Arômes complexes et intenses évoquant la cannelle et évoluant vers des bouquets d'amande grillée, parfois de résine – Sec – Puissant – Racé – Long en bouche – Dans les grandes années, se rapproche du Montrachet

Foie gras frais – Avocats farcis à la chair de crabe et de homard – Crustacés (*Écrevisses à la nage* – Pétoncles au gratin) – Poissons pochés (Truite au vin blanc)

Propriétés: Dom. Bonneau du Martray – Dom. Louis Latour – P. André – Bouchard Père et Fils

Côte de Beaune

Il est important de ne pas confondre cette appellation avec celle de «Côte de Beaune-Villages». En effet, les vins de cette AOC proviennent d'un territoire délimité de la commune de Beaune.

Date du décret:
5 décembre 1972
Superficie: 50 ha env.
Rendement de base:
R: 40 hl/ha
B: 45 hl/ha
Production: 1 200 hl
Encépagement:
R: Pinot noir
B: Chardonnay
Durée de conservation:
4-6 ans (2)
Température de service:
R: 15-16 °C
B: 12 °C
Millésimes:
82 - 83 - **85** - 86 - 87 - 88 - **89**

Rouge (94 %): Belle couleur – Arômes de fruits rouges
Le sol, dans l'ensemble caillouteux, de cette appellation donne des vins fruités et plus souples que le Beaune qui est tout proche.
Blanc (6 %): Belle robe or pâle – Arômes de fruits mûrs et d'épices – Sec et légèrement moelleux

Voir «Beaune», p. 67.

Propriétés: Dom. des Pierres Blanches – B. Darviot

Côte de Beaune-Villages (Côte de Beaune)

Cette AOC ne possède pas d'aire d'appellation particulière puisque le vin peut provenir du territoire de l'une des communes de la Côte de Beaune ou du mélange de vins de plusieurs communes, à l'exception de Beaune, d'Aloxe-Corton, de Pommard et de Volnay.

Date du décret:
 21 mai 1970
 (31 juillet 1937)
Superficie: Variable
Rendement de base:
 R: 40 hl/ha
 B: 45 hl/ha
Production: 2 100 hl
Encépagement:
 Pinot noir
Durée de conservation:
 6-8 ans (2)
Température de service:
 14-16 °C
Millésimes:
 81 - 82 - 83 - **85** - 86 - 87 - 88 - **89**

 Vin rouge principalement
Robe légèrement pourpre – Arômes de petits fruits rouges – Fruité – Agréable – Peut vieillir quelques années même s'il offre rapidement une bonne souplesse

 Terrine de lièvre – Viandes rouges braisées *(Bœuf mode aux carottes)* – Fondue bourguignonne – Viandes rouges grillées (entrecôte, tournedos) – Viandes blanches (Paupiettes de veau) – Volailles sautées *(Poulet aux morilles)* – Fromages peu relevés

 Propriétés: Dom. Paul Chevrot – Dom. Bernard Bachelet et Fils – G. Mugnier – Bouchard Père et Fils

Côte de Nuits-Villages (Côte de Nuits)

À l'extrême sud de la Côte de Nuits, Premaux (en partie), Prissey, Comblanchien et Corgonloin constituent la principale aire d'appellation «Côte de Nuits-Villages», que complètent au nord Fixin (en partie) et Brochon. Le rapport qualité/prix de ces vins n'est pas à négliger.

Date du décret:
 20 août 1964
Superficie: 200 ha
Rendement de base:
 R: 40 hl/ha
 B: 45 hl/ha
Production: 7 300 hl
Encépagement:
 Pinot noir
Durée de conservation:
 8-10 ans (4)
Température de service:
 15 °C
Millésimes:
 78 - 79 - 82 - 83 - **85** - 86 - 87 - 88 - **89**

 Vin rouge principalement
Robe légèrement violacée (vin jeune) – Arômes fruités, épicés avec une légère nuance de bois – Souple malgré une bonne charpente – Assez long en bouche

 Viandes rouges (filet mignon, côte de bœuf) – *Lapereau rôti* – Dindonneau à la broche – *Oie farcie* – Fromages moyennement relevés

 Propriétés: R. Dubois – D. Chopin – Dom. C. Allexant et Fils – M. Chaudat – B. Ambroise – Bonnardot Père et Fils – P. André – A. Chopin et Fils – Dom. C. Deschamps – R. Durand – M. et B. Fribourg – P. Gavignet – G. Julien – Dom. de la Poulette – R. Trapet – Dom. Marion
Cave: Cave coopérative des Hautes-Côtes

Criôts-Bâtard-Montrachet
(Côte de Beaune)

Moins connu, en raison notamment de sa minuscule surface, Criôts-Bâtard-Montrachet est situé sur la commune de Chassagne, juste à l'ouest du Bâtard-Montrachet.

Date du décret:
31 juillet 1937
Superficie: 1,60 ha
Rendement de base:
40 hl/ha
Production: 70 hl
Encépagement:
Chardonnay
Durée de conservation:
12-15 ans (4)
Température de service:
12 °C
Millésimes:
73 - 76 - 78 - **79** - 81 - 82 -
83 - **85** - 86 - 88 - **89**

 Vin blanc uniquement
Ressemble principalement au Bâtard-Montrachet

 Voir «Montrachet», p. 86.

 Propriétés: Dom. Joseph Belland – De Marcilly

Échezeaux
(Côte de Nuits)

Tout comme les Grands Échezeaux, les Échezeaux font partie de la commune de Flagey, mais sont rattachés à celle de Vosne-Romanée. Ses vins, de très grande qualité, sont cependant moins prestigieux que ceux des Grands Échezeaux.

Date du décret:
31 juillet 1937
Superficie: 30 ha
Rendement de base:
35 hl/ha
Production: 1 300 hl
Encépagement:
Pinot noir
Durée de conservation:
15-20 ans (8)
Température de service:
16 °C
Millésimes:
69 - 70 - 71 - 72 - 76 - **78** -
79 - 82 - 83 - **85** - 86 - 87 -
88 - **89**

 Vin rouge uniquement
Ressemble au vin produit sur les Grands Échezeaux mais avec moins d'ampleur et de complexité

 Voir «Romanée-Conti», p. 90, et «Vosne-Romanée, p. 95.

 Propriétés: Dom. Lamarche – J. Faiveley – J. Cacheux et Fils – Dom. R. Engel – G. Clerget – J. Jayer – Dom. Mongeard Mugneret – Dom. de la Romanée-Conti

Fixin
(Côte de Nuits)

À une dizaine de kilomètres au sud de Dijon, Fixin a droit à sa propre appellation d'origine, mais les vins récoltés sur cette commune revendiquent encore le droit à l'AOC «Côte de Nuits-Villages». Lors de votre prochaine visite, prononcez «Fissin», c'est l'usage en Bourgogne.

Date du décret:
8 décembre 1936
Superficie: 130 ha
Rendement de base:
R: 40 hl/ha
B: 45 hl/ha
Production: 4 400 hl
Encépagement:
Pinot noir
Durée de conservation:
10-12 ans (4)
Température de service:
14-16 °C
Millésimes:
76 - **78** - 79 - 82 - 83 - **85** - 86 - 87 - 88 - **89**

Vin rouge principalement
Belle couleur assez foncée – Arômes de fruits rouges nuancés de sous-bois – Souple malgré la présence de tanins – Bon potentiel de vieillissement

Voir «Côte de Nuits-Villages», p. 78.

Propriétés: Dom. Pierre Gelin – V. et D. Berthaut – P. Joliet – A. Guyard – Dom. Huguenot Père et Fils – Derey Frères
Climats premiers crus: Aux Cheusots – La Perrière – Le Clos-du-Chapitre – Les Arvelets – Les Hervelets – Les Meix-Bas

Gevrey-Chambertin
(Côte de Nuits)

Le village de Gevrey, dont le nom est complété par celui du célèbre lieu-dit Chambertin, est situé au nord de la commune de Morey-Saint-Denis et peut s'enorgueillir d'avoir pas moins de neuf grands crus, et non les moindres, sur son territoire.

Date du décret:
11 septembre 1936
Superficie: 395 ha
Rendement de base:
40 hl/ha
Production: 17 700 hl
Encépagement:
Pinot noir
Durée de conservation:
12-15 ans (6)
Température de service:
16 °C
Millésimes:
71 - 72 - 76 - **78** - 79 - 82 - 83 - **85** - 86 - 87 - 88 - **89**

Vin rouge uniquement
Belle robe rubis clair – Arômes de fruits rouges évoluant vers des bouquets plus complexes – Charnu – Corsé et tannique
Les vins de coteau sont les plus charpentés. Le sol de cette AOC est à dominance argileuse.
La partie sud de la commune de Brochon a droit à l'AOC «Gevrey-Chambertin».

Viandes rouges grillées, sautées et rôties – Gibiers à poils (*Civet de lièvre à la royale*) – Gibiers à plumes (Cailles farcies au Gevrey) – Volailles sautées (Coq au vin) – *Fromages relevés et fins*

Propriétés: M. Cluny et Fils – J. Roty – Ropiteau Frères – Dom. Tortochot – C. Quillardet – Dom. P. Charlopin – L. Guyard – Mortet et Fils – Dom. L. Trapet Père et Fils – Dom. A. Guyon – Dom. des Vardilles – Geantet Pansiot – Dom. Camus – J. Faiveley – Dom. C. Rousseau – Dom. P. Gelin – G. Lignier
Climats premiers crus: Au Closeau – Aux Combottes – Bel-Air – Cazetiers – Champeaux – Championnois dite «Petite Chapelle» – Champonnets – Cherbaudes – Clos-Prieur – Clos-du-Chapitre – Combe-aux-Moines – Craipillot – Ergots – Estournelles – Issarts – La Perrière – Lavaut – Le Fonteny – Le Clos-Saint-Jacques – Les Corbeaux – Les Goulots – Les Gémeaux – Les Varoilles – Poissenot

Grands Échezeaux
(Côte de Nuits)

Date du décret:
31 juillet 1937
Superficie: 8,66 ha
Rendement de base:
35 hl/ha
Production: 270 hl
Encépagement:
Pinot noir
Durée de conservation:
15-20 ans (8)
Température de service:
16 °C
Millésimes:
69 - 70 - 71 - 72 - 76 - **78** -
79 - 82 - 83 - **85** - 86 - 87 -
88 - **89**

Tout comme les Échezeaux, les Grands Échezeaux font partie de la commune de Flagey, mais sont rattachés à celle de Vosne-Romanée. Situé entre le Clos de Vougeot et les Échezeaux, ce grand cru surpasse en finesse et en qualité son presque homonyme voisin.

 Vin rouge uniquement
Belle robe d'un rouge soutenu – Arômes intenses de fruits mûrs évoluant vers des bouquets épicés, avec une touche animale (cuir, musc) – Bien charpenté et velouté à la fois – Puissant et très long en bouche

 Voir «Romanée-Conti», p. 90, et Vosne-Romanée», p. 95.

 Propriétés: Dom. Lamarche – Dom. R. Engel – Dom. de la Romanée-Conti – Dom. Mongeard Mugneret

Griotte-Chambertin
(Côte de Nuits)

Date du décret:
31 juillet 1937
Superficie: 3 ha
Rendement de base:
37 hl/ha
Production: 100 hl
Encépagement:
Pinot noir
Durée de conservation:
12-18 ans (8)
Température de service:
16 °C
Millésimes:
71 - 72 - 76 - **78** - 79 - 82 -
83 - **85** - 86 - 87 - 88 - **89**

Situé entre les Charmes et Chapelle-Chambertin, ce grand cru, qui a une très petite surface, doit son nom à une variété de cerises sauvages, appelées griottes, qui, paraît-il, abondaient autrefois à cet endroit.

 Vin rouge uniquement
Ressemble aux autres grands crus de Gevrey-Chambertin, en s'inspirant du Roi Chambertin. (En plus de ressembler au Charmes-Chambertin, ce vin est réputé pour ses arômes rappelant le noyau de cerise (appellation oblige...)

 Voir «Chambertin», p. 70.

 Propriétés: J. Drouhin

Ladoix
(Côte de Beaune)

Située à l'entrée de la Côte de Beaune, lorsqu'on vient de la Côte de Nuits, la commune de Ladoix-Serrigny commence à se faire connaître par son appellation si proche de Corton qu'on lui reconnaît enfin des qualités indéniables.

Date du décret:
  21 mai 1970
Superficie: 80 ha
Rendement de base:
  R: 40 hl/ha
  B: 45 hl/ha
Production: 3 600 hl
Encépagement:
  R: Pinot noir
  B: Chardonnay
Durée de conservation:
  8-10 ans (3)
Température de service:
  R: 15-16 °C
  B: 12 °C
Millésimes:
  79 - 82 - 83 - **85** - 86 - 87 - 88 - **89**

Rouge (95 %): Robe rubis – Arômes de fruits et de bois – Saveurs fondues et souples – Présence de tanins – Bien structuré
Blanc (5 %): Couleur jaune pâle – Arômes floraux, parfois légèrement poivrés – Sec et vif – S'assouplit en vieillissant

Rouge: Viandes rouges rôties (contre-filet, roast-beef) – Brochettes d'agneau – *Coq au vin rouge* – *Pintadeau aux morilles* – Fromages moyennement relevés
Blanc: Coquillages et crustacés – Poissons grillés (Turbot grillé sauce béarnaise) – Ris de veau braisés

Propriétés: Capitain Gagnerot – Dom. Michel Mallard et Fils – Chevalier Père et Fils – P. André – B. Maréchal Caillot – E. Cornu – Dom. A. Nudant et Fils – G. et P. Ravaut – Mestre Père et Fils
Climats premiers crus: La Corvée – Le Clou d'Orge – Les Mourottes – Le Bois Roussot

La Romanée
(Côte de Nuits)

Contiguë à la Romanée-Conti et à Richebourg, la Romanée est le plus petit vignoble d'appellation d'origine contrôlée de France et est le monopole de la famille Liger Bélair depuis le début du XIXᵉ siècle. Il est difficile de se procurer une des 4 000 bouteilles produites annuellement.

Date du décret:
  11 septembre 1936
Superficie: 0,85 ha
Rendement de base:
  35 hl/ha
Production: 31 hl
Encépagement:
  Pinot noir
Durée de conservation:
  15-20 ans (10)
Température de service:
  16 °C
Millésimes:
  69 - 70 - 71 - 72 - 76 - **78** - 79 - 82 - 83 - **85** - 86 - 87 - 88 - **89**

Vin rouge uniquement
Belle robe profonde aux légers reflets orangés (en vieillissant) – Arômes de fruits confits évoluant vers des notes animales – Saveurs riches et complexes – Assez tannique – Plus corsé et plus dur que le Romanée-Conti à qui il cède la finesse et la distinction

Voir «Romanée-Conti», p. 90, et «Vosne-Romanée», p. 95.

Un seul propriétaire: Comte Liger Bélair
(Ce vin est distribué par Bouchard Père et Fils.)

La Tâche
(Côte de Nuits)

Date du décret:
11 septembre 1936
Superficie: 6,05 ha
Rendement de base:
35 hl/ha
Production: 164 hl
Encépagement:
Pinot noir
Durée de conservation:
15-25 ans (10)
Température de service:
16 °C
Millésimes:
64 - 66 - 69 - 70 - 71 - 76 -
78 - 79 - 82 - 83 - **85** - 86 -
87 - 88 - **89**

Le vignoble de la Tâche ressemble à ceux de la Romanée desquels il est séparé par une étroite bande de vigne appelée «La Grande Rue». Les vins de la Tâche ne sont pas sans rappeler d'ailleurs ceux qui sont produits par le Domaine de la Romanée-Conti, propriétaire également de ce grand cru.

 Vin rouge uniquement
Belle robe d'un rouge intense – Arômes de cerise et de violette évoluant vers des bouquets d'épices, de fruits confits et de réglisse – Plus souple et plus léger que le vin de la Romanée, mais présente toutefois un excellent potentiel de vieillissement

 Voir «Romanée-Conti», p 90, et «Vosne-Romanée», p. 95.

 Un seul propriétaire: Dom. de la Romanée-Conti

Latricières-Chambertin
(Côte de Nuits)

Date du décret:
31 juillet 1937
Superficie: 7 ha
Rendement de base:
37 hl/ha
Production: 300 hl
Encépagement:
Pinot noir
Durée de conservation:
12-18 ans (8)
Température de service:
16 °C
Millésimes:
69 - 70 - 71 - 72 - 76 - **78** -
79 - 82 - 83 - **85** - 86 - 87 -
88 - **89**

Latricières est un grand cru situé au sud du Chambertin et contigu à celui-ci. L'altitude de ce vignoble est donc la même que celle de son illustre voisin, ce qui les rapproche lors de la dégustation.

 Vin rouge uniquement
Ressemble aux autres grands crus de Gevrey-Chambertin, en s'inspirant du Roi Chambertin – Son bouquet caractéristique est peut-être moins puissant, mais c'est un vin tout en finesse

 Voir «Chambertin», p.70.

 Propriétés: Dom. Camus – Dom. L. Trapet – J. Faiveley – Dom. P. Damoy

Maranges
(Côte de Beaune)

Date du décret:
  23 mai 1989
Superficie: n.c.
Rendement de base:
  40 hl/ha
Production: 8 300 hl
Encépagement:
  Pinot noir
Durée de conservation:
  6-8 ans
Température de service:
  15-16 °C
Millésimes:
  82 - 83 - **85** - 86 - 87 - 88 -
  89

Les Maranges constituent un climat classé Premier Cru commun aux trois villages de Cheilly, Dezize et Sampigny, situés à l'extrême sud de la Côte de Beaune. Ces trois communes avaient droit à l'AOC, mais leurs vins étaient le plus souvent commercialisés sous le nom de Côte de Beaune-Villages. Cette nouvelle appellation réjouira certainement les amateurs qui avaient du mal et à juste raison à s'y retrouver.

 Vin rouge principalement
Voir «Côte de Beaune-Villages», p. 78.

 Voir «Côte de Beaune-Villages», p. 78.

 Propriétés: B. Bachelet – Dom. Paul Chevrot

Marsannay
(Côte de Nuits)

Date du décret:
  19 mai 1987
Superficie: 100 ha env.
Rendement de base:
  50 hl/ha
Production: 6 500 hl
Encépagement:
  Pinot noir
Durée de conservation:
  Rs: 2-3 ans (1)
  R: 6-8 ans
Température de service:
  Rs: 8 °C
  R: 16 °C
Millésimes:
  82 - 83 - **85** - 86 - 87 - 88 -
  89

Récente appellation, «Marsannay» devait auparavant adjoindre son nom à celui de «Bourgogne». Considéré comme donnant le meilleur rosé de la Bourgogne viticole, ce village est situé aux portes de Dijon.

 Vin rosé principalement
Belle robe brillante – Arômes de fleurs et de fruits exotiques – Sec – Souple et fruité – Rafraîchissant
Depuis que Marsannay a droit à sa propre AOC, ce vin est de plus en plus élaboré en rouge.

 À l'apéritif – Charcuteries (Terrine de lapin ou de canard) – Entrées froides (Cornets de jambon et de macédoine) – Saucisson – Poissons grillés (Saumon – Truite aux herbes) – Viandes blanches rôties

 Propriétés: C. Audoin – Régis Bouvier – J. Colotte – Derey Frères – Dom. Fougeray – L. Guyard – Dom. Huguenot Père et Fils – C. Quillardet – J. Fournier – M. Blocot – Dom. Bruno Clair
Cave: Cave coopérative des Grands Vins Rosés

Mazis-Chambertin
(Côte de Nuits)

Dans le prolongement du Clos de Bèze, au nord, Mazis comprend deux lieux-dits distincts, les Mazis-Hauts et les Mazis-Bas. Mazis peut également s'orthographier «Mazy».

Date du décret:
31 juillet 1937
Superficie: 12,60 ha
Rendement de base:
37 hl/ha
Production: 300 hl
Encépagement:
Pinot noir
Durée de conservation:
12-18 ans (8)
Température de service:
16 °C
Millésimes:
69 - 70 - 71 - 76 - **78** - 79 -
82 - 83 - **85** - 86 - 87 - 88 -
89

 Vin rouge uniquement
Ressemble aux autres grands crus de Gevrey-Chambertin, en s'inspirant du Roi Chambertin, mais ses caractéristiques se rapprochent surtout de celles du Ruchottes-Chambertin – Bouquets complexes (épices, vieux cuir) – Bon potentiel de vieillissement

 Voir «Chambertin», p. 70.

 Propriétés: J. Roty – J. Faiveley – H. Rebourseau – Dom. Tortochot – Dom. Camus – Dom. Pierre Gelin

---

Meursault
(Côte de Beaune)

«Qui boit du Meursault ne vit ni ne meurt sot!» Voilà un dicton fait sur mesure pour ce vin dont le village est en fait le principal producteur de Bourgogne blanc en Côte d'Or. Chaque année, une grande fête est organisée pour souligner la fin des vendanges; il s'agit de la Paulée de Meursault.

Date du décret:
21 mai 1970
Superficie: 480 ha
Rendement de base:
B: 45 hl/ha
R: 40 hl/ha
Production: 16 000 hl
Encépagement:
B: Chardonnay
R: Pinot noir
Durée de conservation:
12-15 ans (3)
Température de service:
B: 12 °C
R: 16 °C
Millésimes:
76 - 78 - **79** - 81 - 82 - **83** -
85 - 86 - 88 - **89**

 Blanc (94 %): Belle robe or – Arômes puissants et complexes évoluant vers des bouquets de noisette et d'amande grillée (et beaucoup d'autres choses encore) – Sec – Onctueux – Très souple – Très fin
La diversité des sols est à l'origine des différences qui caractérisent un cru par rapport à un autre.
Rouge (6 %): Robe brillante relativement claire – Arômes de fruits rouges – Peu charpenté – Fin et délicat

 Foie gras frais – *Feuilleté de ris de veau à la crème* – Poissons en sauce (Matelote de sole à la normande – *Lotte à l'américaine*) – Pochouse (spécialité bourguignonne de poissons de rivière en matelote au vin blanc)

 Propriétés: G. Roulot – Dom. J. Prieur – R. Ampeau – P. Bouzereau – Michelot Buisson – Ch. de Meursault – P. Javillier – Bouchard Père et Fils – G. Bocard – G. Mugnier – G. Michelot – D. Darviot – Y. Boyer Martenot – Ropiteau Frères – P. Chapelle
Climats premiers crus: Aux Perrières – La Goutte-d'Or – Le Poruzot – Les Poruzot-Dessus – Les Bouchères – Les Caillerets – Les Charmes-Dessous – Les Charmes-Dessus – Les Cras-Dessus – Les Genevrières-Dessous – Les Genevrières-Dessus – Les Perrières-Dessous – Les Perrières-Dessus – Les Petures – Les Santenots Blancs – Les Santenots-du-Milieu

Monthélie
(Côte de Beaune)

Date du décret:
21 mai 1970
(31 juillet 1937)
Superficie: 105 ha
Rendement de base:
R: 40 hl/ha
B: 45 hl/ha
Production: 4 900 hl
Encépagement:
R: Pinot noir
B: Chardonnay
Durée de conservation:
6-8 ans (3)
Température de service:
R: 15-16 °C
B: 12 °C
Millésimes:
82 - 83 - **85** - 86 - 87 - 88 - **89**

Situé juste à l'ouest de Meursault, Monthélie produit des vins peu connus mais très intéressants à découvrir. Les rouges se rapprochent quelque peu des Volnay. Il sera judicieux, lors d'un prochain voyage, d'admirer les toits polychromes de ce village influencé par le style flamand.

Rouge (98 %): Robe rubis – Arômes de petits fruits sur un léger fond de vanille – Fruité – Souple et rond – Relativement corsé
Blanc (2 %): Se compare un peu au Meursault, mais avec beaucoup moins d'ampleur, de finesse et de complexité

Rouge: Voir «Volnay», p. 94.
Blanc: Voir «Meursault», p. 85.

Propriétés: G. Doreau – Ch. de Monthélie – D. Boussey – M. Deschamps – J. Changarnier – P. Garaudet – J. Boigelot – Ropiteau Frères – Thevenin Monthélie et Fils
Climats premiers crus: Duresses – La Taupine – Le Cas-Rougeot – Le Château-Gaillard – Le Clos-Gauthey – Le Meix-Bataille – Les Champs-Fulliot – Les Riottes – Les Vignes-Rondes – Sur Lavelle

Montrachet
(Côte de Beaune)

Date du décret:
31 juillet 1937
Superficie: 7 ha
Rendement de base:
40 hl/ha
Production: 380 hl
Encépagement:
Chardonnay
Durée de conservation:
20 ans et parfois plus (5-6)
Température de service:
12 °C
Millésimes:
71 - 73 - 76 - 78 - **79** - 81 - 82 - **83** - **85** - 86 - 88 - **89**

Considéré comme donnant l'un des meilleurs vins blancs au monde, le Montrachet est situé à cheval sur les communes de Puligny et de Chassagne. Sa réputation est telle que son nom est toujours adjoint à ceux des grands crus avoisinants. À propos des vins de Montrachet en général, Alexandre Dumas a d'ailleurs écrit ceci: «Ces vins devraient être bus à genoux et chapeau bas.»

Vin blanc uniquement
Belle robe dorée nuancée de légers reflets verts, brillante – Arômes très intenses et délicats en même temps, rappelant l'amande – Charpenté – Puissant et merveilleusement équilibré

Foie gras frais – Crustacés (Homard à l'américaine) – Poissons pochés (*Filets de saint-pierre en feuilleté* – Quenelles de brochet)
Blanc: Crustacés à la mayonnaise – *Escargots à la bourguignonne* – Gougères bourguignonnes – Poissons grillés et meunière – Volailles sautées en sauce

Propriétés: Dom. J. Prieur – Bouchard Père et Fils – Dom. de La Romanée-Conti – Dom. Thenard – Marquis de Laguiche (élaboré et distribué par La Maison J. Drouhin)

Morey-Saint-Denis
(Côte de Nuits)

Discrète entre Gevrey-Chambertin et Chambolle-Musigny, la commune de Morey-Saint-Denis ne possède pas moins de cinq grands crus dont quatre clos parmi les plus prestigieux de la Bourgogne.

Date du décret:
8 décembre 1936
Superficie: 102 ha
Rendement de base:
R: 40 hl/ha
B: 45 hl/ha
Production: 3 700 hl
Encépagement:
Pinot noir
Durée de conservation:
10-12 ans et plus dans les grandes années (6)
Température de service:
16 °C
Millésimes:
76 - **78** - 79 - 82 - 83 - **85** - 86 - 87 - 88 - **89**

Vin rouge principalement
Robe rouge vif – Arômes floraux et fruités évoluant vers des bouquets plus complexes – Étoffé grâce à des tanins présents mais souples – Puissance et finesse donnent un caractère harmonieux à cette appellation encore trop méconnue

Viandes rouges grillées, sautées et rôties – Volailles (Coq au vin – Magret de canard) – Gibiers à plumes (*Pigeonneaux aux cèpes et aux girolles*) – Petits gibiers à poils (Civet de lièvre) – Fromages relevés et fins

Propriétés: Dom. P. Amiot et Fils – G. Lignier et Fils – G. Roumier – R. Bouvier – J.-P. Magnien – C. Marchand – B. Serveau et Fils
Climats premiers crus: Aux Charmes – Calouères – Chabiots – Clos-Bussière – Côte-Rotie – La Riotte – Le Clos-Baulet – Le Clos-des-Ormes – Le Clos-Sorbès – Les Bouchots – Les Chaffots – Les Charrières – Les Chénevery – Les Façonnières – Les Fremières – Les Froichots – Les Genevrières – Les Gruenchers – Les Mauchamps – Les Millandes – Les Ruchots – Les Sorbès – Maison-Brûlée – Meix-Rentiers – Monts-Luisants

---

Musigny
(Côte de Nuits)

Ce vignoble prestigieux rejoint au sud celui des Échezeaux, en longeant à l'est le Clos de Vougeot. Je laisse à Gaston Roupnel, qui a écrit de si belles choses sur la Bourgogne, le soin de décrire ce vin: «Savourez-le attentivement, respirez les senteurs d'un jardin humide, le parfum d'une violette sur la rosée du matin.»

Date du décret:
11 septembre 1936
Superficie: 10 ha
Rendement de base:
R: 35 hl/ha
B: 40 hl/ha
Production: 350 hl
Encépagement:
R: Pinot noir
B: Chardonnay
Durée de conservation:
12-15 ans (8)
Température de service:
16 °C
Millésimes:
76 - **78** - 79 - 82 - 83 - **85** - 86 - 87 - 88 - **89**

Rouge (98 %): Robe rouge intense – Arômes de petits fruits très mûrs sur fond de vanille (fût de chêne neuf) – Riche – Ample et délicat à la fois – Très long en bouche
Blanc (2 %): Une infime proportion de vins blancs difficiles à se procurer ravira l'amateur par des arômes puissants et complexes et par une grande richesse en bouche (producteur: Dom. Comte de Vogüé)

Rouge: *Truffes au foie gras en feuilletage* – Viandes rouges (Tournedos à la béarnaise) – Filet d'agneau en croûte – Gibiers à plumes (Salmis de canard sauvage Colvert) – Gibiers à poils (*Côtelettes de chevreuil au genièvre*) – Fromages relevés mais très fins
Blanc: *Foie gras* – Poissons pochés en sauce

Propriétés: Dom. J. Prieur – LeRoy – Dom. Comte de Vogüé – J. Faiveley – Dom. J. Drouhin – J.-F. Mugnier

Nuits-Saint-Georges
(Côte de Nuits)

Date du décret:
5 décembre 1972
(11 septembre 1936)
Superficie: 376 ha
Rendement de base:
R: 40 hl/ha
B: 50 hl/ha
Production: 13 300 hl
Encépagement:
Pinot noir
Durée de conservation:
10-12 ans (6)
Température de service:
15-16 °C
Millésimes:
76 - **78** - 79 - 82 - 83 - **85** -
86 - 87 - 88 - **89**

Le village de Nuits, dont le nom est complété par celui du premier cru «Les Saint-Georges», est situé dans la partie sud de la Côte de Nuits. Dans cette bourgade discrète se sont développées de nombreuses affaires de négoce, en vin et aussi en marc de Bourgogne. Les vins provenant du sud sont les plus typiques de l'appellation.

 Vin rouge principalement
Robe très colorée – Arômes de fruits mûrs nuancés de bois de chêne – Corsé et robuste – Tanins permettant un bon vieillissement

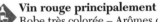 Viandes rouges) – Volailles (*Magret de canard au poivre vert*) – Gibiers à plumes (Salmis de palombe) – Fromages relevés mais fins

Propriétés: A. Hudelot – J. Grivot – Ch. Gris (Lupé Cholet) – C. Vienot – L. Jadot – H. Gouges – J. Faiveley – A. Michelot – G. Julien – R. Dubois – Dom. Bertagna – J.-J. Confuron – Dom. du Clos Frantin (A. Bichot) – H. et G. Remoriquet – Ch. de Premeaux – Dom. Machard de Gramont – Moillard – Dom. Rion
Climats premiers crus: Aux Argilats – Aux Boudots – Aux Bousselots – Aux Chaignots – Aux Champs-Perdrix – Aux Cras – Aux Crots – Aux Damodes – Aux Murgers – Aux Thorey – Aux Vignes-Rondes – En La Chaîne-Carteau – La Perrière – La Richemone – La Roncière – Les Argillats – Les Cailles – Les Chabœufs – Les Hauts-Pruliers – Les Poulettes – Les Porets – Les Procès – Les Pruliers – Les Saint-Georges – Les Vallerots – Les Vaucrains – Rue-de-Chaux – Perrière-Noblet – Aux perdrix – Clos-Arlots – Clos-de-la-Maréchale – Clos des Argillières – Clos-des-Corvées – Clos-des-Forêts – Le Clos-Saint-Marc – Les Corvées-Paget – Les Didiers

Pernand-Vergelesses
(Côte de Beaune)

Date du décret:
21 mai 1970
(31 juillet 1937)
Superficie: 120 ha
Rendement de base:
R: 40 hl/ha
B: 45 hl/ha
Production: 4 300 hl
Encépagement:
R: Pinot noir
B: Chardonnay
Durée de conservation:
6-8 ans (3)
Température de service:
R: 15-16 °C
B: 12 °C
Millésimes: 81 - 82 - 83 - **85**
- 86 - 87 - 88 - **89**

Le village de Pernand, dont le nom est complété par ceux des premiers crus des Vergelesses, est situé au nord-ouest du village d'Aloxe-Corton et partage d'ailleurs avec celui-ci une petite partie du grand cru Charlemagne.

 Rouge (80 %): Robe rubis – Arômes intenses de fruits évoluant vers des notes de bois et d'épices en vieillissant – Tanins présents mais souples – Fin et de bonne garde
Blanc (20 %): Belle couleur jaune légèrement doré – Aromatique – Sec – Nerveux – Délicat

 Rouge: Viandes rouges (Roast-beef – Entrecôte grillée) – *Coq au vin* – Fondue bourguignonne – *Fromages moyennement relevés*
Blanc: Entrées froides (Salade de fruits de mer) – Poissons meunière

 Propriétés: Dom. Dubreuil Fontaine – R. Jaffelin et Fils – J.-M. Laleure – Dom. Chandon De Briailles – Rapet Père et Fils – Dom. A. Guyon – Chanson Père et Fils
Climats premiers crus: En Caradeux – Creux-de-la-Net – Île-des-Vergelesses – Les Basses-Vergelesses – Les Fichots

Pommard
(Côte de Beaune)

Date du décret:
  11 septembre 1936
Superficie: 310 ha
Rendement de base:
  40 hl/ha
Production: 12 800 hl
Encépagement:
  Pinot noir
Durée de conservation:
  10-12 ans (4)
Température de service:
  16 °C
Millésimes:
  76 - **78** - 79 - 83 - **85** - 86 -
  87 - 88 - **89**

Parce qu'elle est facile à écrire et à prononcer, l'appellation «Pommard» a souvent été usurpée, partout dans le monde... Il n'en demeure pas moins qu'on y produit de grands vins assez «tanniques» et bien charpentés, ce qui leur permet de voyager et de bien se conserver. Il est intéressant de voir en pleines vignes la croix de Pommard, restaurée en 1968 et indiquant un passage extrêmement difficile autrefois, pour ceux qui transportaient vins et tonneaux.

Vin rouge uniquement
Couleur intense – Arômes complexes de fruits mûrs, de pain d'épice et parfois de truffe – Charpenté et tannique – Généralement très concentré et long en bouche – Bon potentiel de vieillissement

Viandes rouges (Tournedos Rossini – Côte de bœuf marchand de vin) – Gibiers à poils – Fromages relevés

Propriétés: Ch. de Pommard – Dom. Billard Gonnet – Dom. Parent – Dom. M. Gaunoux – H. Fournier – Dom. Machard de Gramont – Ch. de Meursault – Lahaye Père et Fils – Dom. R. Launay – J. Voillot – B. Bachelet – Dom. du Clos des Épeneaux
Climats premiers crus: Clos-Blanc – Clos-de-la-Commaraine – Clos du Verger – Es-Charmots – Derrière-Saint-Jean – La Charnière – La Platière – La Refène – Le Clos-Micot – Les Argillières – Les Argelets – Les Bertins – Les Boucherottes – Les Chaponnières – Les Chanlins-Bas – Les Combes-Dessus – Les Croix-Noires – Les Épenots – Les Fremiers – Les Garollières – Les Petits-Épenots – Les Pézerolles – Les Poutures – Les Rugiens – Les Sausilles

Puligny-Montrachet
(Côte de Beaune)

Date du décret:
  21 mai 1940
Superficie: 210 ha
Rendement de base:
  B: 45 hl/ha
  R: 40 hl/ha
Production: 10 300 hl
Encépagement:
  B: Chardonnay
  R: Pinot noir
Durée de conservation:
  12-15 ans (3)
Température de service:
  B: 12 °C
  R: 16 °C
Millésimes:
  73 - 76 - 78 - **79** - 81 - 82 -
  83 - **85** - 86 - 88 - **89**

Célèbre village que celui de Puligny puisqu'il partage, avec celui de Chassagne, le privilège de posséder sur son territoire quatre grands crus dont le fameux Montrachet. Renommé pour ses vins blancs, le vignoble prolonge celui de Meursault, au sud. Le sol argilo-calcaire de cette région est plus propice à la culture de chardonnay qu'à celle du pinot noir.

Blanc (97 %): Belle robe or aux reflets verts – Arômes intenses et subtils rappelant la fougère – Sec – Ample et très long en bouche – **Rouge** (3 %): Vin fin et délicat mais très difficile à se procurer

Blanc: Saumon fumé – Coquillages (Terrine de coquilles Saint-Jacques au poivre vert – Huîtres) – Crustacés – Poissons pochés

Propriétés: Dom. Lamy Riboulet – R. Ampeau – Dom. Roux Père et Fils – Dom. Charles Allexant et Fils – Louis Jadot – Dom. H. Clerc – C. Blondeau Danne Père – Dom. E. Sauzet – Dom. Leflaive
Climats premiers crus: Clavoillons – Hameau-de-Blagny – La Garenne – Le Cailleret – Le Champ-Canet – Les Chalumeaux – Les Combettes – Les Folatières – Les Pucelles – Les Referts – Sous-le-Puits

Richebourg
(Côte de Nuits)

Date du décret:
11 septembre 1936
Superficie: 8 ha
Rendement de base:
35 hl/ha
Production: 240 hl
Encépagement:
Pinot noir
Durée de conservation:
15-25 ans (10)
Température de service:
16 °C
Millésimes:
64 - 66 - 69 - 70 - 71 - 72 -
76 - **78** - 79 - 82 - 83 - **85** -
86 - 87 - 88 - **89**

Contigu à la Romanée et à la Romanée-Conti, le grand cru «Richebourg» jouit d'une grande et excellente renommée. Plusieurs viticulteurs se partagent cette même appellation, ce qui n'est pas le cas dans la plupart des autres grands crus. Un vin tout simplement exceptionnel, parole de sommelier!

Vin rouge uniquement
Robe grenat foncé – Arômes complexes de violette et de fruits rouges évoluant vers des notes animales et épicées – Puissant – Généreux et délicat à la fois – Très fin
Le fût neuf apporte au vin une astringence qui lui permet de vieillir harmonieusement.

Voir «Romanée-Conti», ci-après, et «Vosne-Romanée», p. 95.

Propriétés: Dom. de la Romanée-Conti – A. Hudelot – J. Grivot – Dom. Louis Gros – E. Noellat – Dom. Mongeard Mugneret

Romanée-Conti
(Côte de Nuits)

Date du décret:
11 septembre 1936
Superficie: 1,80 ha
Rendement de base:
35 hl/ha
Production: 54 hl
Encépagement:
Pinot noir
Durée de conservation:
15-25 ans (10)
Température de service:
16 °C
Millésimes:
59 - **61** - 62 - 64 - 66 - 69 -
70 - 71 - 72 - 76 - **78** - 79 -
82 - 83 - **85** - 86 - 87 - 88 -
89

Décrit autrefois comme «la perle du milieu du collier bourguignon», le vignoble de la Romanée-Conti fait partie de l'histoire de France. En 1760, alors qu'elle était convoitée par de nombreux amateurs, le prince de Conti réussit, au nez de la Pompadour, à se procurer cette minuscule parcelle. À la suite de cette affaire, la «favorite» se consola, dit-on, dans le champagne…

Vin rouge uniquement
Très belle robe brillante et soyeuse – Arômes complexes et subtils de sous-bois, de fruits rouges et de violette, mêlés de notes animales et balsamiques – Ample et très riche – Excellente persistance en bouche – La perfection en matière de vin, mais le prix est en conséquence…

Truffes au foie gras en feuilletage – Viandes rouges (Tournedos Rossini – Filet de bœuf en croûte) – *Gibiers à poils* (Selle de chevreuil Duc de Bourgogne) – Fromages relevés mais très fins

Un seul propriétaire: Dom. de la Romanée-Conti (Maison Leroy – Mme Lalou Bise Leroy et M. Aubert de Villaine)

Romanée-Saint-Vivant
(Côte de Nuits)

Date du décret:
11 septembre 1936
Superficie: 9,50 ha
Rendement de base:
35 hl/ha
Production: 320 hl
Encépagement:
Pinot noir
Durée de conservation:
15-25 ans (10)
Température de service:
16 °C
Millésimes:
69 - 70 - 71 - 72 - 76 - **78** -
79 - 82 - 83 - **85** - 86 - 87 -
88 - **89**

Plus bas que les vignobles de la Romanée-Conti et de Richebourg, Romanée-Saint-Vivant est un domaine viticole datant du XIIIᵉ siècle et qui fut offert par la duchesse de Bourgogne aux moines du prieuré de Saint-Vivant. Ce grand cru se distingue de ses illustres voisins par une certaine élégance.

 Vin rouge uniquement
Robe grenat soyeuse – Arômes fruités évoluant vert des bouquets poivrés et épicés – Ce vin charnu et long en bouche s'épanouit tout en finesse

 Voir «Romanée-Conti», p. 90, et «Vosne-Romanée», p. 95.

 Propriétés: A. Hudelot – Charles Noellat – M. Voarick – L. Latour (Une partie de ce grand cru est vinifiée et commercialisée par le Dom. de la Romanée-Conti.)

Ruchottes-Chambertin
(Côte de Nuits)

Date du décret:
31 juillet 1937
Superficie: 3,22 ha
Rendement de base:
37 hl/ha
Production: 118 hl
Encépagement:
Pinot noir
Durée de conservation:
12-18 ans (8)
Température de service:
16 °C
Millésimes:
69 - 70 - 71 - 72 - 76 - **78** -
79 - 82 - 83 - **85** - 86 - 87 -
88 - **89**

Ruchottes-Chambertin doit son nom à son sol composé entre autres de roches («roichot» signifiant en patois «lieu où il y a des roches»). C'est un très petit climat, situé au nord du Clos de Bèze, contigu au Mazis-Chambertin.

 Vin rouge uniquement
Ressemble aux autres grands crus de Gevrey-Chambertin, en s'inspirant du Roi Chambertin, mais ses caractéristiques se rapprochent surtout de celles du Mazis-Chambertin

 Voir «Chambertin», p. 70.

 Propriétés: A. Rodet (négociant à Mercurey qui commercialise entre autres ce grand cru) – C. Rousseau

Saint-Aubin
(Côte de Beaune)

Date du décret:
21 mai 1970
(31 juillet 1937)
Superficie: 200 ha
Rendement de base:
R: 40 hl/ha
B: 45 hl/ha
Production: 5 100 hl
Encépagement:
R: Pinot noir
B: Chardonnay
Durée de conservation:
6-8 ans (3)
Température de service:
R: 15-16 °C
B: 12 °C
Millésimes:
82 - 83 - **85** - 86 - 87 - 88 - **89**

À la limite des Hautes-Côtes de Beaune, Saint-Aubin se situe près de Puligny et de Chassagne-Montrachet. Comme Saint-Romain, et malgré une plus faible production, ce village est réputé pour ses vins blancs de qualité.

 Rouge (60 %): Robe rouge vif – Belle présence aromatique (fruits rouges) – Structuré malgré des tanins assez souples – Bon potentiel de vieillissement
Blanc (40 %): Robe brillante avec légers reflets verdâtres – Arômes très fins d'épices, de noisette et de miel – Sec – Se rapproche du Chassagne par sa souplesse

 Rouge: Terrine de lapin – Viandes rouges grillées (Tournedos à la béarnaise) – Viandes sautées (*Bœuf bourguignon* – Navarin d'agneau) – Volailles sautées (Coq au vin) – Fromages peu relevés
Blanc: Voir «Chassagne-Montrachet», p. 72.

 Propriétés: Dom. Roux Père et Fils – R. Lamy – Dom. Clerget – M. Colin – J.-C. Bachelet – M. Lamanthe – G. Thomas – H. Prudhon et Fils – Dom. du Pimont – J.-M. Morey
Climats premiers crus: Champlot – En Remilly – La Chatenière – Les Castets – Les Combes – Les Créots – Les Frionnes – Les Murgers-des-Dents-de-Chien – Sur Gamay – Sur-le-Sentier-du-Clou

Saint-Romain
(Côte de Beaune)

Date du décret:
21 mai 1970
(31 juillet 1937)
Superficie: 85 ha
Rendement de base:
R: 40 hl/ha
B: 45 hl/ha
Production: 3 100 hl
Encépagement:
R: Pinot noir
B: Chardonnay
Durée de conservation:
6-8 ans (3)
Température de service:
R: 15-16 °C
B: 12 °C
Millésimes:
82 - 83 - **85** - 86 - 87 - 88 - **89**

Saint-Romain, petit village au milieu d'un paysage particulièrement beau, est situé à l'ouest d'Auxey-Duresses, à la limite des Hautes-Côtes de Beaune. Ses vins blancs, produits en plus petite quantité, sont reconnus pour leur qualité.

 Rouge (60 %): Robe claire et limpide – Arômes de petits fruits rouges – Fruité – Souple – Peu tannique
Blanc (40 %): Belle robe légèrement dorée – Arômes de fleurs et de fruits mûrs sur fond de miel – Vif et souple à la fois – Très fin

 Rouge: Terrine de canard – Viandes rouges grillées – *Fondue bourguignonne* – Viandes blanches (Côtes de veau poêlées) – Volailles sautées en sauce – *Fromages peu relevés*
Blanc: Coquillages et crustacés (Palourdes farcies – *Coquilles Saint-Jacques au gratin* – Langoustines – Huîtres) – Poissons meunière et pochés – Ris de veau braisés

 Propriétés: Dom. J. Naudin et Fils – Germain Père et Fils

Santenay
(Côte de Beaune)

Renommé pour son eau minérale, Santenay, qui est situé à l'extrême sud de la Côte de Beaune, propose également des vins rouges dont le rapport qualité/prix n'est pas à négliger.

Date du décret:
21 mai 1970
(31 juillet 1937)
Superficie: 390 ha
Rendement de base:
R: 40 hl/ha
B: 45 hl/ha
Production: 13 700 hl
Encépagement:
R: Pinot noir
B: Chardonnay
Durée de conservation:
6-8 ans (3)
Température de service:
R: 15-16 °C
B: 12 °C
Millésimes:
82 - 83 - **85** - 86 - 87 - 88 - **89**

 Rouge (98 %): Belle robe rubis – Arômes de fruits, légèrement épicés – Bonne présence de tanins permettant au vin de bien vieillir – Plutôt corsé
Blanc (2 %): Sec – Souple et assez fruité

 Rouge: Viandes rouges rôties et sautées (Contre-filet – Bœuf bourguignon) – Viandes blanches (*Rôti de veau à la dijonnaise*) – Volailles sautées en sauce – Fromages moyennement relevés
Blanc: Fruits de mer – Poissons grillés et meunière

 Propriétés: R. Belland – P. Maufoux – V. Girard – Mestre Père et Fils – Dom. Joly Père et Fils – M. Gutrin – Dom. Joseph Belland
Climats premiers crus: Beauregard – Beaurepaire – Clos de Tavannes – La Comme – La Maladière – Le Passe-Temps – Les Gravières

Savigny-les-Beaune
(Côte de Beaune)

Situé dans les hauteurs, entre Beaune et Pernand-Vergelesses, Savigny produit des vins fins qui, généralement, arrivent à maturité plus rapidement que ses voisins. On dit des vins de Savigny qu'ils sont «nourrissants», théologiques et morbifuges.

Date du décret:
21 mai 1970
(31 juillet 1937)
Superficie: 360 ha
Rendement de base:
R: 40 hl/ha
B: 45 hl/ha
Production: 13 900 hl
Encépagement:
R: Pinot noir
B: Chardonnay
Durée de conservation:
6-8 ans (2)
Température de service:
R: 15-16 °C
B: 12 °C
Millésimes:
82 - 83 - **85** - 86 - 87 - 88 - **89**

 Rouge (96 %): Belle robe brillante – Arômes de fruits rouges – Souple – Fruité – Très peu de tanins
Blanc (4 %): Robe jaune paille clair – Arômes intenses de fleurs et de fruits mûrs – Sec – Vif et fruité

 Rouge: Voir «Côte de Beaune-Villages», p. 78.
Blanc: Entrées froides (Avocat et crevettes – *Salade de fruits de mer*) – Huîtres – Poissons grillés et meunière

 Propriétés: Dom. Chandon de Briailles – Simon Bize et Fils – Dom. Arnoux Père et Fils – R. Ampeau et Fils – Dom. Fougeray – L. Camus Bruchon – Dom. C. Allexant et Fils – Dom. Guillemot – Dom. P. Labet – Ch. de Meursault – D. Girard Vollot – M. Martin – J.-M. Pavelot – Chanson Père et Fils – Mallard Gaulin
Climats premiers crus: Aux Cloux – Aux Fourneaux – Aux Gravains – Aux Grands-Liards – Aux Guettes – Aux Petits-Liards – Aux Serpentières – Aux Vergelesses – Aux Vergelesses dites Bataillère – Basses-Vergelesses – La Dominode – Les Charnières – Les Jarrons – Les Hauts-Jarrons – Les Hauts-Marconnets – Les Lavières – Les Marconnets – Les Narbantons – Les Peuillets – Les Rouvrettes – Les Talmettes – Petits-Godeaux – Redrescuts

Volnay
(Côte de Beaune)

Date du décret:
9 septembre 1937
Superficie: 215 ha
Rendement de base:
40 hl/ha
Production: 8 700 hl
Encépagement:
Pinot noir
Durée de conservation:
8-10 ans (3)
Température de service:
15-16 °C
Millésimes:
78 - 79 - 82 - 83 - **85** - 86 -
87 - 88 - **89**

Déjà prestigieux au XIIIᵉ siècle, les vins de Volnay ont peut-être souffert de la proximité du célèbre Pommard. Mais l'amateur ne s'y trompe pas et, que ce soit avec des crus souples tels les Santenots ou plus charpentés comme les Caillerets ou les Champans, la qualité est toujours au rendez-vous. Enfin, Volnay et Meursault sont si proches que les vins blancs récoltés sur la commune de Volnay s'appellent «Meursault» alors que le Volnay-Santenots provient de la commune de Meursault.

Vin rouge uniquement
Belle robe rubis soutenu – Arômes intenses de fruits (cerise noire) évoluant en vieillissant vers de légères notes de poivre et de bois – Bien structuré – Tanins souples – Très fin

Ris de veau en cocotte – Cailles aux raisins sur canapés – Viandes rouges grillées (chateaubriand) – Fromages moyennement relevés (en fonction du cru)

Propriétés: Dom. J. Prieur – Dom. Marquis D'Angerville – Dom. M. Lafarge – Bouchard Père et Fils – Dom. B. Delagrange – J. Boigelot – R. Rossignol – H. de Montille – C. Vaudoisey – Dom. Clerget – Jaboulet-Vercherre
Climats premiers crus: Bousse-d'Or – Caillerets-Dessus – Carelles-Dessous – Carelles-sous-la-Chapelle – Chanlin – En Caillerets – En Champans – En Chevret – En l'Ormeau – En Verseuil – Fremiets – La Barre ou Clos-de-la-Barre – Le Clos-des-Chênes – Le Clos-des-Ducs – Les Angles – Les Aussy – Les Brouillards – Les Lurets – Les Milans – Les Petures – Les Pitures-Dessus – Les Santenots – Pointe-d'Angles – Ronceret – Taille-Pieds – Robardelle – Village-de-Volnay

Vosne-Romanée
(Côte de Nuits)

Date du décret:
11 septembre 1936
Superficie: 165 ha
Rendement de base:
40 hl/ha
Production: 6 600 hl
Encépagement:
Pinot noir
Durée de conservation:
12-15 ans (6)
Température de service:
16 °C
Millésimes:
71 - 72 - 76 - **78** - 79 - 82 -
83 - **85** - 86 - 87 - 88 - **89**

Le village de Vosne dont le nom est complété par celui du célèbre lieu-dit de La Romanée, est situé entre Vougeot et Nuits-Saint-Georges. Renommée pour sa prestigieuse brochette de grands crus, cette commune peut être fière également de ses premiers crus, moins connus mais très racés. Certains lieux-dits ou climats situés sur Flagey-Échézeaux peuvent aussi obtenir l'appellation communale «Vosne-Romanée».

 Vin rouge uniquementt
Belle robe grenat – Arômes de fruits rouges (cerise), légèrement vanillés – Tanins soutenus – Puissant mais élégant – Bonne longueur en bouche

 Viandes rouges (Entrecôte marchand de vin – Chateaubriand bouquetière) – *Rognons de veau à la moelle* – Volailles sautées (Coq au vin rouge) et rôties *(Aiguillettes de canard au foie gras)* – Gibiers à plumes (Faisan farci aux noix – Perdreau rôti) – Petits gibiers à poils *(Râble de lièvre au genièvre)* – Fromages relevés mais fins

 Propriétés: Dom. Lamarche – J. Grivot – A. Bichot – R. Lassarat – Dom. R. Engel – Dom. F. Gerbet – Dom. Mongeard Mugneret – G. Mugneret – J. Cacheux et Fils
Climats premiers crus: Aux Brûlées – Aux Malconsorts – La Grand'Rue – Le Clos-de-la-Perrière – Le Clos-des-Réas – Les Beaux-Monts – Les Chaumes – Les Gaudichots – Les Petits-Monts – Les Suchots – Les Reignots

Vougeot
(Côte de Nuits)

Date du décret:
8 décembre 1936
Superficie: 16,49 ha
Rendement de base:
R: 40 hl/ha
B: 45 hl/ha
Production: 550 hl
Encépagement:
R: Pinot noir
B: Chardonnay
Durée de conservation:
10-12 ans et plus dans les grandes années (5)
Température de service:
16 °C
Millésimes:
76 - **78** - 79 - 82 - 83 - **85** - 86 - 87 - 88 - **89**

C'est la plus petite appellation communale de la Côte de Nuits. Cette commune doit son nom à la Vouge, petite rivière qui la sépare de Chambolle-Musigny. Cette commune profite bien entendu de la renommée de son célèbre clos, lequel constitue le principal centre d'intérêt.

 Rouge (85 %): Robe rubis clair – Arômes de fruits rouges (cassis, mûre) – Bien structuré mais souple – Élégant – Se rapproche un peu du Chambolle-Musigny
Blanc (15 %): Le Clos Blanc de Vougeot est un premier cru, il ne fait donc pas partie du Clos en tant que tel. Situé à l'extérieur de celui-ci, le petit vignoble est complanté à environ 20 % en pinot blanc et produit un vin très aromatique, fin et délicat (producteur: L'Héritier-Guyot)

 Rouge: Ris de veau en cocotte – Viandes rôties (carré d'agneau, contre-filet) – Volailles sautées – Gibiers à plumes (Perdreau rôti) – *Fromages assez relevés mais très fins*
Blanc: Fruits de mer (crustacés) – Poissons pochés et en sauce

Propriétés: L'Héritier Guyot – D. Chopin – Dom. Bertagna
Climats premiers crus: Clos-de-la-Perrière – Le Clos-Blanc – Les Gras – Les Petits-Vougeots

Les grandes maisons de négoce en Côte d'Or
(Côte de Nuits et Côte de Beaune)

Même si certaines maisons ont déjà été citées à titre de propriétaires, elles ont également des activités de négoce très importantes; d'autres maisons en font leur unique commerce. Certains vins de propriétaires étant parfois difficiles à se procurer, j'indique d'un astérisque (°) les négociants qui produisent, et ce de façon remarquable, les grandes appellations. La colonne de droite indique l'endroit où le siège social est installé.

°	Pierre André	Aloxe-Corton
°	Albert Bichot	Beaune
°	Antonin Rodet	Mercurey
	J.-C. Boisset	Nuits-Saint-Georges
°	Bouchard Père et Fils	Beaune
	Bouchard Aîné et Fils	Beaune
	L.-J. Bruck	Nuits-Saint-Georges
°	Camus Père et Fils	Gevrey-Chambertin
°	Émile Chandesais	Chagny
°	Chanson Père et Fils	Beaune
	Chauvenet	Nuits-Saint-Georges
	Doudet Naudin	Savigny-les-Beaune
°	Joseph Drouhin	Beaune
°	J. Faiveley	Nuits-Saint-Georges
°	Jaboulet Vercherre	Beaune
	Geisweiler et Fils	Nuits-Saint-Georges
	Henri de Villamont	Savigny-les-Beaune
°	Labouré-Roi	Nuits-Saint-Georges
°	Leroy	Auxey-Duresses
°	Louis Jadot	Beaune
°	Louis Latour	Beaune
	Louis Max	Nuits-Saint-Georges
	Lupé-Cholet	Nuits-Saint-Georges
°	Mallard Gaulin	Savigny-les-Beaune
	P. DeMarcilly Frères	Beaune
°	Moillard	Nuits-Saint-Georges
	Mommessin	Mâcon
°	Morin Père et Fils	Nuits-Saint-Georges
°	Patriarche Père et Fils	Beaune
°	Pierre Ponnelle	Beaune
	Reine Pédauque	Beaune
°	Remoissenet Père et Fils	Beaune
°	Ropiteau Frères	Meursault
°	Thomas Bassot	Nuits-Saint-Georges
°	Charles Vienot	Nuits-Saint-Georges
°	Vaucher Père et Fils	Dijon

Pouilly-Fuissé: le rocher de Solutré

Vignoble bourguignon

La vigne à Fleurie

Chinon

La vigne à Bellet en Provence

Paysage du Roussillon

Côte chalonnaise – Mâconnais

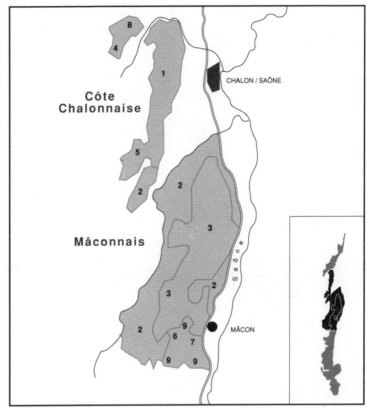

1 Givry
2 Mâcon
2 Mâcon-supérieur
3 Mâcon-villages
4 Mercurey
5 Montagny
6 Pouilly-Fuissé
7 Pouilly-Loché
7 Pouilly-Vinzelles
8 Rully
9 Saint-Véran

Givry
(Côte chalonnaise)

Date du décret:
 8 février 1946
Superficie: 140 ha
Rendement de base:
 45 hl/ha
Production: 8 200 hl
Encépagement:
R: Pinot noir
B: *Chardonnay* – Pinot blanc
Durée de conservation:
 R: 8-10 ans (2)
 B: 4-6 ans (2)
Température de service:
 R: 15-16 °C
 B: 10-12 °C
Millésimes:
 81 - 82 - 83 - **85** - 86 - 87 -
 88 - **89**

Vin préféré du roi Henri IV, le Givry provient de la commune du même nom, située à 6 km au sud de Mercurey. Givry est réputé pour ses vins rouges, qui se rapprochent d'ailleurs de ceux de Mercurey, mais se distinguent par une plus grande rondeur.

 Rouge (91 %): Robe rouge foncé – Arômes fruités, parfois légèrement poivrés – Fruité – Présence de tanins dans les vins jeunes cachant le moelleux qui s'épanouira au vieillissement – Vif et fin – Doit vieillir pour mieux être apprécié
Blanc (9 %): Robe légèrement dorée, brillante et limpide – Arômes de fruits secs (amande, noisette) – Sec – Souple – Très fin

 Voir «Mercurey», p. 100.

 Propriétés: J. Chofflet – Dom. J. Morin – Dom. Ragot – Parize Père et Fils – Dom. Joblot – G. Mouton – Dom. Thenard – Lumpp Frères – T. Lespinassé – B. Tatraux – Clos Marceaux
Négoce: Antonin-Rodet

Mâcon
(Mâconnais)

Date du décret:
 31 juillet 1937
Superficie: 1 200 ha env.
Rendement de base:
 50 hl/ha
Production: 56 400 hl
Encépagement:
R: *Gamay* – Pinot noir
B: Chardonnay – Pinot blanc
Durée de conservation:
 R: 3 ans (1)
 B: 4-5 ans (1)
Température de service:
 R: 12-14 °C
 B: 8-10 °C
Millésimes:
 83 - **85** - 86 - 88 - **89**

La vigne prit de l'extension dans cette région aux XIe et XIIe siècles, période de l'apogée de l'abbaye de Cluny. Au XVIIe siècle, un dénommé Claude Brosse, vigneron du Mâconnais, partit à Versailles et fit découvrir ses vins à Louis XIV et à sa cour, ce qui assura dès lors à cette région une renommée qui ne s'est jamais démentie.

 Rouge (92 %): Belle robe foncée, légèrement violacée – Arômes de fruits rouges – Fruité – Issu du gamay comme le Beaujolais, il est plus tannique que celui-ci
Blanc (8 %): Robe jaune pâle – Arômes floraux – Sec et souple à la fois – Fruité et léger
Le vin blanc de Mâcon peut s'appeler «Pinot-Chardonnay-Mâcon» lorsqu'il est issu du pinot blanc et du chardonnay à la fois.

Voir «Mâcon Supérieur», p. 99.

 Propriétés: Dom. des Deux Roches – Dom. de la Combe – Dom. des Bruyères – Carbon Guyonnet
Caves: Voir «Mâcon-Villages», p. 99.
Négoce: Mommessin – Chevalier et Fils – J.-P. Gobetti – Bénas Frères – Paul Beaudet – Philibert Moreau – Collin-Bourisset

Mâcon Supérieur
(Mâconnais)

Date du décret:
31 juillet 1937
Superficie: Incluse dans
l'AOC «Mâcon»
Rendement de base:
50 hl/ha
Production: 74 500 hl
Encépagement:
R: *Gamay* – Pinot noir
B: *Chardonnay* – Pinot blanc
Durée de conservation:
R: 4 ans (1)
B: 4-5 ans (1)
Température de service:
R: 14-16 °C
B: 8-10 °C
Millésimes:
83 - **85** - 86 - 88 - **89**

Cette appellation répond aux mêmes exigences que l'appellation «Mâcon», sauf en ce qui concerne le degré d'alcool minimum qui, dans ce cas, doit être plus élevé.

Rouge (82 %): Ressemble au Mâcon – Robe plus soutenue – Arômes complexes – Fruité et assez corsé à la fois
Les vins qui ont été vinifiés de façon traditionnelle et qui sont élevés en fût de chêne sont plus tanniques et peuvent vieillir plus longtemps.
Blanc (18 %): Ressemble au Mâcon-Villages

Rouge: Charcuteries (Jambon braisé – *Pâté de lièvre*) – Foie de veau poêlé – Viandes rouges grillées – Viandes blanches (Jarret de veau aux pruneaux – *Lapin sauté chasseur*) – Fromages peu ou moyennement relevés (selon le type de vin)
Blanc: Crustacés à la mayonnaise – *Escargots à la bourguignonne* – Gougères bourguignonnes – Poissons grillés et meunière – Volailles sautées en sauce

Propriétés: N. Perrin – Ch. de Chazoux – Dom. des Provenchères – F. Fichet – Ch. de La Greffière – Dom. Arcelin – Lycée agricole de Davayé
Caves: Cave coopérative des vignerons de Mancey – Cave coopérative des vignerons de Buxy
Voir également «Mâcon-Villages», ci-après.
Négoce: Voir «Mâcon», p. 98.

Mâcon-Villages
(Mâconnais)

Date du décret:
31 juillet 1937
Superficie:
2 100 ha env.
Rendement de base:
50 hl/ha
Production:
147 800 hl
Encépagement:
Chardonnay – Pinot blanc
Durée de conservation:
4-5 ans (1)
Température de service:
10 °C
Millésimes:
83 - **85** - 86 - 88 - **89**

Une bonne quarantaine de communes ont droit à cette dénomination et l'une d'elles, Milly-Lamartine, rappelle le poète Lamartine, né à Mâcon en 1790. Les communes (ou villages) les plus connues faisant suivre de leur nom celui de Mâcon sont: Chardonnay, Lugny, Loché, Vinzelles, Viré, Clessé, Fuissé et Solutré.

Vin blanc uniquement
Belle robe or pâle limpide – Arômes de fleurs et de fruits secs – Acidité discrète – Souple et sec à la fois – Généralement, excellent rapport qualité/prix

Salade de crevettes – Cuisses de grenouille au vin blanc – Poissons grillés (*Turbot grillé sauce béarnaise*) et meunière – Viandes blanches

Propriétés: Dom. des Bruyères – R. Bridon – Dom. André Bonhomme – Dom. Arcelin – H. Lafarge – G. Mornand – Ch. de la Greffière – Dom. de la Muraille Blanche – Michel Guillemot – J.-C. Thevenet – P. Santé – Dom. du Mortier – Dom. René Michel – F. Fichet – A. Depardon – Dom. des Chazelles – Dom. de Chervin – Dom. de Roally
Caves: Cave coopérative de Chardonnay – Cave coopérative de Charnay-lès-Mâcon – Cave coopérative de Lugny Saint-Gengoux – Cave coopérative de Chaintré – Cave coopérative de Verzé – Cave coopérative de Viré – Cave coopérative de Sologny – Groupement de producteurs de Prissé – Cave des Grands Crus Blancs
Négoce: Voir «Mâcon», p. 98.

Mercurey
(Côte chalonnaise)

Date du décret:
11 septembre 1936
Superficie: 600 ha
Rendement de base:
R: 40 hl/ha
B: 45 hl/ha
Production: 28 100 hl
Encépagement:
R: Pinot noir
B: *Chardonnay* – Pinot blanc
Durée de conservation:
R: 12-15 ans (3)
B: 10-12 ans (3)
Température de service:
R: 15-16 °C
B: 10-12 °C
Millésimes:
78 - 79 - 81 - 82 - 83 - **85** -
86 - 87 - 88 - **89**

Le nom de Mercurey évoque le souvenir d'un temple érigé par les Romains en l'honneur de Mercure (Mercuriacum). C'est le vignoble le plus important de la Côte chalonnaise et ses vins issus de bonnes maisons m'ont rarement déçu, bien au contraire...

Rouge (95 %): Robe rubis profond – Arômes de fruits rouges (framboise et cassis) – Tanins agréables – Relativement corsé – Très fin *Certains Mercurey, plus légers, sont moins représentatifs de cette appellation.*
Blanc (5 %): Belle robe dorée – Arômes typiques du cépage chardonnay – Sec et délicat – Se rapproche des vins blancs de la Côte de Beaune

Rouge: Viandes rôties et sautées (Bœuf bourguignon – Longe d'agneau en croûte – Contre-filet) – *Petits gibiers à poils* (Civet de lièvre) – Gibiers à plumes (Salmis de canard sauvage) – *Fromages moyennement relevés*
Blanc: Coquillages et crustacés (Coquilles Saint-Jacques – Gratin de langoustines) – *Poissons meunière et pochés*

Propriétés: Dom. du Ch. de Chamilly – Ch. de Chamirey – M. Laborde – Dom. Michel Juillot – Dom. Brintet – Clos des Myglands – Dom. de la Renarde – Dom. de Vercherre – Chanzy Frères – Jean Morin – Dom. La Marche – Dom. du Meix-Foulot – H. et P. Jacqueson – Clos des Grands Voyens
Cave: Les vignerons du caveau de Mercurey
Négoce: *Faiveley – Antonin Rodet* – Bouchard Aîné et Fils

Montagny
(Côte chalonnaise)

Date du décret:
11 septembre 1936
Superficie: 120 ha
Rendement de base:
45 hl/ha
Production: 7 200 hl
Encépagement:
Chardonnay – Pinot blanc
Durée de conservation:
6 ans env. (2)
Température de service:
10 °C
Millésimes:
83 - **85** - 86 - 88 - **89**

Située au sud de la Côte chalonnaise, et se rapprochant du Mâconnais, l'AOC «Montagny» produit des vins blancs très agréables. Les vins de cette appellation faisaient autrefois le bonheur des moines de l'abbaye de Cluny.

Vin blanc uniquement
Belle robe dorée aux reflets verts – Arômes de tilleul et d'amande grillée (typique du cépage chardonnay) – Sec – Vif et équilibré – Relativement fruité

Coquillages et crustacés (Palourdes farcies – *Pétoncles grillés* – Huîtres) – Poissons meunière et pochés (Saumon sauce hollandaise) – Volailles sautées (*Poulet sauté au basilic*)

Propriétés: J. Vachet – M. Bernard – Denizot Père et Fils – Ch. de la Saule (Roy Thevenin)
Cave: Cave des vignerons de Buxy
Négoce: Antonin Rodet – Louis Roche

Pouilly-Fuissé
(Maconnais)

Date du décret:
11 septembre 1936
Superficie: 750 ha
Rendement de base:
45 hl/ha
Production: 41 900 hl
Encépagement:
Chardonnay
Durée de conservation:
10-12 ans (2)
Température de service:
12 °C
Millésimes:
78 - **79** - 81 - 82 - 83 - **85** -
86 - 88 - **89**

Le vignoble de Pouilly-Fuissé est situé au pied de la célèbre roche de Solutré, site préhistorique renommé. Il est exposé est-sud-est et son altitude varie de 250 à 400 m. Il produit un des plus célèbres vins de France. Je vous recommande de grimper au sommet de Solutré; la vue est imprenable et l'on comprend mieux la magie du terroir de Pouilly.

 Vin blanc uniquement
Robe dorée aux reflets verts – Arômes complexes de fleurs blanches et de miel évoluant vers la noisette et l'amande grillée lorsqu'il est élevé en fût de chêne – Sec – Équilibré – Long en bouche – Très fin
Les meilleurs Pouilly-Fuissé proviennent des sols les plus calcaires et se conservent plus longtemps.

 Coquillages et crustacés (*Homard grillé* – Langoustines au curry – Pétoncles au gratin) – Poissons pochés (*Quenelles de brochet* – Filets de sole sauce au vermouth – Truite pochée au vin blanc – Saumon sauce mousseline)

 Propriétés: J.-F. Goyon – R. Cordier – R. Luquet – J.-J. Litaud – Dom. Corsin – M. Forest – A. Depardon – Dom. de Cortesses – R. Saumaize – R. Lassarat – J.-Y. Cognard – Ch. Fuissé – A. Auvigue – Dom. de Pouilly (A. Besson) – L. Curveux – Dom. Mathias – J.-A. Ferret
Caves: Cave des Grands Crus Blancs – Cave coopérative de Chaintré – Groupement des producteurs de Prissé
Négoce: Philibert Moreau – Mommessin – Georges Burrier – Éts Auvigue Burrier Revel – G. Dubœuf – Paul Beaudet

Pouilly-Vinzelles – Pouilly-Loché
(Maconnais)

Date du décret:
27 avril 1940
Superficie: 75 ha
Rendement de base:
45 hl/ha
Production: 4 200 hl
(Vinzelles: 68 %)
Encépagement:
Chardonnay
Durée de conservation:
8 ans env.
Température de service:
10-12 °C
Millésimes: 81 - 82 - 83 - **85**
- 86 - 88 - **89**

Vinzelles et Loché sont deux petites communes situées près de Pouilly (Fuissé), dans le sud du Mâconnais. Les vins qui en sont issus se ressemblent et se rapprochent de celui de Pouilly-Fuissé, mais sont moins charpentés que celui-ci.

 Vin rouge uniquement
Belle robe or pâle – Arômes prononcés mais distingués (fleurs et fruits secs) – Secs – Fruités – Bonne rondeur – Souples dès la première année, ces vins vieillissent un peu moins bien que leur célèbre cousin et voisin

 Voir «Pouilly-Fuissé», ci-haut.

 Propriétés: Ch. de Laye – Dom. Mathias – Ch. de Loché
Caves: Les vignerons de Vinzelles – Cave des Grands Crus Blancs
Négoce: Philibert Moreau – Antonin Rodet – Bouchard Père et Fils

Rully
(Côte chalonnaise)

Date du décret:
23 juin 1939
Superficie: 260 ha
Rendement de base:
40 hl/ha
Production: 12 700 hl
Encépagement:
R: Pinot noir
B: *Chardonnay* – Pinot blanc
Durée de conservation:
R: 10-12 ans (3)
B: 8-10 ans (3)
Température de service:
R: 15-16 °C
B: 10-12 °C
Millésimes:
79 - 81 - 82 - 83 - **85** - 86 - 88 - **89**

L'histoire du village et des vins de Rully remonte aux Burgondes, peuple d'origine germanique installé dans cette région et soumis par les Francs en 534. Les Burgondes ont donné leur nom à la Bourgogne.

Rouge (45 %): Belle couleur rouge vif – Arômes de petits fruits rouges (framboise, cerise) légèrement vanillés – Bon équilibre entre le moelleux et l'acidité – Tanins plutôt souples
Blanc (55 %): Robe or vif – Arômes puissants de fruits secs et de violette nuancés de bois (vins élevés en fût de chêne) – Sec et souple à la fois
Le vin de Rully se prête bien à l'élaboration du crémant de Bourgogne. La proportion de rouge par rapport au blanc varie chaque année.

Rouge: Viandes grillées (*Chateaubriand* – Entrecôte grillée), rôties (Carré d'agneau) et braisées (Bœuf bourguignon) – Fromages moyennement relevés
Blanc: Escargots à la bourguignonne – Poissons meunière – Volailles sautées (*Fricassée de poulet à l'ancienne*)

Propriétés: Dom. de La Renarde – R. Dureuil Janthial – H. et P. Jacqueson – Ch. de Rully – A. L'Héritier – Clos Saint-Jacques – G. Duvernay – Chanzy Frères
Négoce: E. Amelin – Antonin Rodet – A. Sounit

Saint-Véran
(Maconnais)

Date du décret:
6 janvier 1971
Superficie: 400 ha
Rendement de base:
45 hl/ha
Production: 28 000 hl
Encépagement:
Chardonnay
Durée de conservation:
6-8 ans (2)
Température de service:
10-12 °C
Millésimes:
82 - 83 - **85** - 86 - 88 - **89**

«Saint-Véran» est la dernière-née des appellations contrôlées du Mâconnais; son vin provient de huit communes dont Saint-Vérand (avec un d) et était appelé autrefois «Beaujolais Blanc» en raison de la situation géographique du vignoble. Il constitue à mon avis un heureux compromis entre le Pouilly et le Mâcon-Villages.

Vin rouge uniquement
Robe dorée aux reflets verts – Arômes de fruits et de fleurs nuancés de noisette – Sec – Rond – Tendre et fruité

Coquillages et crustacés (Mouclade – Écrevisses à la nage – Langoustines grillées) – *Cuisses de grenouille sautées aux fines herbes* – Poissons meunière – Volailles pochées (Poularde aux morilles) – Volailles sautées

Propriétés: A. Depardon – Dom. Corsin – Dom. des Pierres Rouges – B. Leger Plumet – J.-J. Litaud – Dom. des Dîmes – Lycée agricole de Mâcon-Davayé – R. Lassarat
Caves: Cave coopérative de Charnay – Groupement des producteurs de Prissé – Cave coopérative de Chaintré – Cave des Grands Crus Blancs
Négoce: Éts Auvigue Burrier Revel – G. Duboeuf – Paul Beaudet – Mommessin

Beaujolais

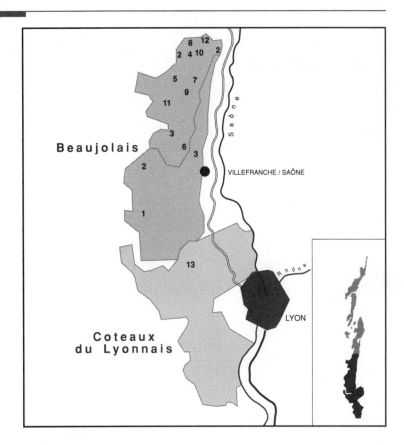

1 Beaujolais
2 Beaujolais-Villages
3 Brouilly
4 Chénas
5 Chiroubles
6 Côte de Brouilly
7 Fleurie
8 Juliénas
9 Morgon
10 Moulin-à-Vent
11 Regnié
12 Saint-Amour
13 Coteaux du Lyonnais

Beaujolais –
Beaujolais
Supérieur

C'est la petite ville de Beaujeu, située près de Morgon, qui a donné son nom à ce grand vignoble, célèbre maintenant dans le monde entier. Anne de France, fille de Louis XI, épousa d'ailleurs le sire de Beaujeu en 1474.

Date du décret:
12 septembre 1937
Superficie: 9 750 ha
Rendement de base:
50 hl/ha
Production: 575 400 hl
Encépagement:
R: *Gamay noir à jus blanc* –
Pinot noir
B: *Chardonnay* – Aligoté –
Pinot blanc
Durée de conservation:
2 ans
Température de service:
10-14 °C
Millésimes:
88 - **89**

Rouge (98 %): Robe rubis aux reflets violacés – Arômes de banane et de petits fruits rouges – Frais et léger
Le Beaujolais Supérieur doit présenter un degré d'alcool minimum de 1° supérieur à celui du Beaujolais (2 % de la production)
Blanc : Élaboré à partir du cépage chardonnay – Belle robe jaune pâle – Arômes de fleurs et de bois parfois – Bonne acidité – Sec et très souple
Il existe aussi quelques rosés secs et tranquilles.

Rouge: Charcuteries – Cochon de lait – Pot-au-feu – Tourtière – Rôti de porc frais – Fricassée de lapin – Poulet grillé – *Poulet chasseur* – *Foie de veau sauté à la lyonnaise* – Fromages peu relevés
Blanc: *Cassolette de moules* – Matelote de poisson – Coulibiac de saumon – Coquilles de poissons – Quenelles de brochet

Propriétés: Dom. de Rochecorbière – Ch. de Loyse – Ch. de Bionnay – Dom. de Cercy – Dom. du Bois de la Gorge – Ch. du Chatelard – Clos du Ch. de la Chassagne – Dom. de la Grand-Fond – J.-F. Garlon – Ch. Bréchard – Ch. de Pizay – Dom. des Sables d'Or – Dom. de Savy – Dom. du Vissoux – L. Brondel – L. Deschamps – Dom. des Granges
Caves: Cave coopérative de Bel-Air – Cave coopérative beaujolaise – Cave coopérative beaujolaise de la région de Bully – Cave coopérative intercommunale de Glaizé – Cave coopérative du Beau Vallon – Cellier des Samsons
Négoce: Collin et Bourisset – G. Aligne – P. Beaudet – R. Sarrau – Thorin – L. Tête – Pasquier-Desvignes – Aujoux – A. Depagneux – G. Dubœuf – P. Ferraud – J. Depagneux – David et Foillard

Beaujolais-Villages

Date du décret:
12 septembre 1937
Superficie: 6 300 ha
Rendement de base:
50 hl/ha
Production: 323 400 hl
Encépagement:
Gamay noir à jus blanc –
Pinot noir
Durée de conservation:
2-3 ans
Température de service:
12-14 °C
Millésimes:
86 - 88 - **89**

L'aire d'appellation «Beaujolais-Villages» est située au nord de Villefranche-sur-Saône. Son sol granitique confère à ce vin, rouge essentiellement, des caractéristiques plus marquées en finesse et en intensité que celles du Beaujolais. Trente-sept communes peuvent revendiquer cette appellation connue dans le monde entier.

 Vin rouge uniquement
Robe couleur rubis – Arômes fruités plus complexes que ceux du Beaujolais – Longueur et corps en bouche également plus intenses

 Voir «Beaujolais - Beaujolais Supérieur», p. 104.

 Propriétés: Dom. Béroujon – Ch. des Loges – J. Burgaud – Ch. de Vaux – Ch. de Montceau – Ch. de Belleverne – Dom. de la Madone – Dom. des Trois Coteaux – G. Lenoir – G. Trichard – A. Morel – A. et R. Jambon – Rampon Frères – Dom. les Rampaux – P. Desmules – Dom. du Crêt des Bruyères – Ch. de Ponchon – G. Roux
Caves: Cave coopérative de Bel-Air – Cave du Ch. de Chénas – Maison des Chiroubles – Cave coopérative des grands vins de Fleurie – Cave coopérative du bois de la Salle – Cave coopérative beaujolaise – Caves de Saint-Étienne
Négoce: Voir «Beaujolais - Beaujolais Supérieur», p. 104.

Brouilly

Date du décret:
19 octobre 1938
Superficie: 1 250 ha
Rendement de base:
40 hl/ha
Production: 73 200 hl
Encépagement:
Gamay noir à jus blanc
Durée de conservation:
3-5 ans (2)
Température de service:
12-14 °C
Millésimes:
85 - 86 - 88 - **89**

Le plus étendu des grands crus du Beaujolais, Brouilly est aussi celui qui est situé le plus au sud. Au cœur d'une longue controverse qui l'opposait à la Côte de Brouilly, cette appellation a su tirer son épingle du jeu grâce entre autres à des domaines de qualité où des viticulteurs sérieux savent très bien vinifier.

 Vin rouge uniquement
Robe rubis intense – Arômes particuliers de petits fruits rouges (cassis et framboise) – Bien charpenté, fruité et relativement corsé

 Assiette anglaise (viandes froides) – *Noix de veau braisée* – Entrecôte maître d'hôtel – Fromages peu relevés

 Propriétés: Ch. de la Chaize – Ch. des Tours – Dom. de Chavannes – Ch. de la Terrière – Dom. des Grandes Vignes – Dom. de la Folie – G. F. A. Grange-Voujon – Ch. du Pavé – Dom. Crêt des Garanches – J.-M. Laforest – J.-P. Ruet – Dom. de Reverdon – R. Condemine – J.-F. Gaget
Caves: Cave coopérative de Bel-Air – Cave coopérative beaujolaise – Cave de Saint-Étienne
Négoce: G. Aligne – David et Foillard – Aujoux – *G. Fessy* – Paquet – Gobet – *J. Depagneux* – P. Beaudet – P. Ferraud

Chénas

Date du décret:
11 septembre 1936
Superficie: 250 ha
Rendement de base:
40 hl/ha
Production: 14 700 hl
Encépagement:
Gamay noir à jus blanc
Durée de conservation:
4-6 ans (3)
Température de service:
15 °C
Millésimes:
83 - 85 - 86 - 88 - **89**

Autrefois, avant l'implantation du vignoble en gamay, Chénas était recouvert d'une grande forêt de chênes. L'AOC «Moulin-à-Vent» est située en partie sur cette commune. Des amateurs de la région disent du Chenas qu'il est «une gerbe de fleurs dans un panier de velours»; à cause peut-être de sa modeste production, nous avons tendance à l'oublier.

 Vin rouge uniquement
Robe foncée aux reflets grenat – Arômes floraux mêlés d'odeurs de bois – Tannique – Généreux – Relativement corsé – Rappelle quelque peu le Moulin-à-Vent (sols granitiques)

 Foie de veau à l'anglaise – Dinde farcie – *Côte de bœuf* – Fromages moyennement relevés

 Propriétés: Dom. des Perelles – Dom. des Blemonts – Dom. du Greffeur – Dom. de Combe-Rémont – Dom. des Brureaux – J. Benon – M. Benon – G. Trichard – J.-L. Santé – Dom. Desvignes – Ch. de Belleverne – B. Broyer – Dom. de Cotes Remont – Ch. des Jean Loron – H. Lapierre – Ch. Bonnet
Cave: La cave du Ch. de Chénas vinifie 45 % de l'appellation.
Négoce: Aujoux – R. Sarrau – Collin et Bourisset – P. Beaudet – P. Ferraud – P. Dupond

Chiroubles

Date du décret:
11 septembre 1936
Superficie: 360 ha
Rendement de base:
40 hl/ha
Production: 20 000 hl
Encépagement:
Gamay noir à jus blanc
Durée de conservation:
3 ans
Température de service:
12-14 °C
Millésimes:
86 - 88 - **89**

Chiroubles, le plus haut des crus du Beaujolais, est la patrie d'origine de Victor Pulliat, né en 1827 et grand spécialiste de l'ampélographie (science de la vigne et du raisin). C'est en son domaine qu'il travailla inlassablement pour lutter contre la crise phyloxérique (invasion d'un puceron dévastateur) qui sévissait en France depuis 1865.

 Vin rouge uniquement
Robe rouge vif – Arômes de violette – Léger et peu tannique – Élégant – Le plus délicat des grands crus du Beaujolais (sols granitiques légers et maigres)

Charcuteries (saucisson) – *Côtes de porc charcutière* – Brochettes de filet de porc – Fromages peu relevés

 Propriétés: Ch. de Javernand – Dom. du Clos Verdy – A. et R. Jambon – Ch. Portier – Ch. de Raousset – A. Passot – R. Méziat – R. et L. Desplace
Cave: Maison des Chiroubles
Négoce: G. Dubœuf – A. Depagneux – P. Beaudet – Pasquier-Desvignes – Dessalle

Côte de Brouilly

Le vignoble est situé sur les pentes du mont Brouilly. Celui-ci culmine à environ 480 m et à son sommet se dresse la chapelle de Notre-Dame-du-Raisin, dont la protection éloigna, semble-t-il déjà, les attaques d'oïdium (maladie de la vigne).

Date du décret:
19 octobre 1938
Superficie: 340 ha
Rendement de base:
40 hl/ha
Production: 17 200 hl
Encépagement:
Gamay noir à jus blanc
Durée de conservation:
4-6 ans (2)
Température de service:
15 °C
Millésimes:
83 - 85 - 86 - 88 - **89**

Vin rouge uniquement
Robe pourpre – Arômes typiques de raisin frais – Plus structuré que le Brouilly, il est aussi plus puissant (sols granitiques et schisteux)

Fondue bourguignonne – *Lapin rôti à la moutarde* – Côte de bœuf – Fromages moyennement relevés

Propriétés: Dom. des Fournelles – Ch. Thivin – Dom. de Chavanne – A. Nesme – Dom. Rolland – B. Matray – D. Trichard – R. et L. Verger – J.-P. Gouillon
Caves: Cave coopérative de Bel-Air – Cave de Saint-Étienne
Négoce: G. Aligne – G. Dubœuf – R. Sarrau – Gobet – *P. Ferraud* – P. Beaudet

Fleurie

La totalité de l'AOC est contenue dans les limites de cette commune qui, par sa superficie, en fait le troisième des grands crus du Beaujolais. Vin d'excellente qualité, le Fleurie faisait déjà partie en 1722, avec Chénas et Saint Lager, des seuls trois crus du beaujolais acheminés vers Paris.

Date du décret:
11 septembre 1936
Superficie: 830 ha
Rendement de base:
40 hl/ha
Production: 45 400 hl
Encépagement:
Gamay noir à jus blanc
Durée de conservation:
3-5 ans (2)
Température de service:
12-14 °C
Millésimes:
85 - 86 - 88 - **89**

Vin rouge uniquement
Robe rubis foncé – Arômes mêlés d'iris, de rose et de violette – Fin, charnu et velouté à la fois, c'est un vin complet (il est considéré comme «La Reine du Beaujolais»)

Charcuteries – *Andouillettes* – Ragoût d'agneau au thym – Rôti de veau – Fromages peu relevés

Propriétés: Ch. des Capitans – Ch. des Déduits – Dom. de la Grande Cour – Dom. la Roilette – Dom. Jacquet – Ch. des Labourons – Dom. de la Presle – A. Morel – H. Perraud – G. Depardon – R. Berrod
Cave: Cave coopérative des grands vins de Fleurie
Négoce: G. Dubœuf – Loron et Fils – *R. Sarrau* – Thorin – P. Dupond – A. Depagneux – *Aujoux* – Desvignes Ainé – Gobet

Juliénas

Date du décret:
11 mars 1938
Superficie: 600 ha
Rendement de base:
40 hl/ha
Production: 33 400 hl
Encépagement:
Gamay noir à jus blanc
Durée de conservation:
3-4 ans (2)
Température de service:
12-14 °C
Millésimes:
85 - 86 - 88 - **89**

Juliénas tiendrait son nom de Jules César. Il est vrai que celui-ci fit la conquête de la Gaule entre 56 et 52 avant notre ère et que cette région fut rapidement recouverte de vignes dès cette époque. Situé à l'extrême nord du Beaujolais, Juliénas flirte avec le Maconnais mais a laissé à ce dernier le soin de cultiver le Chardonnay pour mieux s'occuper de son Gamay, plus profitable en son sol.

 Vin rouge uniquement
Robe rubis foncé – Arômes de pivoine et de fruits rouges – Fin, fruité et élégant – Bien charpenté

 Charcuteries – Terrine de foies de volaille – *Côtes d'agneau grillées – Fromages peu relevés*

 Propriétés: Ch. de Juliénas – Dom. André Pelletier – R. Gonon – J. Buiron – Dom. des Gonnards – D. Matray – M. Debize – Ch. des Capitans – J.-P. Margerand – Dom. D'Aguetant – Ch. Bonnet
Caves: Cave coopérative du Bois de la Salle – Cellier des Samsons
Négoce: Aujoux – G. Dubœuf – *R. Sarrau* – P. Beaudet – *P. Dupond* – A. Depagneux – Gobet

Morgon

Date du décret:
11 septembre 1936
Superficie: 1 130 ha
Rendement de base:
40 hl/ha
Production: 61 000 hl
Encépagement:
Gamay noir à jus blanc
Durée de conservation:
5-7 ans (3)
Température de service:
15 °C
Millésimes:
81 - 83 - 85 - 86 - 88 - **89**

Vignoble situé autour du village de Villié-Morgon, Morgon est le deuxième des grands crus du Beaujolais par sa superficie. Lorsque ce vin est dans sa plénitude, on dit qu'il «morgonne». C'est généralement âgé de quelques années que le Morgon me donne une des plus belles images de tout le beaujolais.

 Vin rouge uniquement
Robe soutenue aux reflets violacés – Arômes de cerise et de pêche dans sa jeunesse, évoluant vers le kirsch – Bonne présence de tanins – Bien charpenté et généreux (sols schisteux riches en oxydes de fer et en manganèse)

 Terrine de canard – Coq au vin – *Rognons de veau au madère* – Canard aux cerises – Côte de bœuf – Bœuf Strogonoff – Fromages moyennement relevés

 Propriétés: Ch. de Pizay – J.-E. Descombes – Dom. de Ruyère – Dom. de la Chanaise – Dom. des Micouds – Dom. Jenny – L. Métairie – Dom. des Pillets – J. Trichard – Dom. de l'Ancienne Cure – J. Ruet – A. Vernus – L. Desvignes et Fils
Caves: Cave coopérative de Bel-Air – Maison des Chiroubles – Cave coopérative des grands vins de Fleurie – Caveau de Morgon
Négoce: *R. Sarrau* – G. Dubœuf – David et Foillard – A. Depagneux – Collin et Bourisset – Aujoux – P. Dupond – Gobet

Moulin-à-Vent

Date du décret:
11 septembre 1936
Superficie: 750 ha
Rendement de base:
40 hl/ha
Production: 36 700 hl
Encépagement:
Gamay noir à jus blanc
Durée de conservation:
8-10 ans (3)
Température de service:
16 °C
Millésimes:
79 - 81 - 83 - 85 - 86 - 88 -
89

Considéré comme le cru le plus prestigieux du Beaujolais, cette AOC doit son nom à un moulin à vent (qui a d'ailleurs perdu ses ailes) situé à 240 m d'altitude. Les communes faisant partie de cette AOC sont Chénas et Romanèche-Thorins. Son aptitude au vieillissement et la complexité qui en résulte nous font dire parfois qu'il «pinote», par allusion aux vins de Bourgogne.

 Vin rouge uniquement
Robe grenat foncé – Arômes typiques de rose, parfois d'épices et de vanille – Charpenté – Puissant et tannique – Son potentiel de vieillissement est le plus élevé des grands crus du Beaujolais (sols peu profonds riches en manganèse)

 Pâté de lièvre – *Gigot d'agneau* – Perdrix au chou – *Côte de bœuf à la beaujolaise* – Fromages relevés

 Propriétés: Dom. de la Tour du Bief – Ch. des Jacques – B. Trichard – Dom. de Champ de Cour – J. Brugne – A. Degrange – Dom. des Fontaines – J. Janodet – G. Lapierre – Ch. Portier – P. Janin – Dom. de La Bruyère
Caves: Cave du Ch. de Chénas – Cave coopérative des grands vins de Fleurie – Cellier des Samsons
Négoce: G. Dubœuf – Aujoux – Collin et Bourisset – R. Sarrau – A. Depagneux – Thorin – David et Foillard

Régnié

Date du décret:
20 décembre 1989
Superficie: n. c.
Rendement de base:
40 hl/ha
Production: 36 700 hl
Encépagement:
Gamay noir à jus blanc
Durée de conservation:
4-6 ans
Température de service:
13-15 °C
Millésimes:
88 - **89**

Après avoir fusionné en 1973, les deux communes de Régnié et de Durettes ont enfin obtenu leur appellation d'origine contrôlée. Depuis le temps que tout le monde attendait cette nomination, le moment est venu de découvrir ce dixième grand cru du Beaujolais.

 Vin rouge uniquement
Belle robe soutenue – Arômes de cerise et de cassis – Beau fruité en bouche – Relativement corsé

 Voir Brouilly p. 105 et Morgon, p. 108.

 Propriétés: Dom. du Crêt des Bruyères – P. Desmules – Ch. de Ponchon – G. Roux – J. Rochette – Dom. de la Croix-de-Chèvre – Ch. du Basty

Saint-Amour

Date du décret:
 8 février 1946
Superficie: 330 ha
Rendement de base:
 40 hl/ha
Production: 18 000 hl
Encépagement:
 Gamay noir à jus blanc
Durée de conservation:
 3-4 ans (2)
Température de service:
 14 °C
Millésimes:
 85 - 86 - 88 - **89**

Le nom de cette appellation aurait été donné par un légionnaire romain qui se convertit au christianisme et fonda un monastère qui domine la vallée de la Saône. Contrairement à l'idée que certains se font parfois du Saint-Amour, celui-ci, de par la situation géographique et géologique du cru, se présente racé et riche en caractère lorsqu'il est bien vinifié.

 Vin rouge uniquement
Robe rubis foncé – Arômes discrets de fleurs et de fruits mûrs avec une touche de kirsch parfois – Assez puissant – Plein de sève – Très racé et fruité

 Poularde à la crème – Poulet à l'estragon – *Oie farcie* – Fromages moyennement relevés

 Propriétés: Dom. de la Cave Lamartine – Clos de la Brosse – G. Trichard – J. Duc – Dom. des Billards – R. Durand – J.-P. Ducotte – J.-C. Échalier
Caves: Cave coopérative du Bois de la Salle – Cellier des Samsons
Négoce: Aujoux – Collin et Bourisset – Pasquier-Desvignes – Thorin – Dessalle – David et Foillard

Coteaux du Lyonnais

Date du décret:
 9 mai 1984
Superficie: 400 ha
Rendement de base:
 60 hl/ha
Production: 12 800 hl
Encépagement:
 R: Gamay noir à jus blanc
 B: Chardonnay – Aligoté – Pinot blanc
Durée de conservation:
 2-3 ans (1)
Température de service:
 R: 10-14 °C
 B: 8 °C
Millésimes:
 86 - 88 - **89**

Comme son nom l'indique, cette appellation provient de territoires délimités des environs de Lyon, donc tout proche du Beaujolais, même s'il n'en fait pas partie. On retrouve facilement ces vins aux comptoirs des bars-cafés de cette ville.

 Rouge (97%): Robe vive – Arômes prononcés de fruits rouges dont la cerise – Léger – Fruité et gouleyant
Ces vins ressemblent quelque peu au Beaujolais et sont vinifiés comme lui. La structure légère des sols contribue à la légèreté de ces vins.
Blanc: Une infime quantité de vin blanc sec, souple et un peu fruité est élaborée dans cette région.

 Rouge: *Charcuteries* (saucisson, cervelas) – Jambonneau – Viandes rouges et blanches grillées – *Foie de veau sauté à la lyonnaise* – Fromages peu relevés
Blanc: Poissons grillés, frits et meunière

 Propriétés: Pierre Jomard – E. Descotes et Fils – F. Descotes et Fils – J. Chamard – R. Thollet
Cave: La Cave des vignerons réunis de Saint-Bel vinifie les trois quarts de la récolte.

Champagne

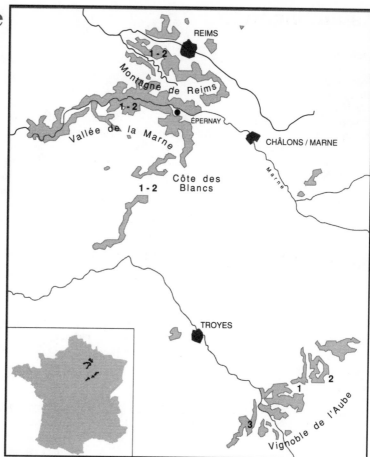

1 Champagne
2 Coteaux Champenois
3 Rosé des Riceys

Champagne

Date du décret:
29 juin 1936
Superficie: 25 000 ha
Rendement de base:
50 hl/ha
Production: 2 098 000 hl
Encépagement:
Pinot noir – Pinot meunier
– Chardonnay (25 %)
Durée de conservation:
8-10 ans env. (après
dégorgement)
Température de service:
7-8 °C
Millésimes
75 - 76 - 79 - 81 - 82 - 83 -
85 - 86

S'il est une région célèbre dans le monde, et ce grâce à ses vins, c'est bien la province de Champagne. Depuis très longtemps, la vigne prospère sur ce sol calcaire qui donnait autrefois des vins blancs légers, parfois acidulés. C'est au XVIIe siècle seulement que l'on a commencé à maîtriser la deuxième fermentation qui donne naissance à cette mousse «magique».

Vin mousseux uniquement

Le champagne, blanc principalement, est sans doute le vin le plus difficile à découvrir tant la complexité des arômes rejoint celle des impressions gustatives. La diversité des terroirs (généralement calcaires), l'utilisation particulière des cépages et des conditions de vinification rigoureuses, concourent à faire du champagne, du fait de son effervescence naturelle, un vin original, une source de grands plaisirs.

Voir aussi «L'élaboration du champagne», p. 114.

Blanc de blancs (raisins blancs seulement): Agréable et léger – Idéal à l'apéritif et en début de repas

Blanc de noirs (brut et la plupart des Cuvées Prestige): Plus il y a de raisins noirs dans le vin de base, plus il est charpenté et mieux il accompagnera les plats de résistance du repas

Autres champagnes (sec et demi-sec): La teneur en sucre résiduel de ces types de champagne leur permet d'accompagner les desserts de toutes sortes

Propriétés: A. Loriot - J. Lasalle – Brochet Hervieux – Cattier – H. Goutorbe – Bonnaire – E. Bonville – Franck Bonville – G. Charlemagne – A. Margaine – C. Orban – R. Dufour – P. Gimonnet – C. Lallement Deville – Launois Père et Fils – P. Leclerc – J. Moutardier – D. Pertois – J. Vesselle – G. Chiquet

Caves: Émile Clerambault – Jacquart – Union Champagne – Société des producteurs de Mailly-Champagne – Nicolas Feuillate

Négoce: Voir «Les grandes maisons de Champagne», p. 117.

Coteaux Champenois

Autrefois dénommés «vins nature de Champagne», les Coteaux Champenois représentent une faible proportion de la production des vins de Champagne. Dans cette appellation, le Pinot noir offre à mon avis une de ses belles expressions tout en charme et en finesse, notamment lorsque le vin provient de la commune de Bouzy.

Date du décret:
  21 août 1974
Superficie: Incluse dans l'AOC «Champagne»
Rendement de base: Varie en fonction du rendement fixé pour le champagne
Production: 235 hl
Encépagement:
  Pinot noir – Pinot meunier – Chardonnay
Durée de conservation:
  R: 5-8 ans (1)
  B: 3-5 ans pour les bonnes années (2)
Température de service:
  R: 12 °C
  B: 8 °C
Millésimes:
  82 - 83 - 84 - 85 - 86 - 88 - **89**

Vin tranquille uniquement
Blanc (50 %): Robe pâle - Arômes délicats – Présence d'acidité – Sec – Fin et délicat
Rouge (50 %): Robe grenat assez intense – Arômes typés de fruits rouges (framboise et fraise), parfois vanillés – Généreux et fruité

Blanc: *Mousseline aux fruits de mer* – Salade de crevettes – Poissons grillés et frits
Rouge: Huîtres (vin servi frais) – Terrine de foies de volaille – Charcuteries – *Viandes rouges grillées* – Fromages peu relevés

Propriétés: Bonnet Père et Fils – G. Vesselle – J. Vesselle – R. Secondé-Chérier – P. Bara
Caves: Société des producteurs de Mailly-Champagne – Palmer & Cie
Négoce: Secondé-Prévoteau – Abel Lepitre – Laurent Perrier – Lanson – Bollinger – Moët et Chandon – A. Chauvet

Rosé des Riceys

Ce vin est l'un des meilleurs rosés de France. Situé au sud du vignoble champenois, le village des Riceys s'est fait connaître lorsque des maçons de l'endroit, travaillant à la construction du château de Versailles, firent découvrir ce grand vin à Louis XIV, ce qui lui assura dès lors sa légitime réputation.

Date du décret:
  2 février 1971 (8 décembre 1947)
Superficie: 400 ha
Rendement de base:
  50 hl/ha
Production: 470 hl
Encépagement:
  Pinot noir
Durée de conservation:
  5-7 ans (2)
Température de service:
  8 °C
Millésimes:
  82 - 83 - 85 - 86 - 88 - **89**

Vin rosé tranquille uniquement
Robe rubis clair – Arômes de fruits rouges parfois nuancés de vanille – Sec – Ample et élégant à la fois
Ce vin rosé de production confidentielle et irrégulière est obtenu par cuvaison de deux à quatre jours, selon les années. Après un certain temps en cuve, il s'affine en fût de chêne pendant un an environ, parfois plus.

Élevé en cuve: À l'apéritif – *Charcuteries* – Soufflé au fromage
Élevé en fût de chêne: Terrine de lièvre – *Saucisson chaud* – Volailles et viandes blanches rôties

Propriétés: Bonnet Père et Fils – Morel Père et fils – Gallimard Père et Fils – Pierre Horiot

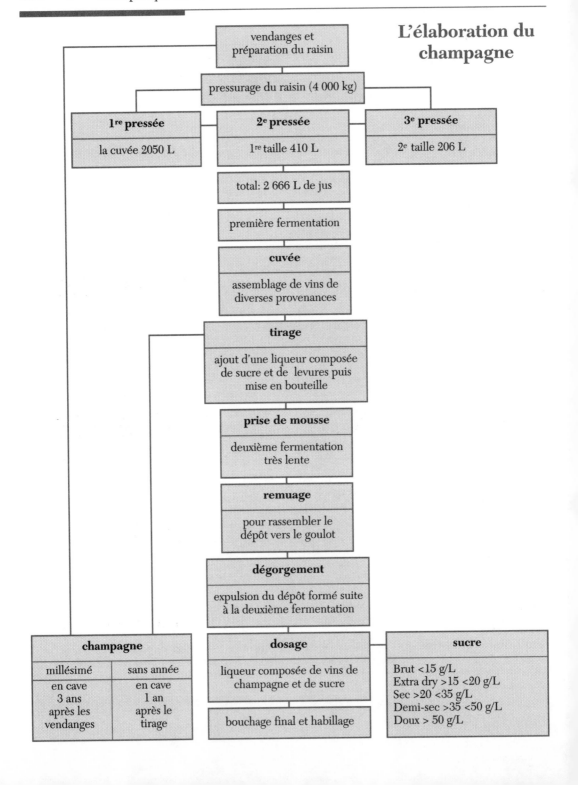

L'élaboration du champagne

vendanges et préparation du raisin

pressurage du raisin (4 000 kg)

1re pressée	2e pressée	3e pressée
la cuvée 2050 L	1re taille 410 L	2e taille 206 L

total: 2 666 L de jus

première fermentation

cuvée

assemblage de vins de diverses provenances

tirage

ajout d'une liqueur composée de sucre et de levures puis mise en bouteille

prise de mousse

deuxième fermentation très lente

remuage

pour rassembler le dépôt vers le goulot

dégorgement

expulsion du dépôt formé suite à la deuxième fermentation

champagne		dosage	sucre
millésimé	sans année	liqueur composée de vins de champagne et de sucre	Brut <15 g/L
en cave 3 ans après les vendanges	en cave 1 an après le tirage	bouchage final et habillage	Extra dry >15 <20 g/L Sec >20 <35 g/L Demi-sec >35 <50 g/L Doux > 50 g/L

Pour en savoir plus

Le vignoble champenois est divisé en quatre régions:
- La Montagne de Reims
- La Côte des Blancs
- La Vallée de la Marne
- Le Vignoble de l'Aube

❖ ❖ ❖

Le champagne rosé est le seul vin français qui puisse être le résultat d'un mélange de vin rouge et de vin blanc.

❖ ❖ ❖

Les initiales que l'on retrouve en petits caractères sur les étiquettes de champagne correspondent au statut professionnel du producteur:

NM: Négociant Manipulant
CM: Coopérative Manipulante
RM: Récoltant Manipulant
MA: Marque d'acheteur

❖ ❖ ❖

Contrairement à certaines idées répandues, il est de très mauvais goût d'utiliser le fouet à champagne. En éliminant ainsi les jolies bulles, on fait disparaître en même temps la noblesse de ce vin et aussi le résultat d'années d'effort et d'amour du travail bien fait.

❖ ❖ ❖

Sabler ou sabrer?

Le terme «sabler» vient du fait qu'autrefois, pour pallier une mousse déficiente, on avait l'habitude, après avoir embué le verre, d'en saupoudrer l'intérieur des parois avec du sucre cristallisé. La mousse, au contact du sucre (qui fait penser à du sable), tenait alors beaucoup plus longtemps.

Quant au terme «sabrer», il s'agit de l'utilisation parfois dangereuse, mais ô combien spectaculaire, du sabre pour ouvrir la bouteille en faisant sauter le bouchon avec le goulot.

L'échelle des crus et le prix du kilo de raisins

Une nouvelle approche

Système peu connu des amateurs de champagne, l'échelle des crus est une hiérarchie des différentes communes qui permettait, grâce à une cotation (en pourcentage), de fixer le prix du kilo de raisins. En effet, chaque commune, en fonction de son terroir, de son exposition, et donc de la finesse du vin qu'on y produit, est dotée d'une cote qui peut varier entre 80 et 100 %.

Cela signifie que le raisin provenant d'une commune cotée à 100 % devrait donner de meilleurs résultats que du raisin provenant d'une commune estimée à 80 %.

À partir de calculs savants donc, on établissait la valeur du kilo de raisins pour les crus classés à 100 %; ensuite, il ne restait qu'à se référer à ces derniers pour préciser les prix qui seraient pratiqués dans les autres crus.

Ainsi, un cru classé à 90 % vendait son raisin 90 % du prix de celui qui était pratiqué dans un village coté à 100 %. Cette approche commerciale qui existait depuis trente ans vient d'être abolie à partir des vendanges 90. Effectivement, à la différence du système contractuel antérieur, le prix du kilo de raisins sera fixé librement entre acheteurs et vendeurs à partir d'un prix d'orientation arrêté (32 francs français ou 6 dollars le kilo en 1990) dans les crus à 100 %, auxquels peuvent s'ajouter des primes conclues de gré à gré. Ce régime de liberté est supposé entraîner malheureusement des hausses significatives.

Les crus les mieux cotés apparaissant parfois sur l'étiquette, j'ai cru bon de les énumérer: Ambonnay, Avize, Ay, Beaumont sur Vesle, Bouzy, Cramant, Mailly-Champagne, Puisieulx, Sillery, Tours-sur-Marne, Verzenay, Louvois.

Les grandes maisons de Champagne

Maisons	Cuvées Prestige
Barancourt	
Besserat de Bellefon	B de B
Billecart-Salmon	Cuvée NF Billecart
Bollinger	Bollinger RD
Castellane	Cuvée Commodore
Deutz	Cuvé William Deutz
Germain	Cuvée Vénus
P. Gobillard	Cuvée Régence
Gosset	Grand Millésime
Charles Heidsieck	Champagne Charlie
Heidsieck et Cie Monopole	Diamant Bleu
Henriot	Cuvée Baccarat
Jacquart	Cuvée de La Renommée
Jacquesson et Fils	Signature
Jeanmaire	
Krug	Grande Cuvée
Charles Lafite	
Lanson	Noble Cuvée
Laurent Perrier	Cuvée Grand Siècle
Albert Lebrun	Vieille France
Abel LePitre	Prince A. de Bourbon Parme
Mercier	Réserve de l'Empereur
Moët et Chandon	Dom Pérignon
Montaudon	
B. H. Mumm	Cuvée René Lalou
B. Paillard	
Perrier-Jouet	Belle Époque
Philiponnat	Clos des Goisses
Piper Heidsieck	Florens Louis
Pol Roger	Réserve spéciale P.R.
Pommery	Cuvée Louise Pommery
L. Roederer	Cristal
Ruinart	Dom. Ruinart
A. Salon	
Secondé-Prevoteau	
Taittinger	Comtes de Champagne
De Venoge	Champagne des Princes
Veuve Cliquot Ponsardin	La Grande Dame

Corse

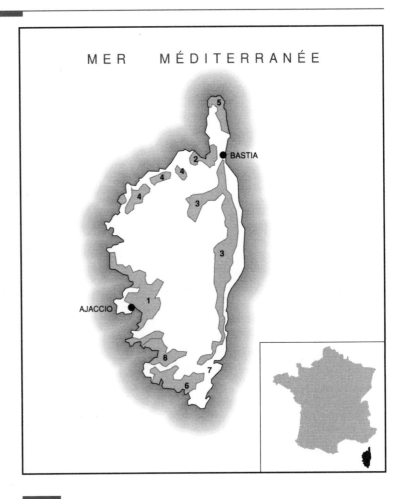

1 Ajaccio
2 Patrimonio
3 Vin de Corse
4 Vin de Corse – Calvi
5 Vin de Corse – Cap
    Corse

6 Vin de Corse – Figari
7 Vin de Corse – Porto
    Vecchio
8 Vin de Corse –
    Sartène

Ajaccio

Capitale de la Corse et berceau de Napoléon, Ajaccio donne son nom à cette appellation qui couvre les collines qui l'entourent. Le sol granitique de cette région n'est pas étranger aux arômes et à la finesse des vins qui y sont produits.

Date du décret:
3 avril 1984
Superficie: 150 ha
Rendement de base:
45 hl/ha
Production: 7300 hl
Encépagement:
Sciacarello – Nielluccio – Vermentino – Barbarossa – Carignan – Cinsault – Grenache – Ugni blanc
Durée de conservation:
R: 6-8 ans (2)
Rs/B: 3 ans (1)
Température de service:
R: 16-18 °C
Rs/B: 8 °C
Millésimes:
82 - 83 - **85** - 86 - 87 - 88 - 89

Rouge (85 %): Robe grenat - Arômes complexes de fruits rouges (cassis) et d'amande – Souple et charpenté à la fois – Bonne présence de tanins permettant le vieillissement
Rosé: Couleur rose vif – Sec et fruité – Assez long en bouche
Blanc: Belle robe claire – Arômes floraux – Sec – Fruité – Assez généreux

Rouge: Viandes rouges rôties – Gibiers à plumes et à poils – Fromages relevés – *Fromages de brebis*
Rosé et blanc: Voir «Vin de Corse», p. 120.

Propriétés: Dom. Peraldi – Dom. Posati – Dom. Arghilau – A. Courrèges – Clos Capitoro – Clos d'Alzeto
Cave: Sica des vignerons d'Ajaccio

Patrimonio

Le vignoble de Patrimonio est situé sur les coteaux ensoleillés du golfe de Saint-Florent, au nord-ouest de la Corse. Appellation la plus connue hors de l'île, «Patrimonio» est principalement appréciée pour ses vins rouges fins; cependant ses vins blancs délicats ne doivent pas être négligés pour autant.

Date du décret:
23 octobre 1984
Superficie: 200 ha
Rendement de base:
50 hl/ha
Production: 10 300 hl
Encépagement:
Nielluccio (60%) – *Vermentino* – Sciacarello – Grenache – Ugni blanc
Durée de conservation:
R: 6-8 ans (2)
Rs/B: 3 ans (1)
Température de service:
R: 16-18 °C
Rs/B: 8 °C
Millésimes:
82 - 83 - **85** - 86 - 87 - 88 - 89

Rouge (65 %): Couleur rouge intense – Arômes de violette nuancés de senteurs animales – Généreux – Charnu – Long en bouche – Peut vieillir
Rosé (20 %): Belle couleur rose vif – Sec et fruité
Blanc (15 %): Belle robe claire et brillante – Arômes floraux – Sec – Frais et fruité. (Le vermentino ou malvoisie est à l'origine de ce vin généralement bien équilibré.)

Rouge: Voir «Ajaccio», ci-haut.
Rosé et blanc: Voir «Vin de Corse», p. 120.

Propriétés: Dom. de Catarelli – Dominique Gentile – Clos Marfisi – Dom. Leccia – Clos de Bernardi – V. Arena
Cave: Société coopérative vinicole de Patrimonio

Vin de Corse

Date du décret:
  2 avril 1976
Superficie: 2 000 ha
Rendement de base:
  50 hl/ha
Production: 45 000 hl
Encépagement:
  Nielluccio – Sciacarello –
  Grenache – Vermentino –
  Ugni blanc
Durée de conservation:
  R: 4-5 ans (1)
  Rs/B: 2-3 ans (1)
Température de service:
  R: 14-16 °C
  Rs/B: 8 °C
Millésimes:
  85 - 86 - 87 - 88 - 89

Surnommée l'«île de Beauté», la Corse produit des vins depuis fort longtemps puisque la vigne y aurait été introduite vers 600 avant J.-C. Le vignoble, qui a rencontré de nombreux problèmes, s'est développé à nouveau au début des années 60, grâce à l'arrivée de nombreux rapatriés d'Algérie. Cette AOC peut être suivie des cinq appellations locales suivantes: Calvi, Sartène, Figari, Porto-Vecchio, Cap Corse. Dans ce cas, le rendement de base est de 45 hl/ha.

 Rouge (62 %): Robe grenat – Arômes complexes de fruits et d'épices – Bonne présence de tanins – Généreux et souple à la fois – Compte tenu des appellations locales, de nombreuses variations existent
Rosé (32 %): Belle couleur franche – Sec et fruité
Blanc (6 %) Couleur claire – Sec – Fruité et délicat

 Rouge: Charcuteries (Figatelli) – Viandes rouges grillées et rôties – Volailles rôties – Fromages moyennement relevés – *Fromages de brebis*
Rosé: Charcuteries – Viandes blanches et volailles grillées ou rôties – *Bouillabaisse* – Fromages de chèvre
Blanc: Fruits de mer (coquillages) – *Poissons braisés* – Bouillabaisse – Fromages de chèvre

 Propriétés: Dom. de Torracia (Porto-Vecchio) – Dom. U. Culombu – Clos Regina (Calvi) – Dom. Fiumicicoli – Dom. Mosconi – Dom. San-Michele (Sartène) – Dom. de Musoleu – Clos Nicrosi (Cap Corse) – Clos de Chera – Dom. de Tanella (Figari)
Caves: Cave coopérative de La Marana – Cave coopérative Santa Barba – Cave coopérative de Figari

Jura

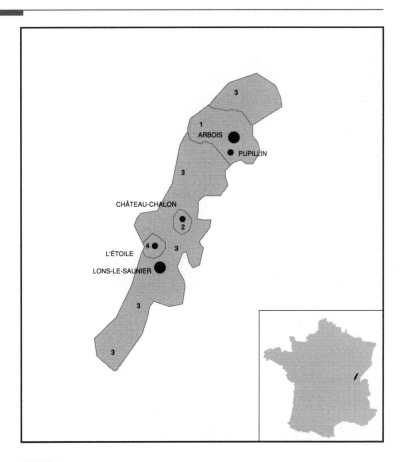

1 Arbois – Arbois
   Pupillin
2 Château-Chalon
3 Côtes du Jura
4 L'Étoile

Arbois – Arbois Pupillin

Date du décret:
Arbois: 15 mai 1936
Pupillin: 12 juin 1970
Superficie: 750 ha
Rendement de base:
R/Rs: 45 hl/ha
B: 50 hl/ha
Production: 50 500 hl
Encépagement:
Poulsard – Trousseau –
Pinots – Savagnin –
Chardonnay
Durée de conservation:
R: 5-8 ans (3) B: 3-5 ans et
plus
Vin de paille: 50 ans et plus
Vin jaune: Indéfiniment
Température de service:
R: 15 °C
B: 10-12 °C
Vin jaune: 15 °C
Millésimes:
76 - 79 - 81 - 82 - 83 - **85** -
86 - **87** - 88 - **89**

C'est à Arbois, dans le Jura, que Louis Pasteur, originaire de cette région, se livra en 1878 à ses expériences sur le vin. Étudiant les mystères de la fermentation alcoolique, il fera porter ses travaux sur les maladies du vin et les moyens de les éviter. Aujourd'hui d'ailleurs, une vigne lui ayant appartenu porte son nom.

Blanc: Robe pâle à jaune paille – Souvent conservé en fût de chêne pendant deux à trois ans; évolue alors vers des bouquets d'amande grillée et de pierre à fusil – Sec – Fruité et charpenté
Rosé: Belle robe rubis tuilé – Arômes de fruits rouges – Sec et fruité
Rouge: Robe rubis foncé – Arômes de fruits – Charpenté et tannique
Vin de paille: Robe dorée – Arômes de miel et de fruits mûrs – Liquoreux – Charpenté
Vin jaune: Voir «Château-Chalon», ci-après.

Blanc: *Écrevisses à la nage* – Poissons meunière (truite) – Fromages à pâte cuite (comté)
Rosé: *Charcuteries* – Viandes blanches rôties – Viandes rouges grillées
Rouge: Viandes rouges rôties et braisées – Petits gibiers à poils (Civet de lièvre) – Fromages relevés
Vin de paille: *À l'apéritif* — Foie gras frais – *Charlotte aux fruits*
Vin jaune: Voir «Château-Chalon», ci-après.

Propriétés: Rolet Père et Fils – Dom. de Grange Grillard – Désiré Petit – J.M. Dole – L. Aviet – J. Forêt – J. Tissot – A. et M. Tissot – R. Lornet – D. Dugois – Dom de la Pinte – M. Chassot
Caves: Fruitière vinicole d'Arbois – Fruitière vinicole de Pupillin
Négoce: *Henri Maire – Rolet Père et Fils*

Château-Chalon

Date du décret:
29 mai 1936
Superficie: 50 ha
Rendement de base:
30 hl/ha
Production: 2 200 hl
Encépagement:
Savagnin (naturé)
Durée de conservation:
Indéfiniment
Température de service:
15 °C
Millésimes:
75 - 78 - 79 - 81 - 83 - 85

Château-Chalon n'est pas un château en tant que domaine, mais un village du Jura perché sur une butte où des abbesses ont planté le vignoble qui allait donner, dès le XVe siècle, le célèbre vin jaune, «mystère» œnologique à découvrir et à apprivoiser; pour ma part, un des très grands vins de France.

Vin jaune uniquement
Vendangé tardivement, le savagnin donne un vin qui vieillira en fût de chêne pendant au moins six ans sans soutirage ni ouillage (remplissage). Un voile de levures se développe en surface, donnant un «goût de jaune». Il devient plus capiteux, très aromatique (odeur de noix verte) et persistant en bouche. Sa couleur est jaune or et offre un goût de noisette et d'amande grillée. Il est commercialisé dans une bouteille de 62 cl: Le Clavelin.

Huîtres – Foie gras – *Coq au vin jaune* – Morilles à la crème – Civet de lapin – Fromage de Comté – Tarte aux amandes – *Gâteau aux noix*

Propriétés: J. Bourdy – M. Perron – J. Macle – J.-M. Courbet – J. Tissot – H. Guinand
Caves: Fruitière vinicole d'Arbois – Fruitière vinicole de Voiteur
Négoce: *Henri Maire*

Côtes du Jura

Date du décret:
31 juillet 1937
Superficie: 600 ha
Rendement de base:
B: 50 hl/ha
R/Rs: 45 hl/ha
Production: 36 600 hl
Encépagement:
Poulsard – Trousseau –
Pinots –Savagnin –
Chardonnay
Durée de conservation:
Voir «Arbois – Arbois
Pupillin», p. 122
Température de service:
Voir «Arbois – Arbois
Pupillin», p. 122
Millésimes:
76 - 79 - 81 - 82 - 83 - **85** -
86 - **87** - 88 - **89**

Même si le phylloxéra, les guerres et les crises économiques ont provoqué sa rapide régression (20 000 à 2 000 ha en un siècle), le vignoble du Jura retrouve peu à peu sa place grâce à des vins diversifiés originaux. Le Côtes du Jura est de ceux-ci.

Voir «Arbois – Arbois Pupillin», p. 122.
Vin de paille: Vin élaboré à partir de raisins passerillés dans un local aéré, soit sur un lit de paille ou sur des claies. Après deux à trois mois, par évaporation de l'eau, le raisin présente un taux élevé de sucre, ce qui permet d'obtenir un vin très doux.

Voir «Arbois – Arbois Pupillin», p. 122.

Propriétés: Ch. D'Arlay – B. Clerc – Grand Frères – Ch. Grea – C. Bourdy – Désiré Petit – B. Badoz – J. et X. Reverchon – C. Joly – J. Labet – G. Boudet –P. Richard – G. Clerc – H. Clavelin – P. de Boissieu – J. Richard
Caves: Fruitière vinicole Le Vernois – Fruitière vinicole de Poligny
Négoce: *Henri Maire* – Rollet Père et Fils

L'Étoile

Date du décret:
31 juillet 1937
Superficie: 55 ha
Rendement de base:
50 hl/ha
Production: 3 600 hl
Encépagement:
Chardonnay – Poulsard –
Savagnin
Durée de conservation:
3-5 ans
Vin jaune: indéfiniment
Vin de paille: 50 ans
Température de service:
Voir «Arbois – Arbois
Pupillin», p. 122
Millésimes:
76 - 79 - 82 - 83 - **85** - 86 -
87 - 88 - **89**

L'Étoile est une commune qui donne son nom à l'appellation. Cette commune doit elle-même son nom à un fossile en forme d'étoile contenu dans le sous-sol marneux de cette minuscule région.

Blanc: Robe pâle – Arômes de fruits secs (amande grillée) – Sec et fruité – Très fin
Vin jaune: Voir «Château-Chalon», p. 122.
Vin de paille: Voir «Arbois – Arbois Pupillin», p. 122.
Mousseux: Comme Arbois et Côtes du Jura, l'Étoile produit des vins mousseux blancs et rosés obtenus selon la méthode champenoise.

Voir «Arbois – Arbois Pupillin», p. 122.
Vin jaune: Voir «Château-Chalon», p. 122.

Propriétés: Dom. de Montbourgeau – Ch. l'Étoile – Paul Comte
Cave: Fruitière vinicole de l'Étoile
Négoce: Henri Maire – J. Bourdy

Languedoc-Roussillon

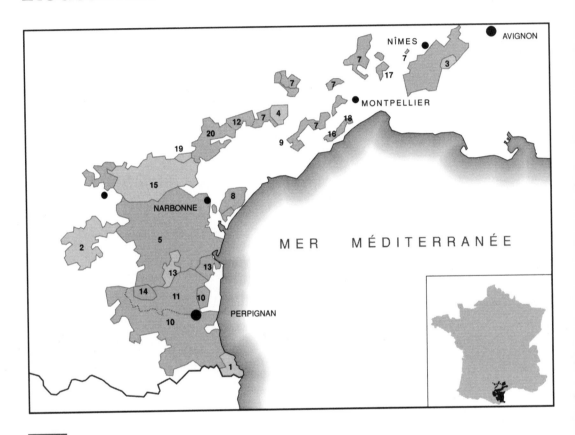

1 Banyuls – Banyuls
   Grand Cru
   (Grand Roussillon)
2 Blanquette de Limoux
3 Clairette de
   Bellegarde
4 Clairette du
   Languedoc
1 Collioure
5 Corbières
7 Coteaux du
   Languedoc

7 Coteaux du
   Languedoc + Nom
   du terroir
8 Coteaux du
   Languedoc –
   La Clape
9 Coteaux du
   Languedoc –
   Picpoul de Pinet
10 Côtes du
   Roussillon
   (Grand Roussillon)

11 Côtes du Roussillon-
   Villages
   (Grand Roussillon)
2 Crémant de Limoux
12 Faugères
13 Fitou (Grand
   Roussillon)
14 Maury (Grand
   Roussillon)
15 Minervois
16 Muscat de
   Frontignan

17 Muscat de Lunel
18 Muscat de
   Mireval
10-11 Muscat de
   Rivesaltes
19 Muscat de
   Saint-Jean-de-
   Minervois
10-11 Rivesaltes
20 Saint-Chinian

Banyuls – Banyuls Grand Cru

Date du décret:
19 mai 1972
(6 août 1936)
Superficie: 2 430 ha
Rendement de base:
30 hl de moût/ha
Production: 34 700 hl
Encépagement:
Grenaches – Maccabéo –
Tourbat (malvoisie) –
Muscats – Carignan,
cinsault et syrah (cépages
d'appoint ≤ 10%)
Durée de conservation:
20-25 ans selon le type
d'élaboration (3)
Température de service:
12-15 °C selon l'âge
Millésimes: Bonne régula-
rité dans ce type de vin

Le vignoble de Banyuls s'étend sur quatre communes et est établi sur des terrasses très étroites que longe, au sud, la frontière espa- gnole. Le grenache, principalement, et les sols pauvres et acides s'allient à un climat exceptionnel pour apporter à ces vins le cachet qui leur est propre. Trop longtemps considéré à tort comme un vin cuit, ce très grand vin rivalise aisément avec le Porto, délicieux par ailleurs (auquel il ressemble par son élaboration).

 Vin doux naturel
Banyuls (83 %): Robe rubis évoluant vers des couleurs acajou –
Arômes de fruits rouges évoluant vers des bouquets de vanille, de torréfaction et de cacao en vieillissant – Généreux – Bien charpenté
Banyuls Grand Cru (17 %): Plus d'ampleur que le précédent –
Vieillissement minimum de 30 mois en fût de chêne
Banyuls peut être suivi de la mention «Rancio»

 À l'apéritif – Melon rafraîchi – Mousse de foies de volaille – *Foie gras poêlé* – Rognons sautés au banyuls – Fromages à pâte persillée – Poire Belle-Hélène – Profiteroles au chocolat

 Propriétés: Mas Blanc – Parcé Frères – R. Doutres –
Dom. de la Rectorie
Caves: Cellier des Templiers (Castell des Templers) –
Cave coopérative l'Étoile – Les vignerons de Banyuls

Blanquette de Limoux

Date du décret:
13 avril 1981
Superficie: 2 000 ha
Rendement de base:
50 hl/ha
Production: 54 500 hl
Encépagement:
Mauzac (≤ 90 %) –
Chardonnay – Chenin
blanc
Durée de conservation:
Peut être bu dès la
commercialisation
Température de service:
8 °C
Millésimes:
84 - 85 - **86** - 87 - **88** - 89

Le mauzac, qui est le cépage de base de ce vin, est appelé localement «blanquette» à cause de la face interne blanche et duveteuse de sa feuille. Limoux est une petite ville qui se trouve au cœur de ce vignoble. Nul doute que cette AOC disparaîtra tranquillement au profit de la nouvelle, à la dénomination plus «crédible»: le Crémant de Limoux. Voir p. 131.

 Vin blanc mousseux uniquement
Élaboré suivant la méthode champenoise – Robe brillante aux légers reflets verts – Arômes floraux assez intenses – Mousse fine et persistante – Frais et ample à la fois
L'AOC «Blanquette Méthode Ancestrale» (24-12-86) est réservée aux seuls vins ayant subi une deuxième fermentation spontanée en bouteille. (3 500 hl)
Un vin blanc tranquille est aussi élaboré en très petite quantité: le Limoux. (270 hl)

 Les demi-secs seront servis à l'apéritif.
Les bruts seront servis avec les poissons (truite au vin blanc).
Les demi-secs ou les doux seront servis avec les desserts.

Propriétés: P. et J. Astruc – Dom. de Fourn – Brouette – G. Antech
Cave: Cave coopérative Aimery (Sieur d'Arques – Prestige d'Aimery)
Négoce: Dom. Collin-Rosier

Clairette de Bellegarde

Ce vin issu du cépage clairette provient d'un terroir situé dans la partie sud des Costières de Nîmes, sur la commune de Bellegarde. Les sols caillouteux de cette région sont en partie à l'origine de la finesse aromatique de ce vin peu connu mais bien agréable à consommer sur place.

Date du décret:
28 juin 1949
Superficie: Incluse dans l'AOC «Costières de Nîmes»
Rendement de base:
60 hl/ha
Production: 2 700 hl
Encépagement:
Clairette blanche
Durée de conservation:
2 ans (1)
Température de service:
8 °C
Millésimes:
87 - **88** - 89

 Vin blanc uniquement
Robe légèrement dorée – Arômes floraux – Sec – Léger et fruité

 Salade de crevettes – Huîtres – Moules marinière – Poissons grillés (Daurade grillée aux herbes – Sardines) – Brandade de morue – Fromages de chèvre

 Propriétés: Dom. Saint-Louis La Perdrix – Dom. de l'Amarine
Cave: Cave coopérative La Clairette (Bellegarde)

Clairette du Languedoc

À l'est du Languedoc, dans la vallée moyenne de l'Hérault, 11 communes ont droit à cette appellation dont le vin est issu du cépage clairette, à l'exclusion de tout autre.

Date du décret:
12 avril 1965
Superficie: Incluse dans l'AOC «Coteaux du Languedoc»
Rendement de base:
50 hl/ha
Production: 9 500 hl
Encépagement:
Clairette blanche
Durée de conservation:
2 à 5 ans selon le type de vin
Température de service:
8 °C
Millésimes:
85 - 86 - 87 - **88** - 89

 Vin blanc uniquement
Robe jaune clair avec de légers reflets verts – Arômes végétaux et fruités – Peut être vinifié en sec, en demi-sec et en moelleux – Légère pointe d'amertume en fin de bouche
La mention «Rancio» est ajoutée si le vin, provenant de raisins cueillis à surmaturité, a vieilli naturellement pendant au moins trois ans.
Un vin de liqueur, obtenu en ajoutant au moût un certain pourcentage d'alcool, peut être produit sous cette AOC.

 À l'apéritif – *Huîtres et poissons grillés et meunière pour les vins secs* – Poissons pochés et en sauce pour les vins demi-secs et moelleux

 Propriétés: Ch. La Condamine Bertrand – Ch. Saint-André – Dom. D'Aubepierre – Ch. Vaillé – Dom. des Montezes
Caves: Cave coopérative La Clairette – Cave coopérative Les vignerons d'Aspiran – Cave coopérative Les vignerons de Saint-Félix

Collioure

Date du décret:
3 décembre 1971
Superficie: 175 ha
Rendement de base:
40 hl/ha
Production: 9 700 hl
Encépagement:
Grenache – Carignan –
Mourvèdre – Syrah –
Cinsault
Durée de conservation:
6-8 ans (3)
Température de service:
16 °C
Millésimes:
82 – 83 – 84 – 85 – **86** – 87
– **88** – 89

Célèbre petit port sur la Méditerranée, Collioure s'est fait connaître en accueillant en ses murs d'illustres peintres tels Matisse, Braque et Derain. Le vignoble, qui est situé sur la même aire d'appellation que celle de Banyuls, produit un vin méconnu mais plein d'intérêt.

Vin rouge uniquement
Robe rubis profond – Arômes de fruits rouges bien mûrs nuancés parfois de bois et de vanille – Tanins souples – Corsé – Généreux

Viandes rouges grillées et rôties – *Ragoût d'agneau au thym* – Lapin aux pruneaux – Spécialités catalanes – Fromages moyennement relevés

Propriétés: Dom. du Mas Blanc – Abbaye de Valbonne
Caves: Sica des vins du Roussillon – SCV L'Étoile
Négoce: Cellier des Templiers – Les Celliers du Tâte-Vin

Corbières

Date du décret:
24 décembre 1985
Superficie: 23 000 ha
(12 000 ha en production)
Rendement de base:
50 hl/ha
Production: 618 900 hl
Encépagement:
Carignan – Grenache –
Syrah – Mourvèdre –
Lladoner pelut – Terret –
Cinsault – Picpoul –
Bourboulenc – Maccabéo –
Muscat – Clairette
Durée de conservation:
R: 5-6 ans
Rs/B: 2-3 ans (1)
Température de service:
R: 14-16 °C
Rs/B: 8-10 °C
Millésimes:
83 - 84 - **85** - **86** - 87 - **88** -
89

La région des Corbières est un vaste massif montagneux où la vigne occupe environ 42 000 hectares. Vingt-trois mille hectares de cette région dominée par le soleil, le vent et l'aridité des sols ont été retenus pour la production de la récente appellation «Corbières» contrôlée. À voir le travail extraordinaire qui a été accompli chez nombre de vignerons, ces derniers méritaient bien cette reconnaissance.

Rouge (90 %): Robe pourpre soutenue – Arômes puissants de fruits rouges – Ample – Charnu – Bien charpenté. (Certains Corbières, issus de macération carbonique, sont plus simples et plus légers.)
Rosé (6 %): Robe rose pâle – Arômes floraux – Sec – Frais et fruité
Blanc (4 %): Couleur pâle et brillante – Arômes floraux nuancés de fenouil – Sec – Vif et légèrement fruité

Rouge: Viandes rouges grillées et rôties – Gibiers à poils (*Civet de lièvre* – Cuissot de sanglier) – Fromages relevés
Rosé: Charcuteries – Rôti de porc – Viandes blanches grillées
Blanc: Coquillages et fruits de mer – Viandes blanches (*Escalopes de veau panées*) – Fromages de chèvre

Propriétés: Ch. de Lastours – Ch. L'Étang des Colombes –
Ch. Aiguilloux – Ch. La Voulte Gasparets – Ch. Les Ollieux –
Dom. Simone Martinolle – Ch. Le Bouis – Ch. du Roc –
Ch. de Pech-Latt – Ch. Les Palais – Ch. de Caraguilhes –
Dom. de Villemajou – Ch. Rigal Caumont – Ch. de Ribaute
Caves: De nombreuses caves coopératives vinifient et commercialisent cette AOC (57).
Négoce: Éts Limouzy – Demolombe

Coteaux du Languedoc

Date du décret:
24 décembre 1985
Superficie: 50 000 ha
Rendement de base:
50 hl/ha
Production: 130 000 hl
Encépagement:
Carignan – Cinsault –
Grenache – Mourvèdre –
Syrah – Lladoner pelut
Durée de conservation:
R: 4-6 ans (2)
Rs: 3 ans (1)
Température de service:
R: 14-16 °C
Rs: 8-10 °C
Millésimes:
85 - 86 - 87 - **88** - **89**

L'ensemble du vignoble, réparti sur 121 communes, s'étend de Nîmes à Narbonne et concerne la zone des coteaux et des garrigues. Tour à tour, les Grecs puis les Romains ont développé ce vignoble; mais c'est le mouvement monastique du Moyen Âge qui lui assura, jusqu'au XIXe siècle, sa réputation.

Vin rouge principalement
Robe rouge soutenu – Arômes de fruits, de vanille et d'épices – Bien structuré (présence de tanins) – Généreux
Certains de ces vins moins riches, notamment en carignan, peuvent être plus fruités, légers, souples et délicats.
Le rosé, à la robe brillante, présente des arômes floraux et une bonne fraîcheur en bouche.

Rouge: Viandes grillées et sautées – *Rognons de veau à la moutarde* – Foie de veau à l'anglaise – Viandes rouges braisées (Bœuf mode) – Fromages moyennement relevés

Propriétés: Prieuré de Saint-Jean de Bébian – Dom. Guiraud-Boyer – Ch. Saint-Férréol – Ch. La Condamine Bertrand – Ch. Mire l'Étang – Ch Carrion Nizas – Dom. de Curaties
Caves: Cave coopérative de Carnas – Cave Saint-Jean de la Blaquière
Négoce: Pierre Thieule – G. Bonfils

Coteaux du Languedoc + Nom du terroir

Date du décret:
24 décembre 1985
Superficie:
Incluse dans l'AOC
«Coteaux du Languedoc»
Rendement de base:
50 hl/ha
Production: 210 000 hl
Encépagement:
Carignan – Cinsault –
Grenache – Mourvèdre –
Syrah – Lladoner pelut
Durée de conservation:
R: 5-7 ans (2)
Rs: 3 ans (1)
Température de service:
R: 14-16 °C
Rs: 8-10 °C
Millésimes:
83 - 85 - 86 - 87 - **88** - **89**

Ces vins peuvent être présentés sous le nom de l'appellation régionale «Coteaux du Languedoc» employée seule ou suivie du nom du terroir dont ils sont issus. Ces onze terroirs sont indiqués plus bas dans le texte.

Vin rouge principalement — Quelques rosés
Cabrières: Rouge puissant – Renommé pour son rosé
La Clape: Rouge corsé – Grenache et cinsault apportent la rondeur
La Méjanelle: Rouge généreux – Sol semblable à celui de Châteauneuf-du-Pape
Montpeyroux: Rouge charpenté et très corsé
Pic-Saint-Loup: Rouge chaud et gouleyant à la fois
Quatourze: Rouge foncé – Puissant – De bonne garde
Saint-Christol: Rouge bouqueté – Charnu et généreux
Saint-Drezery: Rouge fruité et léger – Doit être bu jeune
Saint-Georges-d'Orques: Arômes de fruits rouges – Souple et corsé
Saint-Saturnin: Rouge corsé et bouqueté – Célèbre pour son «Vin d'une nuit» (rosé intense)
Vérargues: Rouge bouqueté – Souple et gouleyant

Propriétés: Ch. de Flaugergues (La Méjanelle) – Ch. de L'Engarran (Saint-Georges-d'Orques) – Ch. Notre-Dame (Quatourze) – Le Lucian (Saint-Saturnin) – Dom. de la Coste (Saint-Christol) – Dom. du Temple (Cabrières) – Dom. des Thérons (Montpeyroux) – Dom. de Lancyre (Pic-Saint-Loup) – Ch. Pech Céleyran (La Clape) – Ch. de la Deveze (Vérargues) – Mas de Carrat (Saint-Drezery)
Cave: Chaque terroir a sa propre cave coopérative
Négoce: Pierre Thieule – G. Bonfils – Paul JeanJean

Sol argilo-calcaire

Sol calcaire en Champagne

Sol schisteux

Sol calcaire en Touraine

Les galets à Châteauneuf-du-Pape

Sol de graves dans le Bordelais

Coteaux du Languedoc – La Clape

La mention «La Clape» n'étant obligatoire que pour les vins blancs, cette fiche ne concerne que ces derniers. Les vins rouges issus de ce terroir sont décrits à la fiche «Coteaux du Languedoc + Nom du terroir».

Date du décret:
24 décembre 1985
Superficie:
Incluse dans l'AOC «Coteaux du Languedoc»
Rendement de base:
50 hl/ha
Production: 3 000 hl
Encépagement:
Bourboulenc – Clairette – Grenache blanc – Maccabéo – Terret
Durée de conservation:
3-4 ans (2)
Température de service:
8 °C
Millésimes:
86 - 87 - **88** - 89

Vin blanc
Robe dorée et brillante avec de légers reflets verts – Arômes de fruits secs et de fruits exotiques – Sec – Frais – Moelleux et long en bouche – Finale rappelant les amandes

À l'apéritif – *Salade de moules crues* – Homard grillé à l'estragon – Pétoncles au gratin – Poissons en sauce (Filets de saint-pierre au gratin – Darnes de colin à la crème) – Bourride (sorte de bouillabaisse)

Propriétés: Ch. Moujan – Ch. Rouquette-sur-Mer – Dom. de Vires – Dom. de Rivières Le Haut – Ch. Mire l'Étang – Dom. de Ricardelle – P. Allemandet
Cave: Cave coopérative de Clape
Négoce: P. Herpe et Fils

Coteaux du Languedoc – Picpoul de Pinet

Cette région de Pinet qui domine l'étang de Thau a une vocation traditionnelle de production de vin blanc et c'est le cépage picpoul qui est à la base de ce vin. Turgot, contrôleur général des finances au XVIIIᵉ siècle, protégeait déjà l'origine de cette appellation consommée en grande partie dans la région.

Date du décret:
24 décembre 1985
Superficie:
Incluse dans l'AOC «Coteaux du Languedoc»
Rendement de base:
50 hl/ha
Production: 15 500 hl
Encépagement:
Picpoul blanc
Durée de conservation:
3 ans
Température de service:
8 °C
Millésimes:
87 - **88** - 89

Vin blanc uniquement
Robe or vert brillante – Arômes floraux et fruités – Très sec – Frais – Bon équilibre généralement entre l'acidité et le moelleux

Coquillages – Fruits de mer (de la Méditerranée) – Oursins – Poissons grillés et meunière (*Rougets grillés aux herbes* – Darnes de colin meunière) – Bourride (sorte de bouillabaisse)

Propriétés: C. Gaujal – Dom. Genson – Dom. de Montredon
Caves: Cave coopérative de Pinet «Les Producteurs de vin blanc» – Cave coopérative les Costières de Pomérols
Négoce: Pierre Thieule

Côtes du Roussillon

C'est le vignoble le plus méridional de France. Le carignan, cépage très utilisé, trouve ici sa terre d'élection et permet d'élaborer des vins assez robustes et d'excellente qualité.

Date du décret:
  28 mars 1977
Superficie: 4 500 ha
Rendement de base:
  50 hl/ha
Production: 236 000 hl
Encépagement:
  Carignan – Cinsault –
  Grenache – Lladoner pelut
  – Syrah – Mourvèdre –
  Maccabéo – Tourbat
  (malvoisie)
Durée de conservation:
  R: 5 ans (2)
  Rs/B: 2 ans (1)
Température de service:
  R: 13-15 °C
  Rs/B: 8 °C
Millésimes:
  85 - **86** - 87 - **88** - 89

Rouge (90 %): Robe grenat profonde – Arômes de fruits mûrs aux notes épicées et vanillées – Assez corsé – Bonne présence de tanins. (Certains de ces vins issus de macération carbonique sont plus souples, plus légers et plus fruités.)
Rosé (6 %): Belle couleur rose vif – Arômes persistants – Fruité – Nerveux – Corsé
Blanc (4 %): Couleur dorée aux reflets verts – Arômes floraux – Sec

Rouge: Viandes rouges grillées, rôties et sautées – Petits gibiers à plumes (Perdrix à la catalane) – Fromages moyennement relevés
Rosé: *Charcuteries* – Volailles grillées – Fromages de chèvre
Blanc: *Coquillages et fruits de mer* – Viandes blanches (Escalopes de veau au citron) – Poissons en sauce (Morue à la catalane)

Propriétés: Ch. De Jau – Mas Rancoure – F. Jaubert – R. Noury – Ch. L'Esparrou – Mas Palegry – Dom. de la Rourède – A. Duffault – M.-T. Marty – Dom. de Canterrane – Ch. Cap de Fouste – E. Amouroux – Ch. de Corneilla – Ch. de Calce – Dom. de Rombeau – Dom. de Sainte-Barbe – Dom. Sarda-Malet
Caves: Cave de Pézilla – Cave de Baixas – Cave de Lesquerde – Les vignerons de Terrats – Les maîtres vignerons de Tautavel – Les vignerons catalans – Les producteurs de La Barnède
Négoce: *Cazes Frères* – Les Celliers du Tâte-Vin – Destavel

Côtes du Roussillon-Villages

Cette appellation recouvre l'aire de production de 25 communes situées de part et d'autre de l'Agly, au nord de Perpignan. Elle peut être suivie du nom de deux villages, soit: Caramany et Latour de France.

Date du décret:
  28 mars 1977
Superficie: 2 100 ha
Rendement de base:
  45 hl/ha
Production: 105 700 hl
Encépagement:
  *Carignan – Cinsault –
  Grenache* – Lladoner pelut
  – Syrah – Mourvèdre –
  Maccabéo
Durée de conservation:
  8 ans env. (4)
Température de service:
  16 °C
Millésimes:
  82 - 83 - 84 - **85** - **86** - 87 -
  88 - 89

Vin rouge uniquement
Robe rubis – Arômes complexes et intenses de fruits rouges avec une note épicée – Charnu – Charpenté. (Certains vins vinifiés différemment sont plus souples et se boivent plus jeunes.)

Viandes rouges braisées (Épaules de mouton farcie) – Viandes rouges grillées (Entrecôte à la bordelaise) – *Gibiers à poils* (*Selle de chevreuil* – Civet de sanglier) – Fromages relevés

Propriétés: Les caves coopératives ont le quasi-monopole de la vinification et de la commercialisation des vins de propriété de cette AOC.
Caves: Les vignerons de Baixas (Dom. Brial) – Cellier de la Dona – Cave de Belesta – Cave d'Aglya – Cave de Vingrau – Cave de Saint-Vincent – Cave de Corneilla – Cellier des Capitelles – Les vignerons catalans – Les maîtres vignerons de Tautavel – Cave des vignerons de Planèze
Négoce: *Cazes Frères* – Destavel – Demolombe

Crémant de Limoux

Date du décret:
21 août 1990
Superficie: n.c.
Rendement de base:
50 hl/ha
Production: n.c.
Encépagement:
Mauzac (≤70 % ≥ 60 %) –
Chardonnay – Chenin
blanc
Durée de conservation:
Voir «Blanquette de
Limoux» p. 125
Température de service:
Voir «Blanquette de
Limoux» p. 125
Millésimes:
Voir «Blanquette de
Limoux» p. 125

Pour faire disparaître sans doute les confusions engendrées par le mot «blanquette» qui pouvait, certes, porter à interprétation, le mot «crémant» lui a été préféré voilà peu. Il est vrai que cette mention connaît actuellement chez les amateurs de vin mousseux une popularité de plus en plus grande.

 Vin blanc mousseux uniquement
Cette nouvelle AOC privilégie le Chardonnay et le Chenin blanc, cépages qui doivent représenter 30 % minimum de la base d'assemblage, avec un maximum de 20 % pour chacun. Par cette nouvelle appellation, l'INAO établit ainsi une cohérence avec les autres crémants français.

 Voir «Blanquette de Limoux» p. 125.

 Voir «Blanquette de Limoux» p. 125.

Faugères

Date du décret:
5 mai 1982
Superficie:
Incluse dans l'AOC
«Coteaux du Languedoc»
Rendement de base:
50 hl/ha
Production: 60 600 hl
Encépagement:
Carignan – Cinsault –
Grenache – Mourvèdre –
Syrah – Lladoner pelut
Durée de conservation:
6-8 ans (2)
Température de service:
14-16 °C
Millésimes:
83 - 85 - 86 - 87 - **88 - 89**

Surnommé «le vin de la passion», le Faugères provient d'un vignoble caractérisé par des sols schisteux à forte pente et d'altitude assez élevée (250 m). Il est situé juste à l'est du vignoble de Saint-Chinian. Certains domaines de cette appellation constituent à mon avis des rapports qualité-prix indéniables.

 Vin rouge principalement
Robe grenat à reflets violets – Arômes de petits fruits rouges nuancés d'épices – Tanins soyeux – Puissant et capiteux
Du Faugères rosé, plutôt pâle, sec et fruité est aussi produit mais en petite quantité.

 Rouge: *Viandes rouges rôties* et sautées (Sauté de bœuf Strogonoff) – Gibiers à plumes et petits gibiers à poils (Lièvre à la royale) – *Fromages relevés*
Rosé: Charcuteries – Viandes blanches et volailles grillées

 Propriétés: Ch. Grézan – Dom. du Fraisse – Dom. des Estanilles – Dom. Raymond Roque – Dom. Ollier Taillefer – Ch. de La Liquière – P. Benezech – (ch. des Adouzes) – Dom. de la Grange des Aires
Caves: Cave coopérative de Laurens – Société coopérative Les crus Faugères
Négoce: Paul JeanJean – Ducasse Galco Rigal

Fitou

Date du décret:
28 avril 1948
Superficie: 2 000 ha
Rendement de base:
40 hl/ha
Production: 98 800 hl
Encépagement:
Carignan – Grenache –
Lladoner pelut – Cinsaut –
Syrah – Mouvèdre – Terret
– Maccabéo
Durée de conservation:
6-8 ans (2)
Température de service:
16 °C
Millésimes:
81 - 82 - 83 - 84 - **85** - 86 -
87 - **88** - **89**

«Fitou» est la plus ancienne AOC rouge du Languedoc-Roussillon. Le vignoble se divise en deux parties au sud des Corbières et jouit d'un ensoleillement exceptionnel et de sols argilo-calcaires ou schisteux. Rabelais, fils de Chinon, appréciait d'ailleurs ce vin, aujourd'hui encore plutôt méconnu.

Vin rouge uniquement
Robe rubis foncé – Arômes de fleurs sauvages et de réglisse –
Généreux – Charnu et bien charpenté
Le vin de Fitou doit être élevé pendant neuf mois en fût avant d'être commercialisé.

Viandes rouges sautées (Navarin de mouton) – Viandes rouges rôties
(roast-beef) – Gibiers à plumes (Salmis de canard sauvage) – Gibiers
à poils (*Noisettes de chevreuil*) – Fromages relevés

Propriétés: Ch. de Nouvelles – P. Colomer – Dom. Abelanet –
J. Gauthier
Caves: Caves du Mont-Tauch – Les maîtres vignerons de Cascatel –
Cave coopérative de Fitou – Cave coopérative de Lapalme

Grand Roussillon

Date du décret:
19 mai 1972
(23 octobre 1957)
Superficie: n.c.
Rendement de base:
30 hl de moût/ha
Production: n.c.
Encépagement:
Grenaches – Maccabéo –
Tourbat (malvoisie) –
Muscats – Carignan,
cinsault, syrah et listan
(cépages d'appoint ≤ 10 %)
Durée de conservation:
Voir «Banyuls – Banyuls
Grand Cru», p. 125
Température de service:
Voir «Banyuls – Banyuls
Grand Cru», p. 125
Millésimes:
Voir «Banyuls – Banyuls
Grand Cru», p. 125

Cette appellation de moins en moins utilisée regroupe les différentes AOC produisant les VDN (vins doux naturels) et constitue l'appellation de base, notamment en cas d'assemblage de vins provenant de différents crus.

Vin doux naturel
Rouge (93 %): Voir «Banyuls – Banyuls Grand Cru», p. 125.
L'appellation «Grand Roussillon» peut être suivie de la mention «Rancio».
Blanc (7 %): Voir «Rivesaltes», p. 136.

Voir «Banyuls – Banyuls Grand Cru», p. 125, «Maury», p. 133, et
«Rivesaltes», p. 136.

Aucune maison n'est mentionnée puisque cette appellation est de
moins en moins revendiquée.

Maury

Date du décret:
19 mai 1972
(6 août 1936)
Superficie: 1 700 ha
Rendement de base:
30 hl de moût/ha
Production: 42 100 hl
Encépagement:
Grenaches – Maccabéo –
Tourbat (Malvoisie) –
Muscats – Carignan,
cinsault, syrah et listan
(cépages d'appoint ≤ 10 %)
Durée de conservation:
20-25 ans selon la vinification (3)
Température de service:
12-15 °C selon l'âge
Millésimes: Bonne régularité dans ce type de vin

Au cœur de la vallée de l'Agly, au nord-ouest du Roussillon, le vignoble de Maury est établi sur un sol schisteux, particulièrement propice à l'élaboration de tels vins. Dans cette région, on fait vieillir le vin dans des bonbonnes (touries) exposées au soleil. Dans la même veine que le Banyuls, ce type de vin est de plus en plus l'ami du sommelier, désireux de faire vivre à son client de bien agréables expériences.

Vin doux naturel
Robe grenat évoluant vers des couleurs acajou tuilé – Arômes de fruits cuits allant vers des bouquets très complexes d'épices et de cacao – Généreux – Puissant – Long en bouche avec une finale rancio (due au vieillissement)
Cette appellation peut être suivie de la mention «Rancio».

À l'apéritif – Melon rafraîchi – Foie gras poêlé – *Canard aux cerises* – Fromages à pâte persillée (roquefort) – *Marquise au chocolat* – Meringues fourrées au chocolat

Propriétés: Mas Amiel – Cave J.-L. Lafage
Cave: Les vignerons de Maury

Minervois

Date du décret:
15 février 1985
Superficie: 18 000 ha
Rendement de base:
50 hl/ha
Production: 291 800 hl
Encépagement:
Grenache – *Syrah* –
Carignan – *Mourvèdre* –
Bourboulenc – Maccabéo –
Lladoner pelut – Cinsault –
Terret – Clairette –
Picpoul – Aspiran
Durée de conservation:
R: 5-6 ans (2)
Rs/B: 2-3 ans (1)
Température de service:
R: 14-16 °C
Rs/B: 8 °C
Millésimes:
84 - 85 - 86 - 87 - **88 - 89**

Le Minervois doit son nom à la capitale historique de cette région: Minerve. Au Moyen Âge, l'histoire de cette vieille cité fut liée à celle des Albigeois (Cathares) et à leur croisade. La qualité de cette AOC va sans cesse croissant.

Rouge (80 %): Deux modes d'élaboration sont traditionnellement employés:
• La macération carbonique qui donne des vins fruités et légers.
• La vinification traditionnelle qui produit des vins plus charpentés, vieillis en fût de chêne, présentant souvent un bouquet de bois et de vanille.
Rosé (17 %): Belle robe d'un rose vif – Arômes floraux – Sec et vif
Blanc (3 %): Couleur jaune pâle à reflets verts – Arômes floraux – Sec et fruité

Rouge léger: Charcuteries – *Viandes rouges grillées* – Fromages peu relevés
Rouge plus corsé: *Confit de canard* – Cassoulet – Viandes rouges sautées – Perdreaux rôtis – Fromages moyennement relevés
Rosé: *Charcuteries* – Viandes blanches grillées
Blanc: Coquillages et fruits de mer – *Fromages de chèvre*

Propriétés: Dom. de Barroubio – Ch. La Grave – Dom. Maris – L. Fabre – Dom. de Mayranne – Ch. de Paraza – Ch. de Villegly Moureau – Dom. Sainte-Eulalie – G. Rancoule – Dom. des Homs – Ch. de Villerambert Julien – Ch. de Blomac – Ch. de Vergel – Ch. du Donjon – Ch. Laville – Dom. du Pech d'André
Caves: Nombreuses caves coopératives (44).
Négoce: Paul JeanJean – Demolombe

Muscat de Frontignan

Frontignan, situé près de Montpellier, a donné son nom à cette appellation mais aussi et surtout à la variété de muscat utilisée. Cette variété appelée aussi «muscat blanc à petits grains» ne doit pas être confondue avec le muscat d'Alexandrie.

Date du décret:
31 mai 1936
Superficie: 780 ha
Rendement de base:
28 hl de moût/ha
Production: 18 000 hl
Encépagement:
Muscat blanc à petits grains
Durée de conservation:
3-4 ans (1)
Température de service:
8-10 °C
Millésimes:
85 - 86 - 87 - **88** - 89

Vin doux naturel
Belle robe dorée – Arômes de raisin sec et de miel – Riche et liquoreux – Teneur en sucre résiduel très élevée (≥ 125 g)
La tradition d'affiner le vin dans de vieux foudres de chêne apporte une légère oxydation, particulière à cette appellation. Le Frontignan peut aussi être élaboré en vin de liqueur (alcool ajouté avant toute fermentation), ce qui en fait un vin plus riche en sucre.

À l'apéritif – *Melon rafraîchi* – Feuilletés au fromage – Foie gras frais – Fromages à pâte persillée – Fruits rafraîchis (pêches, abricots) – Tartes aux fruits

Propriété: Ch. de la Peyrade
Cave: La cave coopérative du Muscat de Frontignan élabore environ 80 % de la production de cette appellation.

Muscat de Lunel

Lunel est situé entre Nîmes et Montpellier. On raconte que son muscat fit le bonheur de Napoléon pendant son exil à Sainte-Hélène. Ce qui ne l'empêcha pas d'y mourir…

Date du décret:
27 octobre 1943
Superficie: 255 ha
Rendement de base:
28 hl de moût/ha
Production: 8 900 hl
Encépagement:
Muscat blanc à petits grains
Durée de conservation:
3-4 ans (1)
Température de service:
8-10 °C
Millésimes:
85 - 86 - 87 - **88** - 89

Vin doux naturel
Belle robe dorée avec de légers reflets verts – Arômes de raisin sec et de miel – Liquoreux mais moins toutefois que son (presque) voisin, le muscat de Frontignan

Voir «Muscat de Frontignan», ci-haut.

Propriété: Ch. du Grès Saint Paul
Cave: Cave coopérative de Lunel

Muscat de Mireval

Mireval donne son nom à cette appellation située juste au nord-est de Frontignan et dont la superficie est assez réduite.

Date du décret:
   28 décembre 1959
Superficie: 240 ha
Rendement de base:
   28 hl de moût/ha
Production: 6 750 hl
Encépagement:
   Muscat blanc à petits grains
Durée de conservation:
   3-4 ans
Température de service:
   8-10 °C
Millésimes:
   85 – 86 – 87 – **88** – 89

 Vin doux naturel
Voir «Muscat de Frontignan», p. 134.

 Voir «Muscat de Frontignan», p. 134.

 Cave: Cave coopérative du Muscat de Mireval

Muscat de Rivesaltes

Cultivés dans l'aire d'appellation «Rivesaltes», incluant «Banyuls» et «Maury», les muscats se distiguent ici par des caractéristiques qui n'appartiennent qu'à eux. Si le muscat blanc à petits grains est précoce, le muscat d'Alexandrie est plus tardif et résiste mieux à la sécheresse.

Date du décret:
   19 mai 1972
   (23 août 1956)
Superficie: 4 600 ha
Rendement de base:
   30 hl de moût/ha
Production: 106 600 hl
Encépagement:
   Muscat blanc à petits grains
   – Muscat d'Alexandrie
Durée de conservation:
   3-4 ans (1)
Température de service:
   8-10 °C
Millésimes:
   85 - 86 - 87 - **88** - 89

 Vin doux naturel
Robe or pâle brillante – Arômes puissants de fleurs, nuancés de fruits exotiques et de citron – Onctueux – Ample et long en bouche – Bon équilibre

 À l'apéritif – Fruits secs (Amandes grillées) – *Melon rafraîchi* – Foie gras frais – Fromages à pâte persillée (roquefort) –*Tartes aux fruits* (Tarte au citron)

 Propriétés: Ch. de Rey – Cazes – Mas Canclaux – Ch. de Jau – Dom. Jammes – Dom. de la Rourède – Amouroux – Ch. L'Esparrou – Dom. Tardieu – Dom. Saint-Luc
Caves: Société de coopérative agricole de vinification – Les vignerons de Baixas – La Roussillonnaise – Cave coopérative de Vingrau – Les vignerons de Terrats – Cave coopérative de Pezilla

Muscat de Saint-Jean-de-Minervois

Saint-Jean-de-Minervois est le plus petit des vignobles de vin doux naturel du Languedoc et est situé à 200 m d'altitude environ, ce qui permet au muscat de mûrir et d'être récolté plus tard. Il en résulte un vin très fin, particulièrement aromatique et absolument délicieux.

Date du décret:
19 mai 1972
(10 novembre 1949)
Superficie: Incluse dans l'AOC «Minervois»
Rendement de base:
28 hl de moût/ha
Production: 1 900 hl
Encépagement:
Muscat blanc à petits grains
Durée de conservation:
3-4 ans (1)
Température de service:
8-10 °C
Millésimes:
85 - **86** - 87 - **88** - 89

 Vin doux naturel
Belle robe or pâle à reflets verts – Arômes très puissants de fleurs, de miel et de fruits secs – Bel équilibre entre la souplesse et l'acidité – Rond – Onctueux et généreux

 Voir «Muscat de Frontignan», p. 134.

 Propriétés: Dom. de Barroubio – Dom. Simon – Cave Camman
Négoce: P. Rouanet et Fils

Rivesaltes

Cette appellation, qui tire son nom du mot catalan «rivesaltes» signifiant «hautes rives», est très importante par sa diversité et sa superficie puisqu'elle représente plus de 80 % de la surface totale (en Roussillon) réservée à l'élaboration de VDN (muscat inclus).

Date du décret:
6 août 1936
Superficie: 19 000 ha
Rendement de base:
30 hl de moût/ha
Production: 341 800 hl
Encépagement:
Grenaches – Maccabéo – Tourbat (malvoisie) – Muscats – Carignan, cinsault, syrah et listan (cépages d'appoint ≤ 10 %)
Durée de conservation:
15-20 ans
Température de service:
B: 8-10 °C
R: 12-15 °C selon l'âge
Millésimes:
Bonne régularité dans ce type de vin

 Vin doux naturel
Blanc (79 %): *Jaune non oxydé:* Robe claire – Arômes floraux évoluant vers le miel et la cire d'abeille – Onctueux – Très fin
Vieux: Robe ambrée et dorée aux légers reflets verts – Bouquets de fruits secs et de miel – Gras et onctueux – Long en bouche
Rouge (21 %): Du rouge rubis fruité au rouge tuilé, bouquets complexes de fruits cuits et de cacao, en fonction de l'âge
L'appellation «Rivesaltes» peut être suivie de la mention «Rancio».

 Blanc: À *l'apéritif* – Foie gras frais – Feuilletés au fromage – Melon rafraîchi – Fruits (abricots, pêches) – *Tartes aux fruits*
Rouge: À l'apéritif – *Foie gras poêlé* – Melon rafraîchi – Fromages à pâte persillée – Desserts aux fruits rouges
Rancio: Foie gras – Volailles rôties aux fruits (Canard aux pêches) – *Fromages à pâte persillée* – Gâteaux au chocolat

 Propriétés: Dom. Sarda-Malet – Mas Rancoure – Ch. L'Esparrou – Cazes – A. Duffaut – Mas de la Garrigue – Dom. Tardieu – Dom. Saint-Luc – Dom. Sainte-Hélène – Ch. de Nouvelles – Ch. de Corneilla – C. Noetinger
Caves: Société de coopérative agricole de vinification – Cave coopérative de La Palme – Cave coopérative de Salses – Les maîtres vignerons de Tautavel

Saint-Chinian

Date du décret:
5 mai 1982
Superficie:
Incluse dans l'AOC
«Coteaux du Languedoc»
Rendement de base:
50 hl/ha
Production: 131 200 hl
Encépagement:
Carignan – Cinsault –
Grenache – Mourvèdre –
Syrah – Lladoner pelut
Durée de conservation:
6-8 ans (2)
Température de service:
14-16 °C
Millésimes:
83 - 85 - 86 - 87 - **88** - **89**

L'aire de «Saint-Chinian«, au nord de Béziers, constitue un important vignoble qui englobe 20 communes. Les cépages, plantés sur des coteaux à une altitude de 120 m environ, profitent d'un microclimat exceptionnel.

Vin rouge principalement
Robe rubis foncé – Arômes fruités nuancés de violette et d'épices – Généreux – Charpenté – Tanins présents mais souples – Fin de bouche rappelant parfois la réglisse. (Les vins issus des sols schisteux, au nord, sont généreux mais plus souples et plus fruités que ceux du sud, provenant de sols argilo-calcaires. Ces derniers, très corsés, sont plus longs à se faire.)
Du Saint-Chinian rosé, sec et fruité est produit en petite quantité.

Rouge: Viandes rouges rôties et sautées – Ragoût d'agneau aux herbes – Petits gibiers à poils (Râble de lièvre au genièvre) – Fromages relevés
Rosé: Charcuteries – Viandes blanches et volailles grillées

Propriétés: Ch. Cazals-Viel – Ch. La Dournie – L. et R. Sancho – Dom. des Jougla – Dom. J. et H. Madalle – Ch. Coujan – Dom. Calmette – Dom. Libès
Caves: Cave coopérative de Roquebrun – Cave coopérative du Rieu Berlou – Cave coopérative de Saint-Chinian
Négoce: Paul JeanJean – Ducasse Gualco Rigal – Les caves Saint-Anian

Provence

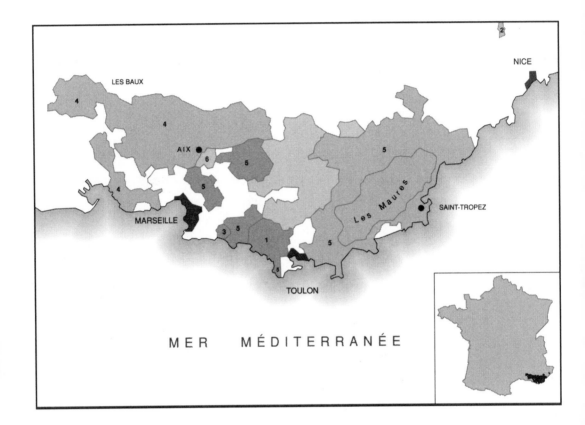

Bandol

Date du décret:
11 novembre 1941
Superficie: 975 ha
Rendement de base:
40 hl/ha
Production: 41 100 hl
Encépagement:
R/Rs: *Mourvèdre* (≥ 50 %) –
Grenache – Cinsault
B: Clairette – Ugni blanc –
Bourboulenc – Sauvignon
Durée de conservation:
R: 8-10 ans (4)
Rs/B: 3 ans (1)
Température de service:
R: 16-18 °C
Rs/B: 8-10 °C
Millésimes:
78 - 79 - 81 - **82** - 83 - **85** -
86 - 87 - 88 - 89

L'appellation «Bandol» englobe sept communes, même s'il n'y a plus guère de vignes à Bandol même. Les terrasses bien exposées au soleil sont le support de ce vignoble dont le vin rouge est le plus noble représentant. À découvrir absolument, c'est un vin à la forte personnalité qui ne demande qu'à prendre la place qui lui revient. Le petit port de Bandol est situé à l'est de Cassis.

Rouge (60 %): Robe rouge foncé – Arômes complexes de fruits mûrs allant vers des bouquets de cannelle, d'épices et de cuir – Corsé – Tannique et légèrement poivré (forte proportion de mourvèdre) – Ne peut être commercialisé avant 18 mois de fût
Rosé (35 %): Belle robe aux reflets ambrés – Très aromatique – Sec – Saveur légèrement épicée
Blanc (5 %): Couleur jaune paille clair – Arômes complexes, floraux (tilleul) – Sec – Ferme

Rouge: Viandes rouges sautées – Volailles rôties (*Canard farci*) – *Cuisses de lapereau* (spécialité régionale) – Gibiers à poils (*filet de sanglier au vin rouge*)
Rosé et blanc: Voir «Côtes de Provence», p. 141.

Propriétés: Dom. Tempier – Dom. des Costes – Dom. La Laidière – Mas de la Rouvière – Dom. de Fregate – Dom. des Salettes – Dom. de Pibarnon – Dom. du Cagueloup – Dom. Le Galantin – Dom. de La Noblesse – Dom. de La Garenne – Ch. des Baumelles – Ch. Sainte-Anne – Ch. Vannières – Dom. La Bastide Blanche

Bellet

Date du décret:
11 novembre 1941
Superficie: 50 ha
Rendement de base:
40 hl/ha
Production: 880 hl
Encépagement:
R/Rs: *Braquet* – *Folle noire* –
Cinsault – Grenache
B: *Rolle* – *Roussan* –
Mayorquin – Chardonnay –
Clairette – Bourboulenc –
Pignerol – Muscat
Durée de conservation:
R: 4-6 ans (2)
Rs/B: 2-3 ans (1)
Température de service:
R: 14-16 °C
Rs/B: 8-10 °C
Millésimes:
83 - **85** - 86 - 88 - 89

Dominant la vallée du Var, Bellet est un tout petit vignoble de la région niçoise dont la production est confidentielle et les vins difficiles à se procurer.

Rouge: Robe rubis clair – Arômes de fruits rouges – Tanins très souples – Fin et délicat
Rosé: Belle couleur – Sec – Fruité et fin
Blanc (35 %): Robe jaune paille – Aromatique (tilleul) – Sec – Souple et rafraîchissant à la fois

Ces vins accompagnent à merveille les spécialités provençales, notamment le blanc *la tourte de blettes* et le rosé la pissaladière Pour d'autres mets, voir «Côtes de Provence», p. 141.

Propriétés: Ch. de Bellet – Ch. de Crémat

Cassis

Date du décret:
  15 mai 1936
Superficie: 150 ha
Rendement de base:
  40 hl/ha
Production: 5 700 hl
Encépagement:
B: Ugni blanc – Sauvignon –
  Pascal blanc – Clairette –
  Doucillon – Marsanne
R/Rs: Grenache – Carignan –
  Mourvèdre – Cinsault –
  Barbaroux
Durée de conservation:
  B/Rs: 2-3 ans (1)
  R: 4-5 ans (1)
Température de service:
  B/Rs: 8-10 °C
  R: 16 °C
Millésimes:
  83 - **85** - 86 - 88 - 89

Frédéric Mistral, auteur provençal célèbre, a vanté dans ses poèmes les charmes du petit port de Cassis et de ses alentours. Situé près de Marseille, le vignoble jouit d'une grande réputation depuis le XIIᵉ siècle. Le vin blanc ne me déplaît pas, surtout lorsque je le bois sur place, à la terrasse d'un café.

Blanc (70 %): Robe claire et brillante – Arômes d'amande, de tilleul et de noisette – Sec – Rafraîchissant – Assez léger
Rouge: Belle robe intense – Aromatique – Charpenté et corsé
Rosé: Sec – Fruité – Désaltérant

Blanc: Bouillabaisse – *Moules grillées à la provençale* – Poissons meunière – Poissons braisés (*Rougets en papillote*) – Fromages de chèvre
Rouge et rosé: Voir «Côtes de Provence», p. 141.

Propriétés: Clos Sainte-Magdelaine – Clos Boudard – Dom. du Bagnol – Dom. Caillol – Dom. de la Ferme Blanche

Coteaux d'Aix-en-Provence

Date du décret:
  24 décembre 1985
Superficie: 3 000 ha
Rendement de base:
  50 hl/ha
Production: 174 700 hl
Encépagement:
R: *Cinsault - Counoise –
  Grenache – Mourvèdre -
  Syrah – Cabernet sauvignon*
  – Carignan – Tibouren
B: *Bourboulenc – Clairette –*
  Grenache blanc – Sauvignon
  – Ugni blanc – Sémillon
Durée de conservation:
  R: 4-5 ans (1)
  Rs/B: 2-3 ans (1)
Température de service:
  R: 14-16 °C
  Rs/B: 8 °C
Millésimes:
  83 - **85** - 86 - 88 - 89

Anciennement VDQS (vins délimités de qualité supérieure), les Coteaux d'Aix-en-Provence proviennent d'un vignoble situé principalement dans le département des Bouches-du-Rhône. Aix-en-Provence donne son nom à cette appellation, qui offre de très belles surprises depuis quelques années, notamment en rouge, et cela grâce à un effort dans la culture de la vigne et la vinification.

Rouge (65%): Couleur rouge intense – Arômes de fruits rouges — Charnu – Bien structuré (L'utilisation du cabernet sauvignon permet un bon vieillissement.)
Rosé (30 %): Belle robe soutenue – Arômes floraux et fruités – Sec – Fruité – Rafraîchissant
Blanc (5 %): Couleur pâle – Arômes de fleurs – Sec – Souple et rafraîchissant
Cette appellation peut être suivie de la mention du cru «Les Baux» (9 %).

Voir «Côtes de Provence», p. 141.

Propriétés: Ch. de Calissanne – Ch. de Beaulieu – Ch. du Seuil – Dom. des Terres Blanches – Ch. La Coste – Dom. de Lauzières – Dom. de La Vallongue – Commanderie de la Bargemone – Dom. de Lauzi – Mas de Gourgonnier – Ch. Vignelaure – Ch. Pigoudet – Ch. Saint-Jean de l'Hôpital – Dom. de Trévallon
Cave: Cave coopérative de Saint-Cannat
Négoce: E. Roche

Côtes de Provence

C'est le vignoble le plus important de la région par sa superficie. Célèbre pour ses vins rosés, la Provence connaît une tradition viticole très ancienne puisqu'elle remonte au temps des Phocéens qui favorisèrent la culture de la vigne vers l'an 600 avant J.-C.

Date du décret:
  24 octobre 1977
Superficie: 15 000 ha
Rendement de base:
  50 hl/ha
Production: 834 000 hl
Encépagement:
R/Rs: Carignan – Cinsault –
  Grenache – Mouvèdre –
  Tibouren – Syrah –
  Cabernet sauvignon –
  Calitor
B: Clairette – Rolle –
  Sémillon – Ugni blanc
Durée de conservation:
  Rs/B: 2-3 ans (1)
  R: 4-5 ans (1)
Température de service:
  Rs/B: 8 °C
  R: 14-16 °C
Millésimes:
  83 - **85** - 86 - 88 - 89

Rosé (60 %): Belle robe brillante – Arômes agréables et subtils – Sec – Fruité – Désaltérant – Il existe de nombreuses variations
Rouge (30 %): Robe rouge intense – Arômes complexes (fruits rouges, tabac et vanille) – Puissant – Assez corsé – Charnu et généreux
Blanc (10 %): Couleur jaune paille – Arômes floraux – Sec et souple

Rosé: Charcuteries – *Pissaladière* (tarte niçoise garnie d'oignons, d'anchois et d'olives) – Tapenade (purée de câpres et d'olives noires) – Moules crues – Salade niçoise – *Aïoli* – Bouillabaisse – Brandade de morue – Rougets grillés
Rouge: *Côtelettes d'agneau grillées aux herbes de Provence* – Bœuf en daube – Viandes rouges rôties – Fromages de chèvre (banon) – Gibiers à plumes et civets (pour les vins les plus corsés)
Blanc: Soupe au pistou – Soupe de poisson – *Bouillabaisse* – Coquillages et crustacés – Oursins – Poissons grillés, frits et meunière

Propriétés: Ch. Réal Martin – Ch. de Rasque – Ch. de Selle – Dom. de L'Aumérade – Castel Roubine – Dom. des Planes – Ch. Sainte-Roseline – Dom. Ott – Dom. des Feraud – Ch. Barbeyrolles – Clos Mireille – Dom. de Curebeasse – Ch. Grand'Boisé – Dom. la Bernarde – Dom. de la Garnaude – Dom. La Tourraque – Dom. Gavoty – Dom. de la Malherbe – Ch. Minuty
Caves: Les vignerons du Luc – Cave coopérative de Pierrefeu – Les maîtres vignerons de Saint-Tropez
Négoce: J. Bagnis et Fils – Éts B. Camp-Romain – Pradel

Palette

Les vins de Palette sont très rares; ils proviennent d'un vignoble situé aux portes d'Aix-en-Provence. Le vin blanc se distingue par une très grande finesse. Il est plus facile peut-être de se le procurer à l'exportation que sur place.

Date du décret:
  28 avril 1948
Superficie: 25 ha
Rendement de base:
  40 hl/ha
Production: 750 hl
Encépagement:
R/Rs: Mourvèdre –
  Grenache – Cinsault – Et
  nombreux autres
B: *Clairette* – Ugni blanc –
  Grenache blanc
Durée de conservation:
  6-8 ans (2)
Température de service:
  R: 14-16 °C
  Rs/B: 8-10 °C
Millésimes:
  82 - 83 - **85** - 86 - 88 - 89

Rouge (70 %): Robe rubis – Arômes complexes – Bien charpenté et souple à la fois – Très fin
Rosé (15 %): Belle couleur vive – Très aromatique – Sec – Rafraîchissant – Fin
Blanc (15 %): Robe claire – Arômes de tilleul et d'amande – Sec et assez corsé – Élevé en fût – Bon potentiel de vieillissement

Rouge: Volailles sautées (*Poulet sauté au basilic*) – Paupiettes de porc au fenouil – *Ragoût de homard au vin rouge* (spécialité régionale)
Rosé: Voir ci-haut, «Côtes de Provence».
Blanc: Crustacés (Langoustines au gratin) – Cuisses de grenouille sautées aux fines herbes – *Poissons braisés (Thon braisé à la tomate)*

Propriété: Le Ch. Simone produit la majeure partie de la production de cette AOC.

Savoie

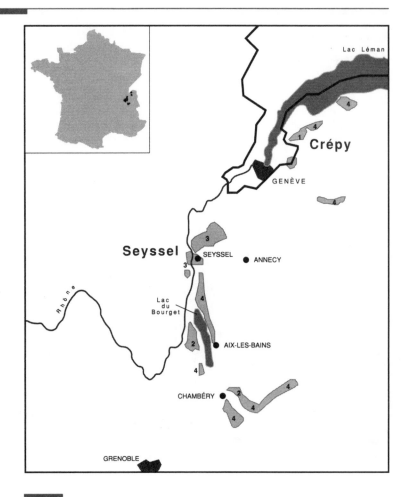

1 Crépy
2 Roussette de Savoie
3 Seyssel
4 Vin de Savoie

Crépy

Date du décret:
28 avril 1948
Superficie: 80 ha
Rendement de base:
55 hl/ha
Production: 5 000 hl
Encépagement:
Chasselas
Durée de conservation:
3-5 ans (1)
Température de service:
8 °C
Millésimes:
84 - **85** - 86 - 87 - 88 - 89

C'est sur la rive gauche du lac Léman, non loin de Genève, que Crépy produit un des vins les plus diurétiques de France. Le sol calcaire de cette petite appellation apporte à ce vin une certaine souplesse.

Vin blanc uniquement
Belle couleur jaune pâle – Arômes de fleurs (aubépine) parfois mêlés de noisette – Très sec – Perlant – Léger et rafraîchissant

À l'apéritif – *Poissons frits et grillés* (truite, brochet) – Fondue savoyarde – Raclette – Fromages à pâte pressée cuite (emmental, gruyère)

Propriétés: J. et J. Metral – Fichard

Roussette de Savoie

Date du décret:
4 septembre 1973
Superficie: Incluse dans l'AOC «Vin de Savoie»
Rendement de base:
35 hl/ha
Production: 5 900 hl
Encépagement:
Roussette (altesse) – Chardonnay – Mondeuse blanche
Durée de conservation:
5-6 ans (2)
Température de service:
10 °C
Millésimes:
83 - 84 - **85** - 86 - 87 - 88 - 89

En Savoie, la roussette est appelée «altesse» et aurait été rapportée de Chypre, au temps des Croisades. Ce vin est principalement bu sur place. Quatre crus (ou villages) ont le droit de faire précéder leurs noms de l'appellation «Roussette de Savoie»; ce sont: Frangy, Marestel, Monterminod et Monthoux.

Vin blanc uniquement
Robe jaune doré – Très aromatique – Sec – Fruité et rafraîchissant – Très fin – En vieillissant, arômes évoluant vers des bouquets de miel et de noix

Asperges sauce mousseline – Poissons meunière – Volailles pochées – Fromage de Beaufort et tomme de Savoie

Propriétés: C. Barlet – N. Dupasquier – Dom. les Aricoques – Dom. des Rocailles – Dom. de la Violette – E. Jacquin – Masson et Frères – Ch. de Monterminod
Cave: Cave coopérative des vins fins de Cruet
Négoce: Jean Cavaillé

Seyssel – Seyssel Mousseux

Date du décret:
11 février 1942
Superficie: 75 ha
Rendement de base:
B: 40 h/ha
M: 50 hl/ha
Production: 3 800 hl
Encépagement:
B: Roussette (altesse)
M: Roussette – Molette –
Chasselas
Durée de conservation:
5-6 ans (1)
Température de service:
8 °C
Millésimes:
84 - **85** - 86 - 87 - 88 - 89

À cheval sur deux départements, Seyssel a un grand passé viticole puisque le vignoble de cette région était connu au XIᵉ siècle. Le sol argilo-siliceux sur alluvions glaciaires convient bien pour produire ce type de vin.

Blanc (75 %): Robe or pâle – Arômes délicats (violette) – Sec – Tendre et très fin
Mousseux (25 %): Le sol pauvre et sableux est favorable à la production d'un mousseux à la robe brillante et aux arômes de violette.

Blanc: À l'apéritif – Poissons grillés et meunière – *Raclette* – Fromages à pâte pressée cuite (beaufort)
Le Seyssel mousseux se sert à l'apéritif, au dessert et en toutes occasions.

Propriétés: Varichon et Clerc – B. Mollex

Vin de Savoie – Vin de Savoie Mousseux

Date du décret:
4 septembre 1973
Superficie: 1 550 ha
Rendement de base:
45 hl/ha
+ nom de cru: 35 hl/ha
Production: 105 500 hl
Encépagement:
Jacquère – Roussette
(altesse) – Aligoté –
Chardonnay – Gamay –
Mondeuse – Pinot noir –
Chasselas – Molette –
Gringet – Et de nombreux
autres
Durée de conservation:
3-5 ans (1)
Température de service:
B/M: 8-10 °C
R: 13-15 °C
Millésimes:
84 - **85** - 86 - 87 - 88 - 89

C'est dans un cadre magnifique que se situe le vignoble savoyard. Les vignes sont plantées sur les flancs les mieux exposés des montagnes alpestres, et le climat, le sol et les cépages typiques à cette région sont à l'origine d'une forte production de vin blanc.

Blanc: Beaucoup de diversité mais, dans l'ensemble, vin blanc aromatique – Sec – Fruité et rafraîchissant
Rouge (30 %): Gamay et Pinot noir produisent un vin rouge léger et fruité; la mondeuse fait un vin qui est plus complexe, plus charpenté, qui vieillit bien (6-8 ans)
Mousseux: Le vin de Savoie-Ayze est le plus réputé des vins mousseux de cette région
Quinze crus (ou villages) ont le droit de faire précéder leurs noms de l'appellation «Vin de Savoie». Ce sont: Abymes, Apremont, Chautagne, Chignin, Montmélian, Bergeron, Ripaille, Marignan, Arbin, Cruet, Saint-Jeoire-Prieuré, Charpignat, Sainte-Marie d'Alloix, Ayze et Saint-Jean-de-la-Porte.

Blanc: Poissons frits, grillés et meunière – Raclette – Fondue savoyarde – Fromage de Beaufort – Emmental
Rouge: Charcuterie – Viandes rouges grillées – Petits gibiers (vin de mondeuse) – Tomme de Savoie – Reblochon (fromage savoyard)

Propriétés: Dom. de la Violette – Dom. des Rocailles (P. Boniface) – N. Dupasquier – A. Quenard et Fils – Le Cellier des Tours – M. Grisard – G. Perrier – A. et P. Tiollier – J. Perrier – E. Jacquin
Caves: Cave coopérative de Chautagne – Cave coopérative des vins fins de Cruet – Cave coopérative Le Vigneron savoyard
Négoce: Jean Cavaillé

Sud-Ouest

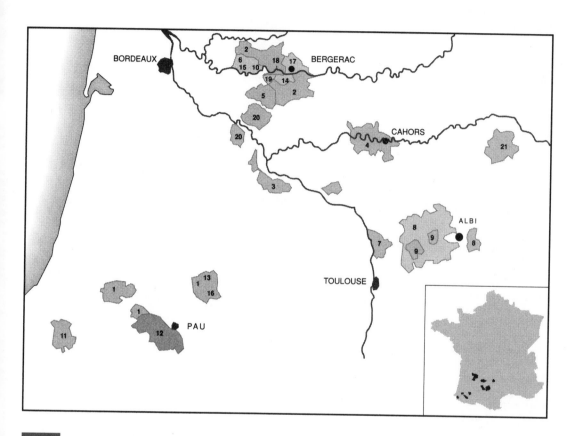

1 Béarn
2 Bergerac
3 Buzet
4 Cahors
5 Côtes de Duras
6 Côtes de Montravel
7 Côtes du Frontonnais

20 Côtes du
 Marmandais
8 Gaillac
9 Gaillac Premières
 Côtes
10 Haut-Montravel

11 Irouléguy
12 Jurançon-Jurançon
 Sec
13 Madiran
21 Marcillac
14 Monbazillac

15 Montravel
16 Pacherenc du Vic
 Bilh
17 Pécharmant
18 Rosette
19 Saussignac

Béarn

Date du décret:
  17 octobre 1975
Superficie: 200 ha
Rendement de base:
  50 hl/ha
Production: 10 300 hl
Encépagement:
Rs/R: Tannat – Cabernet
  franc – Cabernet sauvignon
  – Fer
B: Petit manseng – Gros
  manseng – Courbu
Durée de conservation:
  2-3 ans
Température de service:
  R: 14 °C
  B/Rs: 8 °C
Millésimes: 86 - **88** - 89

Le vin de Béarn était déjà fort apprécié au XIVᵉ siècle par Phébus, victomte de Béarn, et Jeanne d'Albret, mère d'Henri IV. Depuis le 3 avril 1990, les vins produits dans la zone purement béarnaise située autour d'Orthez et de Salies-de-Béarn, peuvent faire suivre leur appellation de la mention «Bellocq».

Rosé (75 %): Robe rose clair – Arômes de petits fruits rouges – Sec et rafraîchissant
Rouge (20 %): Belle robe rubis – Arômes très présents – Fruité et généreux
Blanc (5 %): Sec, souple et léger – Produit en très petite quantité

Rosé: Charcuteries – Viandes blanches grillées et rôties
Rouge: Confit de canard – Volailles rôties – Viandes rouges grillées et rôties – Fromages moyennement relevés
Blanc: Charcuteries – Poissons grillés et meunière

Propriétés: A. Brumont
Caves: Cave de Bellocq – Cave des producteurs de Jurançon
Négoce: Éts Menjucq

Bergerac – Côtes de Bergerac – Bergerac sec

Date du décret:
  11 septembre 1936
Superficie: 11 000 ha
Rendement de base:
  50 hl/ha
Production: 415 400 hl
Encépagement:
R: Cabernet franc – Cabernet
  sauvignon – Merlot –
  Malbec
B: Sémillon – Sauvignon –
  Muscadelle – Ugni blanc
Durée de conservation:
  R: 3-5 ans
  Moelleux: 8-10 ans
  B/Rs: 2 ans
Température de service:
  R: 14-16 °C
  B/Rs: 8 °C
Millésimes: 81 - 82 - 83 - 85
  - 86 - **88** - 89

Au XIXᵉ siècle, Alexandre Dumas faisait vider à Cyrano ainsi qu'à ses mousquetaires de nombreuses et pleines barriques de son Bergerac. Aujourd'hui, si la région offre des vins très agréables, à prix abordables, elle reste géographiquement et commercialement à l'ombre du Bordelais, voisin proche et imposant.

Bergerac (60 %): Rouge rubis foncé – Arômes de cassis – Peu tannique et léger
Quelques Bergerac rosés, secs légers et fruités sont aussi produits
Côtes de Bergerac (8 %): Rouge rubis foncé – Arômes de fruits rouges – Plus charpenté et corsé que le précédent
Côtes de Bergerac moelleux (9 %): Blanc doré – Arômes présents – Onctueux et moelleux
Bergerac sec (23 %): Blanc à la robe assez claire – Aromatique, fin et fruité

Rouge: Viandes rouges grillées – *Volailles rôties* – Terrines – Pâté de campagne – Fromages peu relevés
Blanc moelleux: À l'apéritif – *Foie gras frais* – Volailles à la crème – Fromages à pâte persillée – Pâtisseries (tartes)
Blanc sec: Charcuteries – Poissons frits et meunière – Crustacés

Propriétés: Ch. La Jaubertie – Ch. Riffaud – Ch. Le Fagé – Dom. de Libarde – Ch. Des Vigiers – Ch. De Fayolle – Ch. Court-les-Muts – Moulin De Boisse – Ch. De Panisseau – Ch. Du Bloy – Ch. Michel de Montaigne – Ch. Ladesvignes – Dom. du Siorac
Caves: Union des Coopératives vinicoles de la Dordogne – Cave du Fleix – Cave de Bergerac – Cave de Sigoules
Négoce: Rigal et Fils

Buzet

Date du décret:
19 avril 1973
Superficie: 1 600 ha
Rendement de base:
R: 40 hl/ha
B: 45 hl/ha
Production: 78 700 hl
Encépagement:
R: *Merlot – Cabernet franc –*
Cabernet sauvignon – Côt
B: Sémillon – Sauvignon –
Muscadelle
Durée de conservation:
R: 5-8 ans (3)
Rs/B: 2 ans
Température de service:
R: 15-17 °C
Rs/B: 8 °C
Millésimes: 81 - 82 - 83 - **85**
- 86 - **88** - **89**

Au XVIIIe siècle, les vins de Buzet étaient exportés vers la Hollande et la Prusse. La dénomination «Buzet» date de 1986. Auparavant, il s'agissait des «Côtes de Buzet». De plus en plus recherchés, les vins de Buzet ont fait grande impression au dernier Vinexpo à Bordeaux.

Rouge (98 %): Vieillit au minimum un an en fût de chêne – Robe soutenue – Arômes complexes de bois, de fruits mûrs et de réglisse – Peu tannique – Rond et charnu
Rosé: Belle couleur – Frais, fruité et gouleyant
Blanc: Sec, léger et vif

Rouge: Viandes rouges grillées et rôties – *Lapin aux pruneaux* – Fromages assez relevés
Rosé: Charcuteries – Volailles grillées
Blanc: Crustacés – Poissons grillés et meunière

Propriétés: Ch. de Gueyze – Ch. Du Bouchet – Ch. de Padère – Dom. de Prada – Dom. Roc de cailloux – Ch. Pierron
Baron d'Ardeuil: Cuvée choisie et sélectionnée par la cave coopérative
Cave: Les vignerons réunis de Buzet
Négoce: Rigal et Fils

Cahors

Date du décret:
15 avril 1971
Superficie: 3 300 ha
Rendement de base:
50 hl/ha
Production: 201 800 hl
Encépagement:
Auxerrois (malbec) –
Jurançon noir – Merlot –
Tannat
Durée de conservation:
10-15 ans (2)
Température de service:
14-16 °C
Millésimes:
75 - 76 - 78 - 79 - 81 - 82 -
83 - **85** - 86 - 87 - **88** - **89**

Connu à l'époque gallo-romaine, le vin de Cahors fut chanté au XVIe siècle par Clément Marot, apprécié par François Ier, et le tsar Pierre le Grand l'utilisait, dit-on, pour soigner son ulcère à l'estomac. Considérant les nouvelles techniques de vinification, le surnom de «vin noir» donné au vin de Cahors n'est plus tout à fait approprié.

Vin rouge uniquement
Même si des différences géologiques apparaissent nettement dans le terroir de Cahors, on peut dire qu'il existe un type de Cahors, le meilleur pouvant être parfois le résultat de l'assemblage de vins de sols différents. Néanmoins, le Cahors peut être bu jeune; il est alors légèrement violacé, aromatique, tannique et plus rustique.
Après deux ou trois ans, le Cahors évolue vers une robe plus soutenue; il a des arômes de truffe et d'épices, est rond, charnu, et vieillit bien.

Cahors jeune: Charcuteries – Foie gras frais – Viandes rouges grillées – *Cassoulet* – Omelette aux truffes – Roquefort
Cahors vieux: Foie gras – *Confit d'oie ou de canard* – Pintade piquée à l'ail – Carré d'agneau – *Côtelettes de chevreuil* – Fromages relevés

Propriétés: Dom. de Bovila – Clos de Gamot – Dom. du Pic – Ch. de Chambert – Clos Triguedina – Dom. de la Caminade – Dom. des Savarines – Dom. de Quattre – Ch. Lacapelle-Cabanac – Clos de la Coutale – Prieuré de Cenac – Ch. de Haute Serre – Ch. du Cayrou – Prince Probus – Dom. Eugénie – Dom. de la Pineraie
Cave: Les Côtes d'Olt (groupement de producteurs de Cahors)
Négoce: *Rigal et Fils – G. Vigouroux* – Les caves Delf – Les caves du Roc – Le Cellier du Quercy – L.-E. Reutenauer

Côtes de Duras – Côtes de Duras Sec

En raison de leur proximité avec le vignoble girondin, ces vins vendus à Bordeaux au XVIIIe siècle avaient l'appellation «Vins de Bordeaux». Ces deux régions sont pourtant tout à fait distinctes.

Date du décret:
16 février 1937
Superficie: 1 500 ha
Rendement de base:
50 hl/ha
Production: 61 900 hl
Encépagement:
B: *Sauvignon – Sémillon – Muscadelle – Mauzac – Chenin – Ugni blanc*
R: *Cabernet sauvignon – Merlot – Cabernet franc – Malbec*
Durée de conservation:
Blanc sec: 2 ans
R: 3-5 ans
Température de service:
B: 8 °C
R: 14-16 °C
Millésimes:
84 - 85 - 86 - **88** - 89

Blanc sec: Robe claire aux reflets verts – Fruité, sec et léger
Blanc moelleux: Robe jaune doré – Arômes prononcés de fruits – Moelleux et distingué – Peut vieillir quelques années
Rouge (50 %): Il en existe deux types : 1) rouge fruité, souple et léger; 2) rouge bouqueté, charnu et tannique

Blanc sec: *Moules marinière* – Poissons grillés et meunière
Blanc moelleux: À l'apéritif – Volailles pochées – Fromages à pâte persillée – *Pâtisseries*
Rouge: Charcuteries – Viandes rouges grillées – *Volailles rôties* – Fromages peu relevés

Propriétés: Dom. de Durand – Ch. La Grave Béchade – Dom. du Verdier – Dom. des Cours – Dom. Amblard – Dom. de Laulan – Dom. de La Chêneraie
Cave: Cave coopérative de Duras

Côtes du Frontonnais

Le vignoble du Frontonnais situé au nord de Toulouse était la propriété des chevaliers de l'Ordre de Saint-Jean de Jérusalem. Son vin rosé m'apparaît comme un des très bons rosés de France. Cette AOC peut être suivie des noms de «Fronton» ou de «Villaudric».

Date du décret:
7 février 1975
Superficie: 1 500 ha
Rendement de base:
50 hl/ha
Production: 80 900 hl
Encépagement:
Négrette – Côt – Mérille – Fer – Syrah – Cabernet franc – Cabernet sauvignon – Gamay
Durée de conservation:
R: 3-5 ans
Rs: 2 ans
Température de service:
R: 15-17 °C
Rouge jeune: 12 °C
Rs: 8 °C
Millésimes:
84 - 85 - 86 - **88** - 89

Rouge: Robe rubis – Arômes de cassis et de pruneau (en vieillissant) – Charpenté et corsé
Rosé: Robe pâle, arômes présents et fins – Souple – Léger et frais

Rouge jeune: Viandes rouges grillées – Volailles rôties – Fromages peu relevés
Rouge plus vieux: Cassoulet – *Oie rôtie* – Viandes rouges sautées – Fromages plus relevés
Rosé: *Charcuteries* – Volailles rôties

Propriétés: Ch. Laurou – Ch. Bellevue La Forêt – Dom. de Baudare – Ch. La Palme – Dom. du Tembouret – Ch. Flotis – Dom. Caze – Dom. Blancal Urbain – Ch. Devès – Ch. de Bel-Air – Dom. de la Colombière
Caves: Cave de Fronton – Les vignerons de Rabastens
Négoce: Baron François de Driésen

Côtes du Marmandais

Non loin du Bordelais, et situées entre les Côtes de Duras et le vignoble du Buzet, les Côtes du Marmandais viennent de joindre la grande famille des AOC. Auparavant classés VDQS, ce sont des vins à découvrir, les rouges en particulier.

Date du décret:
2 avril 1990
Superficie: 850 ha
Rendement de base:
R/Rs: 55 hl/ha
B: 60 hl/ha
Production: 36 700 hl
Encépagement:
R/Rs: *Cabernet Franc –*
Cabernet Sauvignon –
Merlot (75 % maximum) –
Abouriou – Côt – Fer –
Gamay – Syrah
B: *Sauvignon (70 %) –*
Muscadelle – Sémillon –
Ugni blanc
Durée de conservation:
R: 2-5 ans; B: 2 ans
Température de service:
R: 14-15 °C; B: 8 °C
Millésimes: 89

Rouge: Deux types de vins se distinguent:
1) couleur claire – arômes de fruits rouges – tanins souples – pas très charpenté
2) Rouge plus intense – bouqueté – tannique
Blanc: Robe claire aux reflets verts – sec – vif – fruité

Rouge léger: Viandes rouges grillées – Fromages peu relevés
Rouge tannique: Viandes rouges rôties et sautées
Blanc: Moules marinière – Poissons grillés et meunière

Propriétés: Ch. La Bastide – Dom. des Geais
Caves: Cave coopérative de Beaupuy – Cave coopérative de Cocumont

Gaillac – Gaillac Mousseux

Même si, en 1523, Henri VIII d'Angleterre faisait du Gaillac un de ses vins préférés, une charte garantissait déjà la qualité des vins de ce vignoble en 1271. Gaillac a peut-être vu naître le vin naturellement mousseux (1345).

Date du décret:
23 octobre 1970
(21 mars 1938)
Superficie: 1 500 ha
Rendement de base:
R/Rs: 55 hl/ha, B: 60 hl/ha
Production: 93 000 hl
Encépagement:
R: *Duras – Braucol* (fer) –
Gamay – Syrah – Cabernet
sauvignon – Cabernet franc
– Merlot
B: *Mauzac – Len de l'el –*
Muscadelle – Sauvignon –
Ondenc – Sémillon
Durée de conservation:
R: 6-8 ans (3), B/Rs/M: 2 ans
Température de service:
R: 14 ° C
B/Rs: 8 °C; M: 6 °C
Millésimes:
82 - 83 - **85** - 86 - **88** - **89**

Rouge: Robe rubis foncé – Arômes de fruits et de bois – Charpenté et généreux
Rosé: Belle couleur – Sec – Fruité et léger
Blanc sec: Robe pâle aux reflets verts – Arômes fruités – Sec et fruité
Un blanc «perlé» aux arômes subtils, sec et nerveux est aussi élaboré.
Blanc doux: Robe légèrement dorée – Arômes de miel – Moelleux
Mousseux: Vin effervescent fruité élaboré selon la méthode champenoise ou la méthode traditionnelle (doux, demi-sec, brut)

Rouge: *Magret de canard* – Civet de lièvre – Fromages relevés
Rosé: Charcuteries – Cornets de jambon et de macédoine
Blanc: À l'apéritif – Poissons frits ou grillés – *Fromages de chèvre*
Mousseux: À l'apéritif – Desserts divers

Propriétés: Manoir de l'Emmeillé – Dom. de Labarthe – Dom. Clément Termes – Dom. de Mazou – Dom. de Pialentou – Dom. des Tres Cantous – Ch. Larroze – Dom. D'Escausses – Mas d'Aurel – Dom. de Roucou – Dom. des Bouscaillous – Ch. de Rhodes – Dom. Jean Cros
Caves: Cave de Tecou – Cave de Labastide de Lévis – Les vignerons de Rabastens

Gaillac Premières Côtes

Date du décret:
23 octobre 1970
(21 mars 1938)
Superficie: Voir «Gaillac –
Gaillac Mousseux», p. 149.
Rendement de base:
45 hl/ha
Production: 60 hl env.
Encépagement:
Mauzac – Len de l'el –
Muscadelle – Sauvignon–
Ondenc – Sémillon
Durée de conservation:
4-6 ans (2)
Température de service:
8 °C
Millésimes:
83 - 84 - **85** - 86 - **88** - 89

Cette appellation regroupe les territoires délimités d'une dizaine de communes. Le rendement à l'hectare est inférieur à celui de l'appellation simple «Gaillac». La production de ce vin étant très limitée, la commercialisation se fait sur une base locale.

Vin blanc uniquement
Belle robe dorée – Arômes particuliers de fruits mûrs – Doux et moelleux
Sous cette appellation existe une petite production de vin sec type Château-Chalon, obtenu par vieillissement prolongé (six ans) en fût. Le vin se trouvant à l'abri d'une mauvaise oxydation grâce à un voile de Mycoderma vini, il est dénommé «Vin de Voile». C'est le vigneron Robert Plageoles qui a remis à l'honneur ce vin rare, subtil et empreint de mystères.

À *l'apéritif* — Pâtisseries – Fruits frais

Voir «Gaillac – Gaillac Mousseux», p. 149.
À cause des contraintes qu'un tel vin impose et du goût des consommateurs pour le vin blanc sec, cette AOC est de moins en moins produite.

Irouléguy

Date du décret:
29 octobre 1970
Superficie: 60 ha
Rendement de base:
50 hl/ha
Production: 3 600 hl
Encépagement:
R/Rs: Cabernet sauvignon –
Cabernet franc – Tannat
B: Gros manseng – Courbu
Durée de conservation:
2-3 ans
Température de service:
R: 14 °C
B/Rs: 8 °C
Millésimes:
85 - 86 - **88** - 89

Irouléguy est le principal vignoble du Pays basque, au sud de la France; il se développa lorsque les moines de Roncevaux s'installèrent dans cette région au XVe siècle.

Blanc: Vin sec et léger produit en très petite quantité
Rosé: Belle robe brillante – Arômes de fruits – Bonne acidité – Sec et fruité
Rouge: Robe foncée pourpre – Arômes de fruits rouges – Peu tannique et moyennement corsé

Blanc: Charcuteries – *Poissons grillés*
Rosé: Charcuteries – *Jambon de Bayonne* – Viandes blanches grillées et rôties
Rouge: Sauté d'oie – *Poulet à la basquaise* – Coq au vin – Cassoulet – Viandes rouges rôties – *Fromages des Pyrénées*

Propriétés: Dom. de Mignaberry – Dom. Brana
Cave: Cave coopérative des vins d'Irouléguy
Négoce: Éts Menjucq

Jurançon – Jurançon sec

Déjà célèbre au XVIᵉ siècle, le Jurançon fut le vin de baptême du futur roi Henri IV, en 1553. Peu facile à se procurer, le Jurançon moelleux est généralement délicieux, mais il n'occupe pas encore la place qu'il mérite, notamment dans la restauration.

Date du décret:
  17 octobre 1975
  Sec: 8 décembre 1936
Superficie: 580 ha
Rendement de base:
  40 hl/ha
  Sec: 50 hl/ha
Production: 23 900 hl
Encépagement:
  Gros manseng – Petit manseng – Courbu – Camaralet – Lauzet
Durée de conservation:
  10-15 ans (5)
  Sec: 5-8 ans (2)
Température de service:
  8-10 °C
  Sec: 8 °C
Millésimes:
  71 - 75 - 76 - 78 - 79 - 81 - 82 - 83 - **85** - 86 - **88** - 89

Jurançon (47 %): Vin blanc à la robe dorée – Arômes de miel et de fruits confits – Corsé et vif à la fois – Moelleux à liquoreux
Jurançon sec (53 %): Vin blanc aux reflets verts – Arômes de fleurs nuancés de fruits exotiques – Sec et souple tout en offrant une bonne acidité

Jurançon: *À l'apéritif* – Foie gras frais – Poissons pochés et en sauce – *Volailles pochées* – Fromages à pâte persillée
Jurançon sec: *Poulet au citron* – Charcuteries – Crustacés et fruits de mer – Poissons grillés – Poissons frits ou meunière – Fromages de chèvre

Propriétés: Dom. Bru-Baché – Dom. Cauhapé – Dom. Larroudé – Clos Lapeyre – Dom. Vincent Labasse – Dom. Gaillot – Cru Lamouroux – Clos Uroulat – Clos Castera – Clos Joliette – Clos Guirouilh – Ch. Jolys
Cave: Caves des producteurs de Jurançon
Négoce: Éts Menjucq – Étienne Brana

Madiran

Le vignoble fut créé au XIᵉ siècle lorsque des bénédictins venus de Bourgogne fondèrent l'abbaye de Madiran. Grâce à certains vignerons talentueux, cette appellation quitte son carcan régional pour mieux se faire apprécier sur les tables du monde entier.

Date du décret:
  28 août 1975
Superficie: 1 200 ha
Rendement de base:
  45 hl/ha
Production: 59 400 hl
Encépagement:
  Tannat – Cabernet franc – Cabernet sauvignon – Fer servadou
Durée de conservation:
  10-12 ans (5)
Température de service:
  16 °C
Millésimes:
  78 - 79 - 81 - 82 - 83 - **85** - 86 - **88** - 89

Vin rouge uniquement
Vin rouge à la robe soutenue – Arômes de groseille et de cassis évoluant vers des bouquets de pain grillé et d'épices en vieillissant – Riche en tanins, corsé et charpenté – Doit vieillir cinq ans environ pour mieux être apprécié – Délai de vieillissement en fût de 12 mois minimum

Petits gibiers – *Magret de canard – Cassoulet* – Viandes rouges rôties – Entrecôte à la béarnaise – Fromages relevés

Propriétés: Ch. Peyros – Dom. Barréjat – Rot du Roy – Ch. Montus – Dom. Bouscassé – Ch. D'Aydie – Dom. Sergent – Dom. de Maouries
Caves: Les vignerons réunis du Vic-Bilh-Madiran (Crouseilles) – Union des producteurs de Plaimont
Négoce: Éts Menjucq – Rigal et Fils

Marcillac

Cette toute nouvelle AOC, classée auparavant dans la catégorie des VDQS, est située sur onze communes au nord de Rodez dans le département de l'Aveyron, proche du Massif central.

Date du décret:
2 avril 1990
Superficie: 100 ha
Rendement de base:
50 hl/ha
Production: 4 800 hl
Encépagement:
Fer Servadou (≥ 90 %) –
Cabernet franc – Cabernet
sauvignon – Merlot
Durée de conservation:
R: 4-6 ans (3)
Rs: 2 ans
Température de service:
R: 14-16 °C
Rs: 8 °C
Millésimes:
89

 Vin rouge principalement
Robe très colorée – Arômes particuliers de fruits très mûrs – Fruité –
Tannique
Une petite quantité de vin rosé est aussi élaborée

 Viande rouges rôties – Fromages moyennement relevés

 Propriétés: Domaine du Cros – P. Lacombe – J.-L. Matha
Cave: Cave des Vignerons du Vallon

Monbazillac

Appellation située dans la grande région viticole de Bergerac, plus précisément au sud de cette ville. Ce vin était déjà exporté au XVIᵉ siècle. Mais à l'époque où les vins liquoreux n'étaient pas toujours très bien vinifiés, le Monbazillac faisait figure de parent pauvre. Aujourd'hui, les vins de cette commune ont retrouvé une noblesse digne de leur ancestrale réputation.

Date du décret:
15 mai 1936
Superficie: 1 500 ha
Rendement de base:
40 hl/ha
Production: 61 400 hl
Encépagement:
Sémillon – Sauvignon –
Muscadelle
Durée de conservation:
10-15 ans (3)
Température de service:
5-7 °C
Millésimes:
75 - 76 - 78 - 79 - 81 - 82 -
83 - **85** - 86 - **88** - 89

 Vin blanc liquoreux
Robe dorée à ambre en vieillissant – Arômes de miel et de fleurs
sauvages – Généralement assez corsé – Onctueux et moelleux – Goût
de pain grillé assez caractéristique

 À l'apéritif – Foie gras frais – *Melon rafraîchi* – Fromages à pâte
persillée (bleus) – *Fraises fraîches* – Pâtisseries

 Propriétés: Ch. de Monbazillac – Ch. du Treuil de Nailhac –
Ch. Le Caillou – Ch. de Géraud – Ch. Ladesvignes –
Ch. La Truffière-Thibaut – Ch. Haut-Marsalet – La Haute-Brie –
C. Charrut – Ch. Bellevue – Clos La Selmonie – Ch. Péroudier –
Ch. La Borderie
Cave: Cave coopérative de Monbazillac

Montravel – Côtes de Montravel – Haut-Montravel

Michel de Montaigne, célèbre auteur des *Essais* au XVIe siècle et natif de cette région, a écrit les louanges du vin, celui de Montravel en particulier.

Date du décret:
31 juillet 1937
Superficie: Incluse dans l'AOC «Bergerac»
Rendement de base:
50 hl/ha
Production: 27 600 hl
Encépagement:
Sémillon – Sauvignon – Muscadelle – Ondenc – Chenin blanc – Ugni blanc en plus pour le Montravel
Durée de conservation:
Montravel: 2 ans
Côtes de Montravel et Haut-Montravel: 8-10 ans (4)
Température de service:
7-8 °C
Moelleux: 5-7 °C
Millésimes: 79 - 81 - 82 - 83 - 85 - 86 - **88** - 89

Montravel (85 %): Vin blanc sec aux arômes fruités, léger et vif en acidité
Côtes de Montravel et Haut-Montravel: Vin blanc moelleux à la robe dorée, aux arômes très présents, gras et corsés

Montravel: Poissons grillés et frits – Fromages de chèvre
Côtes de Montravel et Haut-Montravel: À l'apéritif – *Poissons en sauce* – Fromages à pâte persillée –*Pâtisserie*

Propriétés: Dom. de Perreau – Dom. de Fonfrède – Ch. Le Raz – Ch. Calabre – Dom. de Libarde – Ch. La Raye
Cave: Cave coopérative de Montcaret

Pacherenc du Vic Bilh

Ce curieux nom du Béarn signifie: vin issu de cépages soutenus par des «pieux plantés dans le vieux pays». Aussi agréable à boire qu'il peut être difficile à prononcer, ce vin reste malgré tout assez «confidentiel».

Date du décret:
28 août 1975
Superficie: Incluse dans l'AOC «Madiran»
Rendement de base:
40 hl/ha
Production: 4 700 hl
Encépagement:
Arrufiac – Courbu – Gros manseng – Petit manseng – Sauvignon – Sémillon
Durée de conservation:
Sec: 2 ans
Moelleux: 8-10 ans
Température de service:
Sec: 8 °C
Moelleux: 5-7 °C
Millésimes: 79 – 81 – 82 – 83 – **85** – 86 – **88** – 89

Vin blanc uniquement
Belle robe dorée – Arômes de fleurs et de fruits – Généralement moelleux ou liquoreux, mais certains sont vinifiés en sec – Produit en très petite quantité

Sec: *Huîtres* – Moules marinière – Poissons grillés
Moelleux: À l'apéritif – Foie gras frais – Poissons en sauce – *Fromages à pâte persillée*

Propriétés: Dom. du Crampilh – Dom. Berthoumieu – Dom Bouscassé
Caves: Les vignerons réunis du Vic-Bilh-Madiran (Crouseilles) – Les producteurs de Plaimont

Pécharmant

Date du décret:
12 mars 1946
Superficie: 220 ha
Rendement de base:
40 hl/ha
Production: 13 600 hl
Encépagement:
Cabernet franc – Cabernet
sauvignon – Merlot –
Malbec
Durée de conservation:
5-8 ans (3)
Température de service:
17 °C
Millésimes:
81 - 82 - 83 - 85 - 86 - **88** -
89

Le Pécharmant tire son nom de «Pech Armand» signifiant «sommet appartenant à Armand». Il constitue, à mon avis, un des meilleurs vins rouges du Bergeracois.

 Vin rouge uniquement
Robe rubis – Arômes de fruits rouges – Corsé, charnu et bien charpenté
Dans cette région est élaboré aussi un vin moelleux, dont la production est confidentielle; il s'agit de l'appellation «Rosette» (250 hl).

 Oie farcie – Viandes rouges rôties – Gibiers à poils – *Fromages relevés*

 Propriétés: Ch. Corbiac – Clos de la Montalbanie – Ch. De Tiregand – Dom. du Haut-Pécharmant – Ch. Champarel – Dom. de la Métairie – Clos Peyrelevade – Dom. Grand Jaure – Dom. de la Closerie
Cave: Cave coopérative de Bergerac

Saussignac

Date du décret:
28 avril 1982
Superficie: Incluse dans
l'AOC «Bergerac»
Rendement de base:
50 hl/ha
Production: 900 hl
Encépagement:
Sémillon – Sauvignon –
Muscadelle – Chenin blanc
Durée de conservation:
10-12 ans (3)
Température de service:
5-7 °C
Millésimes:
82 – 83 – **85** – 86 – **88** – 89

Planté à l'intérieur de l'aire délimitée «Bergerac», le vignoble s'appelait autrefois «Bergerac – Côtes de Saussignac». La production de cette appellation reste très limitée.

 Vin blanc uniquement
Robe dorée – Arômes de miel – Moelleux en bouche – Assez corsé
Cette appellation est généralement associée à l'appellation «Côtes de Bergerac» et ressemble donc aux Côtes de Bergerac Moelleux.

 À l'apéritif – Foie gras frais – *Melon rafraîchi* – Poissons pochés en sauce – Fromages à pâte persillée – *Desserts*

Propriétés: Ch. Les Plaguettes – Clos Saint-Germain – Ch. Court-les-Muts – Dom. du Castellat

Vallée de la Loire

Toutes ces AOC peuvent être complétées ou non par la mention «Val de Loire»

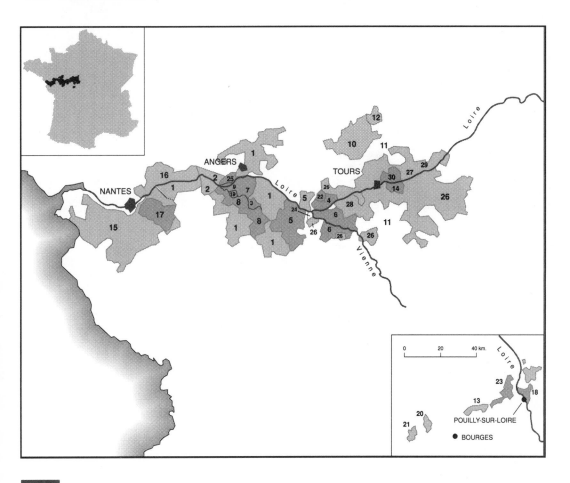

Anjou

Date du décret:
31 décembre 1957
Superficie: 8 000 ha
Rendement de base:
R: 40 hl/ha
B: 45 hl/ha
Production: 172 800 hl
Encépagement:
R: Cabernet franc (breton) –
Cabernet sauvignon –
Pineau d'Aunis
B: *Chenin blanc* (80 %) –
Chardonnay – Sauvignon
Durée de conservation:
R: 5 ans (2)
B: 3-5 ans (1)
Température de service:
R: 14 °C
B: 8 °C
Millésimes:
83 - **85** - 86 - 87 - 88 - **89**

Célèbre au VIᵉ siècle, le vignoble angevin confirma sa renommée au XVIᵉ siècle grâce à une production de vin blanc de qualité. Patrie du roi René, l'Anjou fut chanté par Ronsard et Du Bellay. Les vignobles de cette AOC sont essentiellement établis sur des sols schisteux et argilo-schisteux.

Rouge (60 %): Belle couleur rouge intense – Arômes de petits fruits rouges – Tannique et bien charpenté – Bonne persistance en bouche
Blanc (40 %): Robe jaune paille – Arômes de citron et de fleurs – Peut être soit sec, soit demi-sec et fruité
Des Anjou mousseux et pétillants blancs sont aussi produits à l'intérieur de cette AOC.

Rouge: *Pâté de campagne* – Poulet rôti – Viandes rouges grillées – Roast-beef – Rôti de veau à la dijonnaise – Fromages peu relevés
Blanc sec: Fruits de mer au gratin – *Doré (sandre) meunière* – Daurade grillée aux herbes
Blanc demi-sec: Cuisses de grenouille sautées aux fines herbes – *Poissons pochés* (Saumon sauce hollandaise) – Volailles sautées en sauce

Propriétés: Dom. de Montgilet – Dom. des Rochelles – Dom. Richou – Ch. de Plaisance – Ch. de la Roulerie – J.-C. Leblanc et Fils – Dom. de Haute Perche – Dom. du Closel – A. Arnault – Dom. des Hauts-Perrays – Dom. de la Pierre Sainte-Maurille – Clos des Sables – Dom. des Saulaies – Ch. de Tigné
Caves: Les Caves de la Loire – Les vignerons de la Noëlle
Négoce: Mottron – Aubert Frères – Chapin Landais – Ortion Maurice et Fils

Anjou – Coteaux de la Loire

Date du décret:
26 août 1946
Superficie: 60 ha
Rendement de base:
30 hl/ha
Production: 2 000 hl
Encépagement:
Chenin blanc
Durée de conservation:
8-10 ans (3)
Température de service:
8 °C
Millésimes:
81 - 82 - 83 - 84 - **85** - 86 -
88 - **89**

En raison de sa situation sur la rive droite de la Loire, cette AOC sise à l'ouest d'Angers ne peut atteindre le niveau de maturité des vignobles du Layon. La production de vin blanc dans cette région est en légère diminution.

Vin blanc uniquement
Robe jaune aux reflets verts – Arômes de fruits – Sec – Parfois demi-sec à moelleux – Ferme – Fruité

À l'apéritif – Brochet ou saumon au beurre blanc – Sole meunière – Truite aux amandes – *Poularde au vin blanc* – Fromages de chèvre

Propriétés: Boré Frères – Montjean Coteaux – Roullier Père et Fils – Dom. du Haut-Puiset
Négoce: Ortion Maurice et Fils

Anjou Gamay

Récolté principalement sur des sols schisteux, le gamay (cépage du Beaujolais) donne dans cette région de l'Anjou un agréable vin de carafe.

Date du décret:
31 décembre 1957
Superficie: Incluse dans l'AOC «Anjou»
Rendement de base:
40 hl/ha
Production: 22 400 hl
Encépagement:
Gamay noir à jus blanc
Durée de conservation:
4 ans (1)
Température de service:
12 °C
Millésimes:
85 - 86 - 87 - 88 - **89**

 Vin rouge uniquement
Belle couleur rubis clair – Arômes prononcés de framboise – Fruité – Bonne acidité – Léger et gouleyant

 Charcuteries – Mousse de foies de volaille – *Saucisson à l'ail* – Poulet grillé – Fromages peu relevés

 Propriétés: Dom. Richou – Dom. de Sainte-Anne – Dom. de Bellevue – A. Bidet – Dom. des Bonnes Gagnes – Cady Père et Fils – Ch. de Tigné
Caves: Les Caves de la Loire – Caveau de dégustation chalonnais
Négoce: Ortion Maurice et Fils

Anjou-Villages

Cette nouvelle appellation, soulignant d'ailleurs la progression qualitative des vins rouges de cette région, concerne 46 communes reconnues pour leur supériorité. Les amateurs de Cabernet franc trouveront dans ce vin des qualités indéniables pour un prix tout à fait abordable.

Date du décret:
14 octobre 1987
Superficie: Incluse dans l'AOC «Anjou»
Rendement de base:
50 hl/ha
Production: 16 900 hl
Encépagement:
Cabernet franc (breton) – Cabernet sauvignon
Durée de conservation:
5-7 ans (2)
Température de service:
15 °C
Millésimes:
85 - 86 - 87 - 88 - **89**

 Vin rouge uniquement
Caractéristiques proches de celles de l'Anjou rouge – Arômes plus marqués – Bonne structure où le cabernet franc s'épanouit harmonieusement et donne des vins équilibrés qui vieillissent bien
La bouteille de type anjou sur laquelle est gravée la dénomination «Anjou-Villages» est exclusivement réservée aux vins bénéficiant de cette AOC.

 Voir «Anjou», p. 156.

 Cette AOC étant très récente, voir les bonnes maisons de l'AOC «Anjou», p. 156.
Les Anjou rouges des récoltes 85 et 86 provenant des villages ayant droit à l'AOC «Anjou-Villages» peuvent être admis au bénéfice de cette appellation.

Bonnezeaux

Date du décret:
6 novembre 1951
Superficie: 65 ha
Rendement de base:
25 hl/ha
Production: 2 500 hl
Encépagement:
Chenin blanc
Durée de conservation:
25 ans et plus (6)
Température de service:
8 °C
Millésimes:
64 - 69 71 - 75 - **76** - 79 -
81 - 82 - 83 - **85** - 86 - 88 -
89

Bonnezeaux est un lieu-dit dépendant de la commune de Thouarcé, dans le Layon. Grand vin prestigieux, ce magnifique cru représente-t-il «les bonnes eaux» de cette appellation? La réponse est dans le verre!

Vin blanc uniquement
Robe dorée aux reflets verts – Bouquet prononcé de fruits, de miel et d'acacia – Généralement liquoreux – Ample et gras – Fin et puissant
Pour produire ce vin, on utilise des raisins surmûris attaqués par la pourriture noble (Botrytis cinerea). *La récolte se fait par tris successifs.*
Bonnezeaux est un des grands crus de la région du Layon.

À l'apéritif – Foie gras frais – *Poisson en sauce* (Saumon à l'oseille) – Fromages à pâte persillée – Pâtisseries à la crème

Propriétés: Ch. de Fesles – Dom. de Terrebrune – J. Godineau – Dom. du Petit Val – J.-C. Leblanc et Fils (Dom. des Closserons) – Dom. La Croix de Mission
Cave: Les Caves de la Loire

Bourgueil

Date du décret:
31 juillet 1937
Superficie: 1 200 ha
Rendement de base:
45 hl/ha
Production: 57 400 hl
Encépagement:
Cabernet franc (breton) –
Cabernet sauvignon
(≤ 10 %)
Durée de conservation:
5-10 ans (2) (certains
vieillissent 30 ans et plus)
Température de service:
R: 14-16 °C
Rs: 8-10 °C
Millésimes:
75 - 76 - 78 - 79 - 81 - 82 -
83 - **85** - 86 - 87 - 88 - **89**

C'est à l'abbaye de Bourgueil, fondée en 990, que se constitua le premier vignoble de cette commune. Depuis, cette appellation connaît une très grande notoriété et constitue à mon sens un des grands vins rouges de la vallée de la Loire.

Rouge: Robe foncée intense – Arômes de fruits rouges (framboise) – Fruité – Présence de tanins (Le vin provenant de vignes plantées sur un sol de «graves» est moins charpenté que celui qui est issu de vignes plantées sur un sol argilo-calcaire (tufs); ce dernier a aussi un meilleur potentiel de vieillissement.)
Rosé: Aromatique – Sec – Léger et fruité

Rouge: *Vin de graves:* Viandes blanches grillées et rôties – Viandes rouges grillées et poêlées – *Fromages peu relevés. Vin de tufs:* Viandes rouges rôties (*Côte de bœuf marchand de vin*) – Petit gibier à plumes (Perdreau rôti – Faisan) – Fromages moyennement relevés
Rosé: Charcuteries – Viandes blanches et volailles grillées

Propriétés: Dom. des Ouches – R. Galteau – J.-M. Pichet – Clos de l'Abbaye – Dom. des Raguenières – Dom. de la Butte – Dom. des Galluches – Clos de la Henry – Dom. de la Coudray – P.-J. Druet – Dom. du Geslets – Dom. de la Chevalerie – Dom. du Grandclos – Ch. D'Ingrandes – G. Renou – M. Mureau
Cave: Cave coopérative des grands vins de Bourgueil
Négoce: *J. Morin* – Audebert Père et Fils – Les Caves de la Boule Blanche – Guiraud – Couly Dutheil – Plouzeau et fils

Cabernet d'Anjou

L'histoire rapporte qu'en 1905 un certain Taveau, viticulteur saumurois, se mit à vinifier le cabernet en rosé. C'est ainsi que ces variétés de raisin, qui produisent de grands rouges dans la région de Bordeaux, donnèrent pour la première fois du rosé.

Date du décret:
   9 mai 1964
Superficie: 2 500 ha
Rendement de base:
   40 hl/ha
Production: 110 800 hl
Encépagement:
   Cabernet franc (breton) –
   Cabernet sauvignon
Durée de conservation:
   4-5 ans (1)
Température de service:
   8 °C
Millésimes:
   85 - 86 - 88 - **89**

Vin rosé uniquement
Robe rose vif, avec parfois des reflets orangés – Arômes caractéristiques de framboise – Demi-sec à moelleux – Fruité – Bon équilibre entre le moelleux et l'acidité

À l'apéritif – Melon rafraîchi – *Desserts peu sucrés*

Propriétés: Dom. des Charbottières – Dom. Gaudard – J. Lhumeau – Gaec du Petit Clocher – Dom. des Trottières – Dom. de la Pierre Blanche
Cave: Les Caves de la Loire
Négoce: Ortion Maurice et Fils – Laffourcade S.A.

Cabernet de Saumur

Frère du Cabernet d'Anjou, ce vin vinifié de la même façon que ce dernier est produit en toute petite quantité dans l'aire d'appellation «Saumur». Vin de petite production que se partagent les amateurs de la région.

Date du décret:
   9 mai 1964
Superficie: 80 ha
Rendement de base:
   40 hl/ha
Production: 4 100 hl
Encépagement:
   Cabernet franc (breton) –
   Cabernet sauvignon
Durée de conservation:
   2-3 ans (1)
Température de service:
   8 °C
Millésimes:
   86 - 88 - **89**

Vin rosé uniquement
Robe rose saumon – Arôme de fruits rouges – Demi-sec – Élégance et légèreté sont apportées par le sol calcaire de tuffeau si particulier à cette petite région de Saumur – Généralement un peu plus sec que le Cabernet d'Anjou

Charcuteries – *Cornets de jambon et de macédoine* – Fromages doux

Propriétés: Ch. de Montreuil – Dom. du Presbytère – Dom. des Menais – R. Le Floch-Ernoult
Cave: Caves de la Vallée de la Loire

Chinon

Date du décret:
24 juillet 1937
Superficie: 1 500 ha
Rendement de base:
45 hl/ha
Production: 76 000 hl
Encépagement:
R/Rs: *Cabernet franc*
(breton) – Cabernet
sauvignon (≤ 10 %)
B: Chenin blanc (chinon
blanc)
Durée de conservation:
5-10 ans (certains
vieillissent plus longtemps)
Température de service:
R: 14 °C
B/Rs: 8 °C
Millésimes:
76 - 78 - 79 - 81 - **82** - 83 -
85 - 86 - 87 - 88 - **89**

L'ombre de François Rabelais se profile toujours derrière cette appellation puisqu'il naquit à quelques kilomètres de Chinon (en 1494) et loua dans ses écrits ce vin qu'il estimait beaucoup. Lorsque je pense à ce vin, des souvenirs de vieilles et belles bouteilles (45-47-59) dégustées sur place, me reviennent à la mémoire.

Rouge (95 %): Robe rubis – Arômes prononcés de violette et de fraise des bois – Fruité – Tanins discrets – Se boit plus jeune que le Bourgueil mais peut bien vieillir lorsqu'il provient de sols argilo-calcaires
Rosé (4 %): Aromatique – Sec léger et délicat
Blanc (1 %): Sec et léger

Rouge jeune: *Viandes* blanches et *rouge grillées et poêlées* – Fromages peu relevés
Rouge plus vieux: *Viandes rouges rôties* (contre-filet) – Gibiers à plumes (Salmis de canard sauvage) – Fromages moyennement relevés
Rosé: Charcuteries – Volailles grillées
Blanc: Poissons grillés et meunière – Fruits de mer

Propriétés: G. Jamet – Dom. de la Noblaie – Dom. de Raifault – Dom. Olga Raffault – Dom. du Roncée – Dom. René Couly (Clos de l'Écho et Clos de l'Olive) – Dom. de la Perrière – Ch. de Ligré – P. Sourdais – C. Joguet – L. Farou – Ch. de la Grille – Clos de la Croix Marie – Dozon Père et Fils – P. Plouzeau – J.-M. Raffault – Y. Moreau
Négoce: *Couly-Dutheil – Plouzeau et Fils* – Audebert Père et Fils – Les caves de la Boule Blanche – Guiraud

Coteaux de l'Aubance

Date du décret:
18 février 1950
Superficie: 80 ha
Rendement de base:
30 hl/ha
Production: 4 000 hl
Encépagement:
Chenin blanc
Durée de conservation:
Une quinzaine d'années (4)
Température de service:
8 °C
Millésimes:
76 - 79 - 81 - 82 - 83 - **85** -
86 - 87 - 88 - **89**

Petit affluent de la Loire, parallèle au Layon, l'Aubance donne son nom à cette appellation peu connue dont la production est en légère diminution.

Vin blanc uniquement
Belle robe jaune légèrement dorée – Arômes floraux – Demi-sec – Légèrement moelleux – Fruité et relativement charpenté

À l'apéritif – Poissons et crustacés en sauce – *Volailles sautées en sauce* – Pâtisseries à la crème

Propriétés: Dom. de Sainte-Anne – Dom. de Haute-Perche – Ch. de Brissac
Négoce: Ortion Maurice et Fils

Chardonnay

Chenin blanc

Pinot noir

Cabernet sauvignon

Muscadet

Gamay

Sémillon

Pourriture noble: Sémillon botrytisé

Sauvignon

Merlot

Gewurztraminer

Riesling

Cabernet franc

Sylvaner

Syrah

Grenache

Mourvèdre

Cinsault

Coteaux de Saumur

Petite appellation de la région de Saumur, à laquelle le sol particulier de tuffeau (calcaire) apporte finesse et distinction. Ces vins ne sont produits que lors des grandes années.

Date du décret:
21 avril 1962
Superficie: 25 ha
Rendement de base:
30 hl/ha
Production: 900 hl
Encépagement:
Chenin blanc
Durée de conservation:
8-10 ans (3)
Température de service:
8-10 °C
Millésimes:
82 - 83 - 85 - 86 - 88 - **89**

 Vin blanc uniquement
Robe jaune aux légers reflets verts – Bouquet prononcé – Demi-sec – Délicat

 Rillettes et cretons – Poissons pochés – Volailles sautées en sauce

 Propriétés: Ch. de Brézé – M. Constans – R. Duveau – R. Le Floch-Ernoult

Coteaux du Layon – Coteaux du Layon-Villages

Cette AOC doit son nom aux coteaux merveilleusement bien exposés le long du Layon, petite rivière de 70 km environ et affluent de la Loire. Sans doute le plus ancien vignoble de l'Anjou. Des 28 communes ayant droit à l'AOC, 6 villages ont obtenu, grâce à la qualité de leurs produits, le droit de faire précéder leur nom de l'appellation «Coteaux du Layon»: Beaulieu-sur-Layon, Faye-d'Anjou, Rablay-sur-Layon, Saint-Lambert du Lattay, Saint-Aubin de Luigné et Rochefort-sur-Loire (décret du 15 juillet 1955).

Date du décret:
18 février 1950
Superficie: 1 400 ha
Rendement de base:
30 hl/ha
Production: 52 000 hl
Encépagement:
Chenin blanc
Durée de conservation:
25 ans et plus pour les bonnes années (5)
Température de service:
8 °C
Millésimes:
64 - **69** - 71 - **76** - 79 - 81 - 82 - 83 - **85** - 86 - 88 - **89**

 Vin blanc uniquement
Robe or à jaune ambré en vieillissant – Bouquet de miel, de tilleul, de pêche et d'abricot – Moelleux à liquoreux – Généreux et ample en bouche – Équilibré en acidité
Pour produire ce vin, on utilise des raisins surmûris, attaqués généralement par la pourriture noble (Botrytis cinerea).

 À l'apéritif – Foie gras frais – Saumon au beurre blanc – *Fricassée de volaille en sauce* – Fromages à pâte persillée – *Pâtisseries à la crème*

 Propriétés: Dom. de la Soucherie – J.-C. Leblanc et Fils (Dom. des Closserons) – Moulin Touchais – Dom. de la Motte – Ch. Monbenault – Dom. de Pierre Bise – Clos du Paradis Terrestre (J.-F. Chéné) – Dom. des Saulaies – Dom. de la Pierre Sainte-Maurille – Dom. des Saunerettes – Dom. de la Pierre Blanche – C. Branchereau – Dom. des Maurières – Ch. des Rochettes – Dom. de Michoudy
Cave: Les Caves de la Loire
Négoce: Mottron – *Anjou vinicole* (Laffourcade S.A.)

Coteaux du Layon – Chaume

Petit hameau situé sur la commune de Rochefort, Chaume fait partie des Coteaux du Layon-Villages.

Date du décret:
8 juin 1957
(18 février 1950)
Superficie: 75 ha
Rendement de base:
25 hl/ha
Production: 2 300 hl
Encépagement:
Chenin blanc
Durée de conservation:
Voir «Coteaux du Layon –
Coteaux du Layon-
Villages», p. 161
Température de service:
8 °C
Millésimes: Voir «Coteaux
du Layon – Coteaux du
Layon-Villages», p. 161

 Vin blanc uniquement
De la même qualité que le Coteaux du Layon-Villages, le Chaume possède également un bouquet de fruits mûrs et une grande richesse en bouche.

 Voir «Coteaux du Layon – Coteaux du Layon-Villages», p. 161.

 Propriétés: Dom. Banchereau – Ch. de Plaisance – Ch. de la Guimonière – Dom. de la Soucherie – M. Achard – Dom. de Belle-vue – Baffet Père et Fils – R. Grosset
Cave: Les Caves de la Loire

Coteaux du Loir

Ce petit vignoble situé sur la rive gauche du Loir, au nord de Tours, offre des vins simples, le plus généralement consommés sur place.

Date du décret:
12 mai 1948
Superficie: 30 ha
Rendement de base:
50 hl/ha
Production: 1 800 hl
Encépagement:
R: Pineau d'Aunis – Cabernet
sauvignon – Cabernet franc
– Gamay – Côt
B: Chenin blanc
Durée de conservation:
3-5 ans (1)
Température de service:
B/Rs: 8 °C
R: 14 °C
Millésimes:
85 - 86 - 87 - 88 - **89**

 Rouge (62 %): Robe rubis clair – Arômes de fruits rouges – Légèrement épicé – Léger et peu tannique
Blanc (28 %): Vin sec, parfois demi-sec – Fruité et léger
Rosé (10 %): Belle couleur – Arômes de fruits – Léger et plein de fraîcheur (le cépage grolleau peut être utilisé)

 Rouge: Charcuteries – *Viandes rouges grillées* – Volailles blanches grillées et rôties – Fromages peu relevés
Blanc: À l'apéritif – Rillettes du Mans – Cretons – *Quenelles de poisson*
Rosé: *Charcuteries* – Boudin blanc – Viandes blanches poêlées

 Propriétés: R. Cronier – A. Fresneau
L'ensemble de la production est assurée par des vignerons-récoltants.

Crémant de Loire

Élaboré dans la région de Saumur, le Crémant de Loire est un vin mousseux présentant une mousse particulièrement légère due à une pression moins forte que celle qui se produit habituellement lors de la deuxième fermentation en bouteille. Une AOC en constante progression.

Date du décret:
17 octobre 1975
Superficie: Incluse dans les AOC «Anjou», «Saumur» et «Touraine»
Rendement de base:
50 hl/ha
Production: 62 400 hl
Encépagement:
Chenin blanc – Cabernet sauvignon – Cabernet franc – Pineau d'Aunis – Pinot noir – Chardonnay – Menu pineau
Durée de conservation:
3-5 ans (peut être bu dès la commercialisation)
Température de service:
8 °C
Millésimes:
85 - 86 - 88 - **89**

 Blanc (87 %): Rendu mousseux par la méthode champenoise – Bulles fines et délicates – Arômes présents mais subtils de fruits secs et parfois de beurre frais – Très élégant et léger à la fois
Rosé (13 %): Une certaine quantité de Crémant de Loire rosé est produite à l'intérieur de cette AOC: Robe rose vif, brillante – Arômes prononcés

 À l'apéritif – Poisson pochés au crémant de Loire – Desserts

 Propriétés: Clos de l'Abbaye – Dom. de la Morandière – Dom. le Salvard – G. Charier – A. Fourrier – M. Suire – M. Lathéron – P. Pironneau
Caves: Les Caves de la Loire – Les vignerons de la Noëlle – Cave coopérative des vignerons de Saumur – Les vignerons de Oisly et Thésée
Négoce: Gratien Meyer – Ackerman Laurence – De Neuville – Langlois-Château – Sablant-Vivency

Jasnières

Très petit vignoble d'un département sans grande tradition vinicole (Sarthe), Jasnières est situé sur la rive droite du Loir à la Chartre-sur-le-Loir, et produit des vins blancs à découvrir.

Date du décret:
31 juillet 1937
Superficie: 20 ha
Rendement de base:
50 hl/ha
Production: 1 300 hl
Encépagement:
Chenin blanc
Durée de conservation:
8-10 ans (3)
Température de service:
8-10 °C
Millésimes:
81 - 82 - 83 - **85** - 86 - 88 - **89**

 Vin blanc uniquement
Couleur jaune doré aux légers reflets verts – Arômes floraux (acacia) et fruités – Sec – Fin et délicat – Bonne acidité qui s'atténue en vieillissant

 Rillettes et cretons – Mousseline aux fruits de mer – Poissons grillés et meunière – *Fricassée de poulet*

Propriétés: J.B. Pinon – G. Cartereau – M. Boutard – J. Gigou
L'ensemble de la production est assurée par des vignerons-récoltants.

Menetou-Salon

Date du décret:
23 janvier 1959
Superficie: 140 ha
Rendement de base:
40 hl/ha
Production: 9 800 hl
Encépagement:
B: Sauvignon
R/Rs: Pinot noir
Durée de conservation:
3-5 ans (1)
Température de service:
B/Rs: 8 °C
R: 14 °C
Millésimes:
85 - 86 - 88 - **89**

Jacques Cœur, ministre des Finances du roi Charles VII, fut propriétaire de vignes à Menetou-Salon en 1450. Les vins produits ici ressemblent (en moins fin cependant) à ceux de Sancerre.

Blanc (55 %): Robe très pâle avec des reflets verts – Arômes floraux et herbacés – Sec et vif – Fruité
Rouge (30%): Robe rubis intense – Arômes de fruits rouges – Léger et peu tannique (production en progression)
Rosé (15 %): Léger – Sec et fruité

Blanc: Poissons frits et meunière – *Lapereau à l'oseille* – Fromages de chèvre secs (crottin de Chavignol)
Rouge: Charcuteries – *Viandes rouges grillées* – Volailles blanches grillées et rôties
Rosé: *Charcuteries* – Viandes blanches poêlées

Propriétés: G. Chavet et Fils – Dom. Henry Pellé – E. Gogue – Dom. Jean Teiller – J.-P. Gilbert – Dom. de Chatenoy
Cave: Cave des vignerons de Jacques Cœur
Négoce: A. Mellot

Montlouis – Montlouis Mousseux – Montlouis Pétillant

Date du décret:
6 décembre 1938
Superficie: 300 ha
Rendement de base:
45 hl/ha
Effervescent: 55 hl/ha
Production: 18 600 hl
Encépagement:
Chenin blanc
Durée de conservation:
5-8 ans (1-2)
Moelleux: 20 ans et plus
Température de service:
10 °C
Effervescent: 8 °C
Millésimes: 76 - 79 - 81 - 82
- 83 - **85** - 86 - 88 - **89**

Sur la rive gauche de la Loire, Montlouis se dresse face à Vouvray et produit également des vins blancs très fins et des mousseux recherchés.

Vin blanc uniquement
Robe jaune paille nuancée parfois de reflets verts – Arômes de pomme et de coing – Selon le millésime, peut être soit sec, demi-sec ou moelleux
Les vins moelleux sont obtenus à partir de raisins cueillis en surmaturation et vieillissent plus vite que les Vouvray du même type. Les vins pétillants et mousseux sont élaborés selon la méthode champenoise.

Sec: Poissons grillés et meunière
Demi-sec: À l'apéritif – Charcuteries (rillons, rillettes, cretons) – Poissons pochés (Truite pochée au vin blanc)
Moelleux: À l'apéritif – Poissons en sauce (Darnes de turbot à la crème) – Volailles pochées – *Tartes aux fruits*
Effervescent: À l'apéritif ou au dessert

Propriétés: C. Levasseur – Dom. de la Bigarrière – J.-P. Trouvé – G. Delétang – M. et G. Gerbault – J.-P. Habert – J. Guestault – J. Chauveau – M. Lelarge – Berger Frères et Fils – A. Joulin – D. Mosny
Cave: Cave coopérative de Montlouis
Négoce: Les Caves de la Boule Blanche – G. Bouchet – Aimé Boucher

Muscadet

Date du décret:
  23 septembre 1937
Superficie: 2 500 ha
Rendement de base:
  50 hl/ha
Production: 139 400 hl
Encépagement:
  Muscadet (melon de
  Bourgogne)
Durée de conservation:
  3-4 ans (1)
Température de service:
  8 °C
Millésimes:
  86 - 88 - **89**

Le vignoble du Pays nantais existait déjà à l'époque gallo-romaine; il fut cependant détruit par les gelées de 1709. Il fut alors reconstitué en partie par le cépage melon musqué (origine de «muscadet») de Bourgogne.

 Vin blanc uniquement
Couleur jaune pâle aux reflets verts – Arômes floraux – Sec – Léger – Acidité moins marquée
Tous les muscadets peuvent être mis en bouteille «sur lie». Le vin nouveau reste jusqu'au printemps sur la lie (ou dépôt) de fermentation. Ainsi mis en bouteille, le vin présente un léger perlant et est plus fruité.

 Soupe de poisson – Crustacés à la mayonnaise – Moules marinière – *Poissons grillés (maquereau,* sardine) – Escalopes de saumon aux moules

 Propriétés: Clos de la Senaigerie – Dom. des Croix – Ch. de la Roulière – Ch. de la Preuille – Dom. des Herbauges
Cave: Les vignerons de la Noëlle
Négoce: Loïc Beauquin – *Chéreau-Carré – M. Martin – M. Sautejeau – Sauvion et Fils – Jean Beauquin*

Muscadet des Coteaux de la Loire

Date du décret:
  14 novembre 1936
Superficie: 400 ha
Rendement de base:
  50 hl/ha
Production: 22 900 hl
Encépagement:
  Muscadet (melon de
  Bourgogne)
Durée de conservation
  3-4 ans (1)
Température de service:
  8 °C
Millésimes:
  86 - 88 - **89**

Du fait de sa situation, ce vignoble se rapproche géographiquement de l'Anjou, mais conserve encore du Pays nantais les caractéristiques climatiques (doux et humide), géologiques (sols caillouteux d'origine éruptive) et d'encépagement (muscadet).

 Vin blanc uniquement
Couleur jaune doré – Arômes peu intenses – Très sec – Bonne acidité – Plus corsé et charpenté que les autres muscadets – Présente parfois un léger goût de pierre à fusil – Se fait également «sur lie»

 Crustacés à la mayonnaise – Moules marinière – Saumon fumé – Jambon braisé au muscadet – *Pamplemousses au crabe* – Poissons meunière

 Propriétés: J. Guindon – Dom. des Genaudières – Ch. de la Varenne – Dom. de L'Ouche-Guinière
Cave: Les vignerons de la Noëlle
Négoce: *Éts Barré Frères*

Muscadet de Sèvre-et-Maine

Date du décret:
14 novembre 1936
Superficie: 9 000 ha
Rendement de base:
50 hl/ha
Production: 575 500 hl
Encépagement:
Muscadet (melon de Bourgogne)
Durée de conservation:
3-4 ans (1)
Température de service:
8 °C
Millésimes:
86 – 88 – **89**

La Sèvre nantaise et la petite Maine sont deux rivières qui ont donné leur nom à cette petite région du Pays nantais. C'est le vin des Bretons puisque Nantes, capitale de ce vignoble, était aussi celle du duché de Bretagne et le lieu de naissance de la duchesse Anne (1477). Cette appellation me rappelle des parfums de vacances ainsi que mes premières vendanges.

Vin blanc uniquement
Couleur doré pâle – Arômes floraux (acacia) et fruités (pomme et amande) – Sec – Léger – Très frais (acidité présente)
Le Muscadet de Sèvre-et-Maine tiré «sur lie» présente des arômes et des goûts plus affirmés ainsi qu'une plus grande finesse.

Crustacés à la mayonnaise – Coquillages (*Huître sur écailles*) – Moules marinière – Langoustines grillées – *Coquilles Saint-Jacques à l'estragon* – Brochet au beurre blanc – Poissons meunière

Propriétés: Ch. de la Ragotière – Dom. du Bois-Joly – Ch. du Cléray – Théophile Chéreau et Fils – Dom. des Dorices – Clos de la Sablette – Dom. de la Hautière – Dom. de la Botinière – Ch. de Chasseloir – Dom. du Grand Mouton – Ch. de l'Oiselinière – Dom. de la Rebourgère – Clos des Orfeuilles – Dom. de la Louvetrie – Dom de la Grange – Ch. de la Villarnoult
Cave: Les vignerons de la Noëlle
Négoce: *Sauvion et Fils* – Donatien Bahuaud – *Guilbaud Frères – M. Sautejeau – Chéreau-Carré – Éts Barré Frères – L. Métaireau*

Pouilly-Fumé

Date du décret:
31 juillet 1937
Superficie: 800 ha
Rendement de base:
45 hl/ha
Production: 49 500 hl
Encépagement:
Sauvignon
Durée de conservation:
5 ans (2), parfois plus
Température de service:
8 °C
Millésimes:
82 - 83 - **85** - 86 - 88 - **89**

Le Pouilly-Fumé doit son nom au cépage sauvignon puisque celui-ci est cultivé à Pouilly-sur-Loire (et aux environs) sous le nom de blanc-fumé. L'existence de ce cépage fut signalée à cet endroit au XVIe siècle. Un des très grands vins blancs de la vallée de la Loire.

Vin blanc uniquement
Robe jaune clair avec de légers reflets verts – Arômes complexes de fleurs et de citron vert typiques du sauvignon (pierre à fusil) – Sec – Fruité – Fin et élégant

Saumon fumé – Truite saumonée à l'oseille – Poissons grillés (Bar grillé au fenouil) – Fromages de chèvre secs (crottin de Chavignol)

Propriétés: Dom. Masson-Blondelet – Dom. des Chailloux – Dom. H. Bourgeois – Ch. de Tracy – P. Figeat – Dom. G. Saget – A. Cailbourdin – Ch. de la Roche – De Ladoucette – M. Redde – Grebet Père et Fils – D. Dagueneau – Bailly Père et Fils
Cave: Les Caves de Pouilly-sur-Loire
Négoce: A. Mellot – Gonnet et Ravion

Pouilly-sur-Loire

Date du décret:
31 juillet 1937
Superficie: 150 ha
Rendement de base:
45 hl/ha
Production: 3 900 hl
Encépagement:
Chasselas – Sauvignon
(petite quantité)
Durée de conservation:
3 ans (1)
Température de service:
8 °C
Millésimes:
86 - 88 - **89**

Au XVIIIe siècle, le chasselas, excellent raisin de table, régnait en maître dans la région de Pouilly. Mais la tradition vinicole en cet endroit s'est peu à peu tournée vers le sauvignon, si bien que le chasselas n'est utilisé actuellement que dans un pourcentage de 20 %.

 Vin blanc uniquement
Robe légèrement dorée – Arômes fruités – Sec et léger – Peu acide

 Cocktails de crevettes – Poissons frits et meunière – Langoustines à la mayonnaise

 Propriétés: F. Colin – A. Cailbourdin – Dom. Masson-Blondelet
Cave: Les Caves de Pouilly-sur-Loire

Quarts de Chaume

Date du décret:
10 août 1954
Superficie: 45 ha
Rendement de base:
22 hl/ha
Production: 700 hl
Encépagement:
Chenin blanc
Durée de conservation:
30 ans et plus (10)
Température de service:
8 °C
Millésimes:
64 - **69** - 71 - 75 - **76** - 79 -
81 - 82 - 83 - **85** - 86 - 88 -
89

Située sur une colline du hameau de Chaume (dans le Layon), cette curieuse et prestigieuse appellation s'appelle ainsi parce que, au Moyen Âge, le seigneur de l'endroit se réservait le quart de la récolte (celui qui provenait du meilleur terroir). C'est un vin qu'il faut se procurer et laisser vieillir patiemment dans sa cave.

 Vin blanc uniquement
Obtenu avec des raisins surmûris, attaqués par la pourriture noble (*Botrytis cinerea*) – Récolte par tris successifs – Robe dorée – Bouquets floraux complexes – Gras et liquoreux – Légère pointe d'amertume en fin de bouche
Le Quarts de Chaume est un des grands crus de la région du Layon.

 À *l'apéritif* – *Foie gras frais* – Poissons pochés – Poissons en sauce (Matelote de sole à la normande) – Fromages à pâte persillée (roquefort) – Pâtisseries à la crème

Propriétés: Dom. des Baumard – Ch. de Bellerive – Ch. de Suronde – Ch. de l'Écharderie
Négoce: Anjou vinicole (Laffourcade S.A.)

Quincy

Date du décret:
  6 août 1936
Superficie: 100 ha
Rendement de base:
  55 hl/ha
Production: 5 000 hl
Encépagement:
  Sauvignon
Durée de conservation:
  5 ans (2)
Température de service:
  8 °C
Millésimes:
  85 - 86 - 88 - **89**

Vignoble de plateau, Quincy, situé à l'ouest de Bourges, produit des vins ressemblant à ceux de Sancerre, mais moins délicats malgré tout.

 Vin blanc uniquement
Robe jaune paille – Arômes végétaux – Sec et frais en bouche – Présente parfois un léger perlant dans sa jeunesse

 Huîtres fraîches sur écailles – Écrevisses à la nage – *Saumon braisé* – Fromages de chèvre secs (crottin de Chavignol)

Propriétés: P. et J. Mardon – R. Pipet – G. Meunier – P. Duret
Cave: Les Caves Duc de Berri
Négoce: A. Mellot

Reuilly

Date du décret:
  9 septembre 1937
Superficie: 50 ha
Rendement de base:
  55 hl/ha
Production: 2 800 hl
Encépagement:
  B: Sauvignon
  R/Rs: *Pinot gris* – Pinot noir
Durée de conservation:
  3-5 ans (1)
Température de service:
  B/Rs: 8 °C
  R: 14 °C
Millésimes:
  85 – 86 – 88 – **89**

Petit vignoble à production confidentielle, Reuilly propose ses vins à la consommation locale.

 Blanc (60 %): Sec – Léger et fruité – Se rapproche des vins de Quincy (sols argilo-calcaires)
Rosé (25 %): Vif – Léger et fruité
Rouge (15 %): Couleur rubis – Léger – Fruité – Se rapproche des vins rouges de Sancerre (sols de sables argileux)

 Blanc: Escargots – Poissons grillés et frits – *Fromages de chèvre secs*
Rosé: Charcuteries – Viandes blanches grillées
Rouge: Charcuteries – Viandes rouges grillées – *Fromages peu relevés*

 Propriétés: C. Lafond – G. Cordier – H. Beurdin – G. Malbête – Sorbe Père et Fils
L'ensemble de la production est assurée par des vignerons-récoltants.

Rosé d'Anjou

Ce vin demi-sec a fait la renommée du vignoble angevin pendant de longues années. Cependant, pour satisfaire le goût des consommateurs, les cépages servent de plus en plus à élaborer des vins rouges légers.

Date du décret:
31 décembre 1957
Superficie: Incluse dans l'AOC «Anjou»
Rendement de base:
50 hl/ha
Production: 156 500 hl
Encépagement:
Cabernet sauvignon – Cabernet franc – Pineau d'Aunis – Gamay – Côt – Grolleau
Durée de conservation:
2-3 ans (1)
Température de service:
8 °C
Millésimes:
88 - **89**

 Vin rosé uniquement
Belle robe rose clair – Arômes de framboise – Demi-sec – Fruité – Désaltérant
Des Rosés d'Anjou mousseux et pétillants sont également produits à l'intérieur de cette AOC, suivant le principe d'élaboration de la méthode champenoise.

 Charcuteries – *Quiche au fromage* – Fromages doux

 Propriétés: Ch. de Beaulieu – Dom. des Hauts Perrays – J. Beaujeau – J.-C. Leblanc et Fils – H. Bodet
Caves: Les Caves de la Loire – Les vignerons de la Noëlle
Négoce: Ortion Maurice et Fils – Bouvet Ladubay

Rosé de Loire

Relativement récente, cette AOC correspond à un goût de plus en plus affirmé des amateurs pour des vins légers, secs, à boire en toutes occasions, principalement l'été.

Date du décret
4 septembre 1974
Superficie: Incluse dans les AOC «Anjou» et «Touraine»
Rendement de base:
50 hl/ha
Production: 39 000 hl
Encépagement:
Cabernet sauvignon et cabernet franc (30 %) – Gamay – Grolleau – Côt – Pineau d'Aunis
Durée de conservation:
2-3 ans (1)
Température de service:
8 °C
Millésimes:
88 - 89

 Vin rosé uniquement
Belle couleur brillante – Arômes de framboise (parfois poivrés) – Sec et vif – Franc et léger

 Salade de poulet – Charcuteries – *Volailles blanches grillées* – Poissons frits

 Propriétés: J. Lhumeau – Dom. de Beillant – Dom. de la Viaudière – Dom. de la Soucherie – Dom. de Brize – Dom. Gaudard – Jousset et Fils – Dom. du Presbytère – Ch. de Tigné
Cave: Les Caves de la Loire
Négoce: Anjou vinicole (Laffourcade S.A.) – *Mottron*

Saint-Nicolas-de-Bourgueil

À la limite de l'Anjou, Saint-Nicolas est contigu au vignoble de Bourgueil. C'est ici que Ronsard rencontra Marie Dupin, qui lui inspira de nombreux poèmes. On suppose que le vin de Saint-Nicolas joua aussi un rôle dans l'inspiration de l'écrivain.

Date du décret:
31 juillet 1937
Superficie: 700 ha
Rendement de base:
45 hl/ha
Production: 40 400 hl
Encépagement:
Cabernet franc (breton) –
Cabernet sauvignon
(≤ 10 %)
Durée de conservation:
5-10 ans (1) (certains
vieillissent plus longtemps)
Température de service:
R: 14-16 °C
Rs: 8-10 °C
Millésimes:
75 - **76** - 78 - 79 - 81 - 82 -
83 - **85** - 86 - 87 - 88 - **89**

Rouge: Ressemble au Bourgueil mais, ici aussi, la nature du sol joue un rôle sur le type de vin. Les sols argilo-calcaires (tufs) donnent des vins plus fermes mais pouvant vieillir plus longtemps. Les vins (plus nombreux) issus de sols sableux sont quant à eux plus bouquetés et plus légers.
Rosé: Aromatique – Sec – Léger et délicat

Voir «Bourgueil», p. 158.

Propriétés: Dom. de Chevrette (J. Taluau) – Clos des Quarterons – P. Lorieux – Dom. des Valettes – Dom. du Bourg – Clos du Vigneau – Dom. de la Jarnoterie – Clos de l'Épaisse – J.-P. Mabileau – Vignoble de la Contrie – G. Pontonnier – J. Mabileau – J.-P. Beaufils – Dom. des Croix – Dom. du Fondis – Dom. de la Caillardière
Cave: Cave coopérative des grands vins de Bourgueil
Négoce: J. Morin – Plouzeau et Fils – Audebert Père et Fils – Couly-Dutheil

Sancerre

Le vignoble sancerrois est très ancien puisqu'il est cité par Grégoire de Tours en 582. Planté sur des collines de 200 à 400 m d'altitude, ce vignoble comprenant une douzaine de villages autour de Sancerre donne un des vins blancs les plus fins de France.

Date du décret:
23 janvier 1959
Superficie: 1 700 ha
Rendement de base:
40 hl/ha
Production: 131 500 hl
Encépagement:
B: Sauvignon
R/Rs: Pinot noir
Durée de conservation:
5-6 ans (2)
Température de service:
8 °C
Millésimes:
83 - 83 - **85** - 86 - 88 - **89**

Blanc (80 %): Robe or pâle brillante – Arômes floraux (citronnelle), végétaux et herbacés (feuille de cassis) – Sec – Fruité – Bonne acidité – Se distingue du Pouilly-Fumé par une puissance aromatique due à des sols encore plus calcaires
Rosé (12 %): Couleur rose saumon – Arômes de cerise – Sec – Fruité et léger
Rouge (8 %): Robe rubis – Arômes de fruits rouges – Souple – Fruité et peu tannique

Blanc: À l'apéritif – Coquillages – *Homard grillé à l'estragon* – Pétoncles grillés – Poissons meunière (saumon, sole) – *Fromages de chèvre secs (crottin de Chavignol)*
Rosé: Charcuteries – Sauté de veau à l'oseille
Rouge: Charcuteries – Viandes rouges grillées – Volailles blanches rôties – Fromages peu relevés

Propriétés: Dom. la Moussière – Dom. H. Bourgeois – B. Reverdy et Fils – Gitton Père et Fils – Dom. de la Poussie – L. Crochet – Dom. J. Balland-Chapuis – P. Millerioux – Dom. de Saint-Pierre – Paul Prieur – J.-M. Roger – Ch. de Sancerre – Clos de la Perrière – Dom. H. Pellé – Dom. Laporte – V. Delaporte – J. Mellot
Négoce: *A. Mellot* – Cave Saint-Vincent – Gonnet et Ravion

Saumur

Date du décret:
  31 décembre 1957
Superficie: 1 000 ha
Rendement de base:
  R: 40 hl/ha
  B: 45 hl/ha
Production: 67 800 hl
Encépagement:
B: *Chenin blanc* (80 %) –
  Chardonnay – Sauvignon
R: *Cabernet franc* (breton) –
  Cabernet sauvignon –
  Pineau d'Aunis
Durée de conservation:
  B: 3-5 ans (1)
  R: 5 ans (2)
Température de service:
  B: 8 °C
  R: 14 °C
Millésimes:
  83 - 85 - 86 - 88 - **89**

Caractérisé par un sol calcaire (craie tuffeau) apportant au vin fraîcheur et vivacité, le vignoble de Saumur fait partie administrativement de la grande région de l'Anjou. En raison d'une popularité sans cesse grandissante, les prix de ce vin, comme ceux du «Champigny», connaissent une montée non négligeable.

Blanc (57 %): Robe brillante nuancée de jaune vert – Arômes floraux – Sec – Fruité – Très léger avec une petite pointe d'acidité
Rouge (43 %): Robe rouge rubis – Arômes de cassis et de poivron vert – Tanins souples – Fruité – Ferme dans sa jeunesse, connaît une belle évolution

Blanc: Salade de crevettes – *Pétoncles grillés* – Poissons meunière – Bar grillé au fenouil – Fromages de chèvre
Rouge: Terrine de canard – Viandes rouges grillées – *Longe de porc rôtie* – Fromages peu relevés

Propriétés: Ch. le Perdriau – Clos de l'Abbaye – Ch. de Saint-Florent – Dom. de Nerleux – Dom. de la Motte – Dom. des Hautes vignes – Bodet-Lheriau– G. Charier – R. Vacher Bremard – Hardouin-Bougouin – Ch. de Brézé – J.-M. Reclu
Cave: Cave coopérative des vignerons de Saumur
Négoce: Mottron – Langlois Château S.A. – Bouvet Ladubay – S. Mainfray

Saumur – Champigny

Date du décret:
  31 décembre 1957
Superficie: 800 ha
Rendement de base:
  40 hl/ha
Production: 64 000 hl
Encépagement:
  Cabernet franc (breton) –
  Cabernet sauvignon –
  Pineau d'Aunis
Durée de conservation:
  Une douzaine d'années (3)
Température de service:
  15 °C
Millésimes:
  76 - 78 - 81 - 82 - 83 - **85** -
  86 - 88 - **89**

Champigny est une petite commune située au sud de Saumur. Son nom signifie en latin «champ de feu» (*campus ignis*). Par sa finesse et sa générosité, cette AOC se distingue de l'appellation plus générale «Saumur». Le sous-sol calcaire particulier de ce terroir confère également au vin plus de richesse et d'intensité ainsi qu'un bon potentiel de vieillissement.

Vin rouge uniquement
Belle couleur rubis foncé – Arômes de fruits rouges (framboise) et de violette – Légèrement tannique – Fruité – Bien charpenté – Généralement bien équilibré

Champignons farcis – Terrine de gibier – Terrine de canard – *Lapin à la moutarde* – Pot-au-feu – Entrecôte grillée – *Côtes d'agneau sautées* – Fromages moyennement relevés

Propriétés: Dom. Filliatreau – Clos des Cordeliers – Dom. des Roches Neuves – Dom. du Ruault – Dom. des Varinelles – Ch. de Targé – Dom. du Val Brun – Ch. de Villeneuve – Ch. de Chaintres – Lavigne Père et Fils
Cave: Coopérative des vignerons de Saumur
Négoce: Langlois-Château – S. Mainfray

Saumur Mousseux

La tendance naturelle des vins blancs de Saumur à pétiller, combinée à la présence de vastes caves creusées dans le tendre tuffeau (sous-sol crayeux) offrant une température constante de 11 °C, a permis aux producteurs de la région d'élaborer des mousseux de grande qualité.

Date du décret:
24 août 1976
(31 décembre 1957)
Superficie: 1 700 ha
Rendement de base:
60 hl/ha
Production: 140 000 hl
Encépagement:
Chenin blanc (80 %) –
Chardonnay – Sauvignon –
Cabernet sauvignon –
Cabernet franc – Côt –
Gamay – Grolleau – Pinot
noir – Pineau d'Aunis
Durée de conservation:
5 ans (peut être bu dès la
commercialisation)
Température de service:
8 °C
Millésimes:
85 - 86 - 88 - **89**

Vin blanc principalement
Rendu mousseux par la méthode champenoise – Belle effervescence – Arômes floraux et fruités – Très délicat – Généralement brut
Une petite quantité de Saumur Mousseux rosé brut est produite à l'intérieur de cette AOC (7 %)

À l'apéritif – Coquilles Saint-Jacques au brut de Saumur – *Omelette norvégienne* – Gâteau moka – Fraises Melba (Saumur Mousseux rosé)

Propriétés: Dom. de Nerleux – Ch. de Saint-Florent – Ch. de Beaulieu – S. Vallet – R. Vacher-Bremard
Caves: Les Caves de la Loire – Cave coopérative des vignerons de Saumur
Négoce: Bouvet-Ladubay – Ackerman Laurence – *Gratien et Meyer*

Savennières

Offrant un des plus grands vins blancs de France, notamment en ce qui concerne les deux grands crus cités plus bas, Savennières est une petite commune située à une dizaine de kilomètres à l'ouest d'Angers, capitale de l'Anjou. Le vignoble date du XIᵉ siècle et vaut le coup d'être visité.

Date du décret:
8 décembre 1952
Superficie: 80 ha
Rendement de base:
25 hl/ha
Production: 2 800 hl
Encépagement:
Chenin blanc
Durée de conservation:
Une quinzaine d'années (5)
Température de service:
8-10 °C
Millésimes:
76 - 81 - 82 - 83 - **85** - 86 -
88 - **89**

Vin blanc uniquement
Robe jaune vert brillante – Arômes floraux de tilleul évoluant vers des bouquets complexes de vanille, de miel et de fruits secs en vieillissant – Sec – Bonne acidité – Assez corsé – Très fin – Doit vieillir de cinq à six ans afin d'être apprécié à sa juste valeur
Le Clos de la Coulée de Serrant (7 ha) et La Roche aux Moines sont deux grands crus dont le nom peut être adjoint à l'appellation «Savennières», ce qui se fait généralement

Coquilles Saint-Jacques à l'estragon – *Brochet, bar ou saumon au beurre blanc – Fricassée d'anguilles* – Poulet sauté à l'estragon

Propriétés: Dom. du Closel – Ch. de Chamboureau (Clos du Papillon – Roche aux Moines) – Dom. de la Bizolière – Ch. d'Épiré – Clos de Coulaine – Logis de la Giraudière

Touraine

Date du décret:
24 décembre 1939
Superficie: 4 300 ha
Rendement de base:
R/Rs: 55 hl/ha
B: 60 hl/ha
Production: 319 000 hl
Encépagement:
R/Rs: Cabernet sauvignon –
Cabernet franc – Pinot noir
– Côt – Pinot meunier –
Pinot gris – Gamay –
Pineau d'Aunis
B: *Sauvignon* – Chenin blanc
– Arbois – Chardonnay
Durée de conservation:
3-5 ans (1)
Température de service:
B/Rs: 10 °C
R: 14 °C
Millésimes:
85 - 86 - 88 - 89

La Touraine est une province très importante de France et, à l'époque de la Renaissance, de nombreux châteaux y furent construits. Rois et seigneurs apprécièrent les vins produits aux alentours.

Rouge (50 %): Belle couleur rubis – Agréable et fruité – Le vin qui est issu de cabernet est plus aromatique et charpenté – Celui qui est fait avec du gamay est plus tendre et léger
Rosé (10 %): Sec – Frais et fruité (petite production)
Blanc (40 %): Belle couleur (de pâle aux reflets verts à doré) – Arômes floraux délicats et typés pour le vin issu de sauvignon – Sec – Plutôt léger et rafraîchissant – Le chenin principalement est à la base du Touraine Mousseux élaboré selon la méthode champenoise

Rouge: *Vins légers:* Charcuteries – Viandes blanches grillées et rôties – *Viandes rouges grillées et poêlées* – Fromages peu relevés
Vins charpentés: Viandes rouges rôties – Petits gibiers à plumes
Blanc: Coquillages (Huîtres – Moules marinière) – Poissons grillés et meunière – *Fromages de chèvre*
Rosé: Charcuteries – Viandes blanches et volailles grillées
Mousseux: *À l'apéritif* ou au dessert

Propriétés: G. Mardon – J.-M. Beaufreton – A. Blanchard – J. Chardon – Dom. des Corbillières – Ch. de la Bonnelière – Leclair Père et Fils – G. Marcadet – Clos Roche Blanche – Dom. des Sablons – Dom. Octavie – A. Marcadet – D. et T. Michaud – Ch. de Chenonceau – H. Marionnet
Caves: Cave des vignerons de Francueil – Cave de Bléré – Cave des vignerons de Oisly et Thésée – Cave des vignerons de Saint-Georges
Négoce: *J.-C. Bougrier* – *J.-M. Monmousseau* – Caves de la Boule Blanche – Aimé Boucher – Couly Dutheil – Ferrand

Touraine – Amboise

Date du décret:
26 août 1953
(24 décembre 1939)
Superficie: 200 ha
Rendement de base:
55 hl/ha
Production: 10 900 hl
Encépagement:
R/Rs: *Cabernet franc* –
Cabernet sauvignon – Côt –
Gamay
B: *Chenin blanc* – Sauvignon
Durée de conservation:
3-5 ans (1)
Température de service:
Voir «Touraine» ci-haut
Millésimes: 85 - 86 - 88 - **89**

Situé à l'est de l'appellation «Vouvray», Amboise possède un riche passé historique et produit depuis longtemps des vins agréables et assez légers.

Rouge (52 %): Robe rubis – Arômes floraux et fruités, parfois poivrés – Tanins délicats – Fruité
Rosé (16 %): Sec – Tendre et fruité
Blanc (32 %): Belle robe dorée – Arômes floraux – Sec à demi-sec selon les années

Voir «Touraine», ci-haut.

Propriétés: J. Bonnigal – Dutertre Père et Fils – R. Mesliand – Y. Moreau – D. Percereau – H. Denay – Dom. D'Artois – Ch. de la Roche – Ch. de Pocé – P. Frissant
Cave: Cave coopérative de Limeray
Négoce: *Chais Pierre Chainier* – Les Caves de la Boule Blanche – Moulin et Fils

Touraine – Azay-le-Rideau

Situé à l'ouest de Tours, Azay-le-Rideau, dont le célèbre château est construit sur pilotis, donne son nom à ce petit vignoble où le chenin blanc, qui domine nettement, donne des vins blancs très fins et qui vieillissent bien.

Date du décret:
26 août 1953
(24 décembre 1939)
Superficie: 100 ha
Rendement de base:
45 hl/ha
Production: 2 400 hl
Encépagement:
B: Chenin blanc
Rs: Grolleau (≤ 60 %) –
Gamay – Côt – Cabernet
franc – Cabernet sauvignon
Durée de conservation:
3-5 ans (1)
Température de service:
10 °C
Millésimes:
85 - 86 - 87 - 88 - **89**

 Blanc (55 %): Robe paille brillante – Arômes fruités – Sec à demi-sec – Parfois moelleux
Rosé (45 %): Jolie couleur rose pâle – Arômes floraux et fruités – Sec – Rafraîchissant

 Voir «Touraine», p. 173.

 Propriétés: R. Denis – M. Badiller – G. Pavy – Pibaleau Père et Fils – J.-P. Perdriau – D. Jahan – J. Paget – Ch. de l'Aulée – J. Cadiou – T. Poireau – P. Pivry – R. Menard
Négoce: Ferrand S.A.

Touraine – Mesland

Situé à une quarantaine de kilomètres à l'est de Tours, Mesland est surtout connu pour ses vins rouges fruités et typés.

Date du décret:
26 août 1953
(24 décembre 1939)
Superficie: 250 ha
Rendement de base:
55 hl/ha
Production: 9 900 hl
Encépagement:
R/Rs: *Gamay* – Cabernet
franc – Cabernet sauvignon
– Côt
B: *Chenin blanc* – Sauvignon
Durée de conservation:
3-5 ans (1)
Température de service:
B/Rs: 10 °C
R: 14 °C
Millésimes:
85 - 86 - 87 - 88 - **89**

 Rouge (76 %): Robe rubis – Arômes de fruits rouges – Ample – Fruité – Légèrement tannique mais bien structuré (le cépage gamay est dominant)
Rosé (10 %): Sec – Frais et fruité
Blanc (14 %): Belle couleur légèrement dorée – Arômes présents – Généralement sec et fruité

 Rouge: Charcuteries (saucisson sec, jambon de Bayonne, pâtés) – Viandes blanches et rouges grillées – *Volailles rôties* – Fromages peu relevés
Rosé et blanc: Voir «Touraine», p. 173.

 Propriétés: J.-L. Darde – A. Hogu – Ch. Gaillard – F. Trioreau – B. Rediguère – H. Masse – La Morandière – P. Brossillon – J. Chollet – F. Pironneau
Cave: Cave coopérative d'Onzain
Négoce: Les caves de la Boule Blanche

Vouvray – Vouvray Mousseux – Vouvray Pétillant

C'est sur le coteau du monastère de Vouvray que saint Martin, évêque de Tours, fit planter une vigne vers 380. Celle-ci prit de l'extension et sa réputation fut si grande que certains crus, au XIVᵉ siècle, relevaient directement du roi. Gaston Huet, maire de Vouvray, et infatigable vigneron, n'est pas étranger à la réputation actuelle et légitime de cette AOC.

Date du décret:
8 décembre 1936
Superficie: 1 800 ha
Rendement de base:
45 hl/ha
Effervescent: 55 hl/ha
Production: 107 000 hl
Encépagement:
Chenin blanc
Durée de conservation:
5-8 ans (1)
Moelleux: 35 ans et plus
Température de service:
10 °C
Effervescent: 8 °C
Millésimes:
76 - 79 - 81 - 82 - 83 - **85** -
86 - 88 - **89**

Blanc uniquement
Belle robe jaune doré – Arôme floraux et fruités très présents – Selon le millésime, peut être sec, demi-sec ou moelleux
Ls vins moelleux sont obtenus à partir de raisins cueillis en surmaturation et présentent un très bon potentiel de vieillissement.
Les vins pétillants et mousseux sont élaborés selon la méthode champenoise.

Sec: *Huîtres* – Poissons grillés et meunière
Demi-sec: *À l'apéritif* – Charcuteries (rillons, rillettes, cretons) – Poissons pochés – Coquillages (Coquilles Saint-Jacques au gratin)
Moelleux: À l'apéritif – Poissons en sauce (Matelote de sole à la normande) – Volailles pochées – *Tartes aux fruits*
Mousseux et pétillant: *À l'apéritif* ou au dessert

Propriétés: G. Huet (dom. du Haut Lieu) – A. Monmousseau – B. Bongars – Clos Beaudoin – Clos de Nouys – J.-M. Fortineau – Ch. Métivier – P. Lothion– D. Allias – S. Gaudron – D. Jarry – Vigneau-Chevreau – Ch. Moncontour – Ph. Foreau – J. Boistard – D. Champalou – G. Champion – Clos de la Meslerie
Caves: Cave des viticulteurs du Vouvray (Ch. de Vaudenuits) – Cave coopérative des producteurs des grands vins de Vouvray
Négoce: *M. Bredif* – Les Caves de la Boule Blanche – G. Bouchet – Mirault

Vallée du Rhône

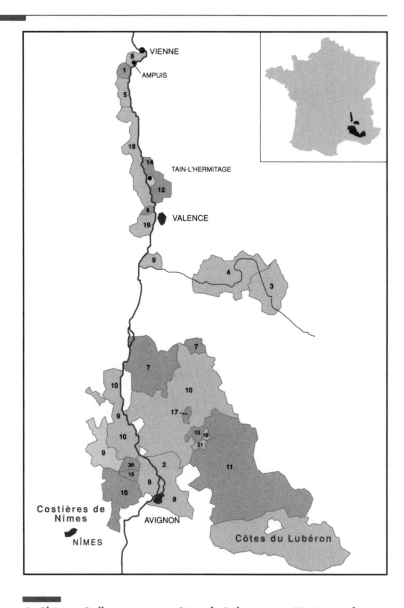

1 Château-Grillet
2 Châteauneuf-du-Pape
3 Châtillon-en-Diois
4 Clairette de Die
5 Condrieu
6 Cornas
Costières de Nîmes
7 Coteaux du Tricastin
8 Côte-Rôtie

Côtes du Lubéron
9 Côtes du Rhône
10 Côtes du Rhône-
Villages
11 Côtes du Ventoux
12 Crozes-Hermitage
13 Gigondas
14 Hermitage
15 Lirac

16 Muscat de
Beaumes de
Venise
17 Rasteau
18 Saint-Joseph
19 Saint-Péray
20 Tavel
21 Vacqueyras

Château-Grillet

Date du décret:
8 décembre 1936
Superficie: 2,5 ha
Rendement de base:
32 hl/ha
Production: 80 hl
Encépagement:
Viognier
Durée de conservation:
6-8 ans
Température de service:
10 °C
Millésimes:
82 - **83** - 84 - **85** - 86 - 88 - 89

Château-Grillet est l'une des plus petites appellations de France et concerne une seule propriété dont le vignoble, perché à flanc de coteau, donne un vin très rare et de production confidentielle.

Vin blanc uniquement
Robe jaune doré – Arômes floraux (violette) quand le vin est jeune, évoluant vers le miel et l'abricot – Sec – Généreux – Puissant mais délicat

À l'apéritif – Foie gras frais – Caviar – Homard à l'américaine – *Gratin de queues d'écrevisses*

Propriété: Une seule maison est propriétaire de cette AOC: Famille Neyret-Gachet
À cause de sa production très limitée, le vin de ce petit vignoble enclavé dans l'aire d'appellation «Condrieu» est difficile à se procurer.

Châteauneuf-du-Pape

Date du décret:
15 mai 1936
Superficie: 3 050 ha
Rendement de base:
35 hl/ha
Production: 106 600 hl
Encépagement:
Grenache – Clairette – Syrah – Mourvèdre – Cinsault – Picpoul – Terret – Muscardin – Counoise – Roussanne – Picardan – Vaccarèse – Bourboulenc (cépages autorisés mais tous ne sont pas toujours utilisés)
Durée de conservation:
R: 8-10 ans (4)
B: 5 ans (2)
Température de service:
R: 17 °C
B: 12 °C
Millésimes:
78 - 79 - 80 - 81 - 82 - 83 - **85** - 86 - **88** - 89

Au XIVᵉ siècle, lorsque la papauté s'installa à Avignon, Jean XXII fit bâtir une résidence d'été à Châteauneuf. Le sol recouvert d'argile rouge mêlée à des milliers de galets est typique de cette appellation.

Rouge (96 %): Robe rubis foncé – Arômes de framboise, d'épices et d'anis – Puissant et capiteux
Blanc (4 %): Robe brillante aux reflets verts – Arôme intenses de fruits confits – Sec et puissant

Rouge: Viandes rouges rôties et sautées (*Entrecôte au poivre*) – Gibiers à plumes et à poils – *Fromages relevés*
Blanc: Poissons en sauce – *Rougets grillés* – Crustacés et fruits de mer – Terrine ou pâté de lièvre

Propriétés: Ch. Rayas – La Reviscoulado – Clos Simian – Ch. La Nerthe – Dom. de Nalys – Dom. du Vieux Télégraphe – Ch. Fortia – Dom. Font de Michelle – Clos du Mont Olivet – Dom. des Fines Roches – Dom. du Vieux Lazaret – Clos Saint-Jean – Clos Saint-Michel – Dom. Chante Perdrix – Dom. de Cabrières – Dom. de Mont-Redon – Clos des Papes – Dom. de Beaucastel – Dom. de Beaurenard – Dom. de la Roquette – Ch. de la Gardine
Négoce: *L.-C. Brotte* – Caves Saint-Pierre – *M. Chapoutier* – Delas – E. Guigal – P. Jaboulet Aîné *Louis Mousset* – Meffre Gabriel – *Ogier et Fils* – Père Anselme – Caves Bessac

Châtillon-en-Diois

Situé près de Die, Châtillon donne son nom à ce petit vignoble dont les vins plutôt légers font le régal des habitants de la région.

Date du décret:
3 mars 1975
Superficie: 100 ha env.
Rendement de base:
50 hl/ha
Production: 2 900 hl
Encépagement:
R: Gamay – Pinot noir – Syrah
B: Aligoté – Chardonnay
Durée de conservation:
4 ans env.
Température de service:
B: 8 °C
R: 12-14 °C
Millésimes:
85 - 86 - **88** - 89

Rouge (68 %): Robe rubis – Arômes de fruits rouges – Léger et fruité
Blanc (32 %): Robe jaune paille – Arômes floraux – Sec, léger et rafraîchissant

Rouge: Charcuteries – Viandes grillées – Volailles rôties – Fromages peu relevés
Blanc: Poissons grillés et meunière – Fruits de mer – Coquillages – Cuisses de grenouille

La production de ces vins étant très limitée, il est plus facile de se procurer ceux de la Cave coopérative de Die.
La commercialisation est généralement locale.

Clairette de Die

Ne faisant pas à proprement parler partie des Côtes du Rhône, Die est une petite ville située dans une région montagneuse où le climat assez rude permet principalement une production de vins blancs. Le vignoble se situe entre Crest et Die.

Date du décret:
25 mai 1971
(30 décembre 1942)
Superficie: 1 000 ha
Rendement de base:
50 hl/ha
Production: 65 300 hl
Encépagement:
Clairette – Muscat à petits grains
Durée de conservation:
6-8 ans
Température de service:
7 °C
Millésimes:
82 - 83 - 85 - 86 - **88** - 89

Vin mousseux
Clairette de Die Brut: Méthode champenoise avec au moins 75 % de clairette – Léger et très sec (brut)
Clairette de Die Tradition: Prise de mousse naturelle en bouteille – 50 % au moins de muscat – Plus fruité
Il est fait aussi un peu de Clairette de Die tranquille (non mousseux).

Clairette de Die Brut: En apéritif et tout au long du repas
Clairette de Die Tradition: En apéritif et principalement au dessert

Propriétés: P. Salabelle – G. Raspail – J.-C. Vincent
Cave: Quatre-vingt-dix pour cent des vignerons sont regroupés au sein de la Cave coopérative de Die. Les vins que l'on trouve sur le marché proviennent donc de cette cave coopérative.

Condrieu

Date du décret:
27 avril 1940
Superficie: 35 ha
Rendement de base:
30 hl/ha
Production: 1 200 hl
Encépagement:
Viognier
Durée de conservation:
4-6 ans (2)
Température de service:
10-12 °C
Millésimes:
83 - **85** - 86 - **88** - 89

Dépendance fortifiée de l'archevêché de Lyon au XIIe siècle, Condrieu donne son nom à un vin rare et généralement exceptionnel, que les sommeliers aiment recommander, malgré son prix, car il accompagne magnifiquement et subtilement des mets délicats.

 Vin blanc uniquement
Vin blanc assez pâle aux reflets verts – Arômes de fleurs (violette) et de fruits secs (amande et abricot) – Autrefois moelleux, maintenant vinifié en sec – Ample en bouche et capiteux

 À l'apéritif – Foie gras frais – Poissons en sauce (*Filets de saint-pierre au gratin*) – Volailles (Poularde à la crème et aux truffes)

 Propriétés: P. Barge – B. Burgaud – A. Dervieux – M. Gentaz – J. Pinchon – A. Perret – G. Vernay – P. Faury
Négoce: *Delas* – E. Guigal – P. Jaboulet Aîné

Cornas

Date du décret:
5 août 1938
Superficie: 60 ha
Rendement de base:
40 hl/ha
Production: 3 100 hl
Encépagement:
Syrah
Durée de conservation:
15-20 ans (5)
Température de service:
16 °C
Millésimes:
76 - **78** - 79 - 80 - 81 - 82 - **83** - **85** - 86 - **88** - 89

Qualifié au XVIIIe siècle de «très bon vin noir», le vin de Cornas est issu d'un minuscule terroir dont les sols granitiques en forte pente ne sont pas étrangers à la charpente de ce vin plutôt rare.

 Vin rouge uniquement
Robe rouge grenat foncé – Arômes épicés (poivre) – Tannique – Corsé – Capiteux et très étoffé – Moins fin que l'Hermitage mais typique du terroir

 Viandes rouges rôties et sautées – *Gibiers à poils* et à plumes (Perdrix au chou – Grives) – Fromages relevés

 Propriétés: A. Clape – A. Fumat – M. Juge – L. Verset – R. Michel – L. de Vallouit
Cave: Cave coopérative de vins fins (Tain-l'Hermitage)
Négoce: *Delas* – P. Jaboulet Aîné – Père Anselme – P. Étienne

Costières de Nîmes

Date du décret:
Septembre 1989
(4 juillet 1986)
Superficie: 3 150 ha
Rendement de base:
60 hl/ha
Production: 236 700 hl
Encépagement:
R/Rs: Carignan – Grenache –
Cinsault – Syrah –
Mourvèdre
B: Clairette – Ugni blanc –
Grenache blanc –
Maccabéo – Marsanne
Durée de conservation:
R: 4-5 ans (1)
Rs/B: 2-3 ans (1)
Température de service:
R: 14-18 °C
Rs/B: 8 °C
Millésimes: 85 - 86 - 87 - **88**
- 89

Entre Nîmes et Arles, les Costières de Nîmes (dénommées il y a peu de temps encore «Costières du Gard») ont un riche passé chargé d'histoire. Du Pont du Gard à la Camargue, en passant par Nîmes et ses arènes, le vignoble s'étend sur 24 communes, sur des coteaux dont le sol caillouteux (gress) est constitué de graviers et de galets. Cette AOC est depuis peu rattachée à la Vallée du Rhône.

Rouge (82 %): Robe rouge brillante et intense – Arômes floraux et fruités nuancés de cuir – Fruité – Charnu et assez corsé
Rosé (14 %): Robe vive – Arômes floraux – Sec – Fruité et délicat
Blanc (4 %): Robe or pâle – Arômes floraux – Sec – Souple (grenache blanc) et vif (ugni blanc)

Rouge: Viandes rouges grillées et volailles rôties (vins jeunes) – *Viandes rouges sautées* – Petits gibiers à poils (Civet de lièvre) – Fromages moyennement relevés (vins plus âgés)
Rosé: Charcuteries – Viandes blanches poêlées (Côtes de veau) –
Blanc: À l'apéritif – Fruits de mer – Poissons grillés – Paupiettes de veau

Propriétés: Ch. de Campuget – Dom. Saint-Benezet – Dom. de Deveze – Dom. de l'Amarine – Ch. Roubaud – P. Bardin – Dom. de Pierrefeu – Dom. Saint-Louis La Perdrix – A. Maroger – Mas Carlot – Ch. de La Tuilerie – Ch. de Belle-Coste – Dom. de Mourier – Dom. de Rozier
Caves: Cave des Costières – Cave de Saint-Gilles – Cave de Jonquières Saint-Vincent – Sica des Sept Collines
Négoce: Sud Vinicole – Éts Ales – Éts André

Coteaux du Tricastin

Date du décret:
27 juillet 1973
Superficie: 1 900 ha
Rendement de base:
50 hl/ha
Production: 126 200 hl
Encépagement:
*Grenache – Cinsault –
Syrah – Carignan –
Mourvèdre – Clairette –*
Bourboulenc – Ugni blanc –
Picpoul
Durée de conservation:
3-5 ans
Température de service:
R: 15 °C
B: 8 °C
Millésimes: 85 - 86 - **88** - 89

Cette appellation située au sud de Montélimar sur des sols argilo-calcaires produit principalement des vins rouges légers et fruités, qui étaient autrefois particulièrement appréciés par Madame de Sévigné.

Rouge: Robe rubis – Légèrement aromatique – Léger – Fruité et souple
Rosé: Belle couleur – Arômes discrets – Léger et fruité – Produit en petite quantité
Blanc (2 %): Robe pâle – Arômes de fruits – Sec, vif et léger

Rouge: Charcuteries – *Viandes rouges grillées* – Viandes blanches et volailles rôties – Fromages peu relevés
Rosé: Charcuteries – Poissons grillés
Blanc: Poissons grillés et meunière – Coquillages et fruits de mer

Propriétés: Dom. Bour – Dom. de Grangeneuve – Dom. du Bois Noir – Dom. des Lônes – Ch. des Estubiers – Dom. du Vallon des Fontaines – Dom. du Vieux Micocoulier – Dom. du Serre Rouge – Dom. du Devoy
Caves: Cave coopérative La Suzienne – Les vignerons ardéchois – Union des vignerons des Côtes du Rhône
Négoce: Caves Saint-Pierre – Ogier et Fils – Père Anselme

Côte-Rôtie

Date du décret:
   18 octobre 1940
Superficie: 110 ha
Rendement de base:
   40 hl/ha
Production: 6 900 hl
Encépagement:
   Syrah – Viognier (≤ 20 %)
Durée de conservation:
   12-15 ans (5)
Température de service:
   16-18 °C
Millésimes:
   76 - **78** - 79 - 80 - 82 - **83** -
   85 - 86 - **88** - 89

Vignoble datant du IVe siècle, dont le nom évoque la force du soleil sur des coteaux bien exposés mais très abrupts. Le cœur du vignoble est le village d'Ampuis («ampelos» signifiant «vigne» en grec). Vins généralement d'une très grande classe, ils subissent actuellement, je pense, les inconvénients d'une certaine spéculation. Côté positif: les jeunes sont revenus à la vigne.

Vin rouge uniquement
Vin rouge grenat foncé – Arôme de violette, de truffe et de réglisse –
   Fin – Puissant – Charpenté – Capiteux
*Sur ce sol granitique et schisteux, la Côte brune donne des vins corsés;
   la Côte blonde, des vins plus fins et délicats. C'est la nature du sol qui
   fait la différence entre ces deux côtes. La désignation de la Côte peut
   se retrouver sur l'étiquette.*

Viandes rouges rôties et sautées – *Gibiers à poils* (sanglier, caribou) –
   Civet de lièvre – Fromages relevés

Propriétés: Chol et Fils – A. Dervieux – A. et L. Devron – G. Bernard
   – E. Duclaux – G. et R. Jasmin – R. Rostang – P. Barge –
   L. de Vallouit – M. Guigal – Dom. Vidal Fleury
Négoce: L.-C. Brotte – M. Chapoutier – *Delas* – E. Guigal –
   P. Jaboulet Aîné – Ogier et Fils – *J. Vidal-Fleury*

Côtes du Lubéron

Date du décret:
   26 février 1988
Superficie: 2 850 ha
Rendement de base:
   50 hl/ha
Production: 163 800 hl
Encépagement:
   Grenache – Syrah –
   Carignan – Mourvèdre –
   Cinsault – Clairette – Ugni
   blanc – Bourboulenc –
   Roussanne
Durée de conservation:
   3-4 ans (1)
Température de service:
   R: 14 °C
   B/Rs: 8 °C
Millésimes:
   85 - 86 - **88** - 89

Promues depuis peu AOC, les «Côtes du Lubéron» faisaient partie des VDQS. Le vin provient de vignobles établis sur les coteaux du massif du Lubéron, au sud des côtes du Ventoux. Produits en petite quantité, les vins blancs se distinguent par leur légèreté et leur finesse. Même si le Lubéron est proche de la Provence viticole, il est usuel de placer cette région parmi les appellations limitrophes de la Vallée du Rhône.

Rouge: Robe rubis – Arômes de fruits rouges, plus complexes lorsque
   le vin a vieilli en fût de chêne – Ample mais peu corsé – Fruité
Rosé: Couleur pâle – Arômes de fruits très présents – Sec – Vif et
   léger
Blanc (16 %): Belle robe brillante – Arômes floraux délicats – Léger –
   Subtil – Bonne longueur en bouche

Rouge: Charcuteries – Viandes blanches et rouges grillées – *Volailles
   rôties* – Fromages peu relevés
Rosé: *Charcuteries* – Poissons grillés – Fromages doux
Blanc: Poissons grillés et meunière – *Fromages de chèvre*

Propriétés: Ch. La Canorgue – Ch. Val Joanis – Clos Murabeau –
   Ch. de L'Isolette – Ch. de Sannes – Ch. de Mille
Caves: Cave coopérative La Vinicole des Coteaux –
   Cellier de Marrenon

Côtes du Rhône

La majeure partie de la production relative à cette AOC provient du sud de la vallée du Rhône. Existant déjà avant la conquête romaine, ce vignoble dans son ensemble est l'un des plus anciens de France.

Date du décret:
  19 novembre 1937
Superficie: 39 000 ha
Rendement de base:
  50 hl/ha
Production: 2 225 700 hl
Encépagement:
  23 cépages autorisés (voir
  les autres fiches techniques)
Durée de conservation:
  3-5 ans (1)
Température de service:
  Rouge primeur: 12 °C
  R: 15 °C
  B/Rs: 8 °C
Millésimes:
  85 - 86 - **88** - 89

Rouge (80 %): Nombreux types de vins, des primeurs les plus légers et fruités aux plus corsés, généreux et tanniques
Rosé (17 %): Sec – Fruité et léger
Blanc (3 %): Sec – Fruité – Faible en acidité

Rouge primeur: Charcuteries – Viandes blanches grillées et rôties – Fromages peu relevés
Rouge (de garde): Viandes grillées et poêlées (Sauté d'agneau) – Volailles rôties et sautées – Tourtière – *Fromages moyennement relevés*
Rosé: Charcuteries – Poissons grillés – Volailles rôties
Blanc: *Poissons grillés* – Coquillages – Fromages de chèvre

Propriétés: Ch. du Prieuré – Dom. du Grand Relais – Cru de Coudoulet – Dom. du Roure – Dom. Brun-Hupays – Ch. Saint-Estève – Dom. de la Grand'Ribe – Dom. du Cabanon – Ch. de la Courançonne – Dom. du Sarrazin – Dom. de la Berthète – Dom. de l'Amandier – Dom. de la Renjarde – Dom. de Verquière
Caves: Nombreuses unions de vignerons
Négoce: L.-C. Brotte – Caves Bessac – Caves Saint-Pierre – M. Chapoutier – Delas – P. Étienne – P. Jaboulet Aîné – G. Meffre – L. Mousset – Ogier et Fils – Père Anselme

Côtes du Rhône-Villages

La majeure partie de la production relative à cette appellation provient du sud de la vallée du Rhône. Les principales communes qui entrent dans l'AOC «Côtes du Rhône-Villages» ou qui peuvent indiquer leur nom sur leur étiquette sont: Cairanne, Rasteau, Beaumes de Venise, Saint-Pantaléon-les-Vignes, Valréas, Visan, Vinsobres, Séguret, Chusclan, Laudun, Roaix, Sablet, Rochegude, Saint-Maurice-sur-Eygues, Rousset-les-Vignes et Saint-Gervais.

Date du décret:
  25 août 1967
Superficie: 3 000 ha
Rendement de base:
  35 hl/ha
Production: 161 000 hl
Encépagement:
  23 cépages autorisés –
  Grenache, cinsault et
  mourvèdre représentant 25 %
  de la surface productrice
Durée de conservation:
  5-7 ans (2)
Température de service:
  R: 15 °C
  B/Rs: 8 °C
Millésimes:
  83 - **85** - 86 - **88** - 89

Rouge (80 %): Belle robe rubis foncé – Aromatique – Relativement corsé – Bien équilibré
Blanc et rosé: Voir «Côtes du Rhône», ci-haut.

Rouge: *Pâté de campagne au poivre* – Viandes rouges grillées, sautées et rôties – Fromages moyennement relevés
Blanc et rosé: Voir «Côtes du Rhône», ci-haut.

Propriétés: Dom. Sainte-Anne – Dom. des Coteaux des Travers – Dom. Rabasse-Charavin (C. Couturier) – Dom. de Cabasse – Vieux Manoir du Frigoulas – Ferme la Verrière – Dom. de Wielfried – Dom. de la Soumade – Ch. Redortier – Dom. de Lindas – Dom. de la Renjarde
Caves: Nombreuses unions de vignerons
Négoce: Voir «Côtes du Rhône», ci-haut.

Côtes du Ventoux

Le mont Ventoux (1909 m) se situe près de Carpentras. Surnommé le «Géant du Vaucluse», il donne son nom à cette appellation.

Date du décret:
  27 juillet 1973
Superficie: 6 500 ha
Rendement de base:
  50 hl/ha
Production: 314 700 hl
Encépagement:
  Grenache – Syrah –
  Cinsault – Mourvèdre –
  Carignan – Clairette –
  Bourboulenc – Ugni blanc
Durée de conservation:
  2-3 ans (1)
Température de service:
  R: 14 °C
  B/Rs: 8 °C
Millésimes:
  86 - **88** - 89

 Rouge (80 %): Robe rubis – Arômes floraux et fruités – Léger, frais et fruité
Rosé (18 %): Belle couleur – Arômes discrets – Sec, fruité et léger
Blanc (2 %): Robe claire – Arômes de fruits – Sec et rafraîchissant

 Rouge: Charcuteries – Viandes grillées – Viandes blanches et volailles rôties – Fromages peu relevés
Rosé: Charcuteries – Poissons grillés – Fromages doux
Blanc: Poissons grillés – Coquillages – Fromages de chèvre

 Propriétés: Nombreuses petites exploitations. À signaler: Dom. Saint-Sauveur – Dom. de la Verrière – Dom. de Champ Long
Caves: Cave de Beaumes de Venise – Cave agricole La Montagne Rouge – Cave les Roches Blanches – Cave des vignerons de Cante-Perdrix – Cave coopérative de Lumières
Négoce: Caves Saint-Pierre – M. Chapoutier – Delas – P. Jaboulet Aîné – G Meffre – L. Mousset – Ogier et Fils – Père Anselme– J.-P. Perrin

Crozes-Hermitage

Le nom du célèbre vignoble de l'Hermitage a été adjoint à la commune de Crozes, située à une dizaine de kilomètres environ. Les sols plus riches que ceux de l'Hermitage donnent des vins plus fruités et moins puissants.

Date du décret:
  4 mars 1937
Superficie: 950 ha
Rendement de base:
  40 hl/ha
Production: 51 000 hl
Encépagement:
  R: Syrah
  B: Marsanne – Roussanne
Durée de conservation:
  R: 4-6 ans (2)
  B: 3-4 ans (1)
Température de service:
  R: 15-16 °C
  B: 10 °C
Millésimes:
  83 - **85** - 86 - **88** - 89

 Rouge (92 %): Robe rouge vif intense – Arômes de poivre et de mûre – Souple et peu corsé
Blanc (8 %): Belle couleur aux reflets verts – Arômes floraux – Sec et fruité

 Rouge: *Rognons de veau* – Viandes rouges grillées – Volailles rôties – Fromages moyennement relevés
Blanc: Jambon fumé – Poissons grillés, meunière (Truite aux amandes) et en papillote (de préférence des poissons d'eau douce) – Ravioles (spécialité régionale)

 Propriétés: Dom. des Voussières – Dom. La Négociale – Dom. Pradelle – Dom. des Entrefaux – Cave des Clairmonts – Dom. Fayolle Fils – Dom. de Thalabert – Dom. de Vallouit – Desmeure Père et Fils
Cave: Cave coopérative de vins fins (Tain-l'Hermitage)
Négoce: L.-C. Brotte – Caves Saint-Pierre – M. Chapoutier – P. Jaboulet Aîné – Ogier et Fils – Père Anselme

Gigondas

Date du décret:
  6 janvier 1971
Superficie: 1 100 ha
Rendement de base:
  35 hl/ha
Production: 40 800 hl
Encépagement:
  Voir «Châteauneuf-du-Pape», p. 177
Durée de conservation:
  6-8 ans (2)
Température de service:
  R: 17 °C
  Rs: 8 °C
Millésimes:
  82 - 83 - **85** - 86 - **88** - 89

Autrefois commune de l'ancienne principauté d'Orange, Gigondas, dont le passé viticole remonte très loin, a développé son vignoble lorsque les gelées de 1956 ont détruit les oliviers, principale source de revenus, à l'époque, des habitants de cette région.

Rouge (90 %): Ressemble au Châteauneuf-du-Pape – Robe foncée – Arômes d'épices – Charpenté – Tannique – Persistant en bouche
Rosé (10 %): Robe limpide – Sec et puissant

Rouge: Terrine de lièvre – Viandes rôties (*Gigot d'agneau à la provençale*) – Gibiers à plumes – Fromages relevés
Rosé: Charcuteries – Viandes rouges grillées

Propriétés: Dom. de la Mavette – Dom. du Gour de Chaulé – Clos des Cazeaux – Dom. Raspail-Ay – Dom. la Tourade – Ch. de Montmirail – Dom. les Goubert – Dom. du Pesquier – Dom. Saint-Gayan – Dom. de la Jaufrette – L'Oustau Fauquet – La Bastide Saint-Vincent – Dom. de la Daysse – Ch. du Trignon
Cave: Cave des vignerons de Gigondas
Négoce: L.-C. Brotte – Caves Saint-Pierre – M. Chapoutier – P. Jaboulet Aîné – G. Meffre – Ogier et Fils – Père Anselme

Hermitage

Date du décret:
  4 mars 1937
Superficie: 125 ha
Rendement de base:
  40 hl/ha
Production: 5 400 hl
Encépagement:
  R: Syrah
  B: Marsanne – Roussanne
Durée de conservation:
  R: 15-20 ans (5)
  B: 10-15 ans (2)
Température de service:
  R: 16-18 °C
  B: 10 °C
Millésimes:
  76 - **78** - 79 - 80 - **83** - **85** - 86 - **88** - 89

Le vignoble existe depuis la conquête romaine. Il prit ce nom lorsque des ermites s'y installèrent au XIIIe siècle. Vin très renommé, on raconte qu'il servait autrefois à augmenter la force et la qualité de certains vins (de Bordeaux par exemple). Cette pratique a maintenant, bien sûr, disparu.

Rouge (74 %): Belle robe colorée – Arômes puissants de cassis et de cuir (vins évolués) – Tannique – Corsé et fin
Blanc (26 %): Robe jaune doré – Arômes de fleurs et de végétaux puis de fruits secs en vieillissant – Sec – Fruité – Souple et corsé à la fois (Zones est et sud-est de l'AOC.)

Rouge: *Viandes rouges avec sauce relevée* – Gibiers à plumes et à poils – *Gigue de chevreuil* – Fromages relevés
Blanc: Foie gras frais – Poissons en sauce – Quenelles de brochet – *Crustacés et fruits de mer* (Homard grillé)

Propriétés: J.-L. Chave – J.-L. Grippat – M. Sorrel – B. Faurie
Cave: Cave coopérative de vins fins (Tain-l'Hermitage)
Négoce: L.-C. Brotte – Caves Saint-Pierre – *M.Chapoutier* – *Delas* – P. Étienne – M. Guigal – *P. Jaboulet Aîné*

Lirac

Date du décret:
  14 octobre 1947
Superficie: 490 ha
Rendement de base:
  35 hl/ha
Production: 18 800 hl
Encépagement:
  Grenache – Clairette –
  Cinsault – Mourvèdre –
  Syrah – Carignan –
  Bourboulenc – Ugni blanc –
  Maccabéo – Picpoul
Durée de conservation:
  R: 4-6 ans (2)
  Rs/B: 2-3 ans (1)
Température de service:
  R: 15 °C
  Rs/B: 8 °C
Millésimes:
  83 - **85** - 86 - **88** - 89

Située au nord de Tavel, la région de Lirac produit des vins sur quatre communes distinctes dont Lirac, bien sûr, et Roquemaure, port prospère au XVIIIe siècle, situé sur le Rhône et d'où partait vers Paris et le nord de l'Europe le vin de cette appellation. Le sol ressemble étrangement à celui de Châteauneuf-du-Pape.

Rouge: Belle robe aux reflets violets – Arômes fruités – Charpenté et souple à la fois
Rosé: Couleur franche – Sec et fruité – Persistant en bouche
Blanc (4 %): Sec – Léger et fruité

Rouge: Viandes rôties et grillées – *Gibiers à plumes* – Fromages moyennement relevés
Rosé: Charcuteries – Grillades
Blanc: Poissons grillés – *Coquillages*

Propriétés: Ch. D'Aqueria – Ch. De Clary – Dom du Devoy – Ch. de Bouchassy – Dom. des Jonciers – Dom. du Seigneur – Dom. des Garrigues – Dom. du Castel Oualou – Dom. de la Tour – Ch. Saint-Roch – Dom. de Roc Épine – Dom. Maby
Cave: Cave des vins de cru de Lirac
Négoce: Caves Saint-Pierre – G. Meffre – Ogier et Fils – Père Anselme

Muscat de Beaumes de Venise

Date du décret:
  1er juin 1945
Superficie: 350 ha
Rendement de base:
  30 hl de moût/ha
Production: 11 600 hl
Encépagement:
  Muscat à petits grains
  (muscat de Frontignan)
Durée de conservation:
  4-5 ans (1)
Température de service:
  8 °C
Millésimes:
  85 - 86 - **88** - 89

Beaumes vient du mot provençal «balmes» qui signifie «grottes». Quant à «Venise», il s'agit de l'altération de Venaissin, célèbre comtat ayant appartenu aux papes. À mon avis, un des meilleurs vins doux naturels blancs de France… à découvrir absolument, si ce n'est déjà fait.

Vin doux naturel blanc
Robe dorée – Arômes délicats et fruités typiques du raisin muscat – Moelleux et gras en bouche – Très équilibré
Vin doux obtenu par mutage, c'est-à-dire par adjonction d'alcool dans le moût pour en arrêter la fermentation.

Idéal en apéritif – Melon rafraîchi – Foie gras frais – Fromages à pâte persillée – *Desserts (principalement les tartes)* – Fruits frais

Propriétés: Dom. de Durban – Dom. de Coyeux – Ch. Redortier – Dom. des Richards
Cave: Cave des vignerons de Beaumes de Venise (330 vignerons)
Négoce: P. Jaboulet Aîné

Rasteau

Situé près de l'aire d'appellation «Gigondas», Rasteau produit des vins doux naturels peu connus ainsi qu'un vin rouge faisant partie de l'appellation «Côtes du Rhônes-Villages».

Date du décret:
19 mai 1972
(5 janvier 1944)
Superficie: Incluse dans l'AOC «Côte du Rhône-Villages»
Rendement de base:
30 hl/ha
Production: 2 200 hl
Encépagement:
Grenache noir, gris et blanc (90 %) – Autres cépages du Rhône (10 %)
Durée de conservation:
B: 3-5 ans
Rs: 5-7 ans
R: 8-10 ans
Température de service:
B/Rs: 8-10 °C
R: 14 °C
Millésimes:
80 - 81 - 82 - 83 - **85** - 86 - **88** - 89

 Vin doux naturel
Blanc (82 %): Robe dorée - Arôme délicats – Très fruité
Rosé: Belle couleur – Arômes fins – Fruité
Rouge: Robe rubis aux reflets cuivrés – Aromatique – Charpenté
Élaboré comme son voisin, le Muscat de Beaumes de Venise.
L'appellation «Rasteau» peut être suivie de la mention «Rancio».

 À l'apéritif – Melon rafraîchi – *Fruits secs* – Fromages à pâte persillée – *Gâteaux et tartes aux fruits*

 Propriétés: Dom. de la Soumade – Dom. de Verquière
Cave: Cave des vignerons de Rasteau

Saint-Joseph

Le coteau de Saint-Joseph donne son nom à cette appellation relativement grande et dont les sols granitiques particulièrement homogènes s'allient à la syrah pour donner à ce vin rouge le fruité et la souplesse qu'on lui connaît.

Date du décret:
15 juin 1956
Superficie: 450 ha
Rendement de base:
40 hl/ha
Production: 22 200 hl
Encépagement:
R: Syrah
B: Marsanne – Roussanne
Durée de conservation:
R: 4-6 ans
B: 3-4 ans
Température de service:
R: 15 °C
B: 8-10 °C
Millésimes:
83 - 85 - 86 - **88** - 89

 Rouge (90 %): Robe rubis clair – Arômes de framboise et de violette – Peu tannique – Souple
Blanc (10 %): Belle robe dorée –Arômes de pêche – Sec – Fruité – Généreux

 Rouge: Viandes rouges grillées et poêlées – *Volailles rôties* – Fromages peu relevés
Blanc: Fruits de mer – Poissons meunière et en sauce – *Quenelles*

 Propriétés: P. Coursodon – M. Courbis – B. Gripa – J.-L. Grippat – P. Faury – P. Gonon – M. Rouvière
Caves: Cave coopérative de vins fins (Tain-l'Hermitage) – Les vignerons ardéchois
Négoce: Caves Saint-Pierre – M. Chapoutier – Paul Étienne – *P. Jaboulet Aîné* – Père Anselme

Saint-Péray

Date du décret:
8 décembre 1936
Superficie: 45 ha
Rendement de base:
45 hl/ha
Production: 2 600 hl
Encépagement:
Marsanne – Roussanne
Durée de conservation:
3-5 ans
Température de service:
6-8 °C
Millésimes:
85 - 86 - **88** - 89

Vignoble gallo-romain connu pour ses vins mousseux, Saint-Peray profite d'un micro-climat plus frais et de sols plus riches que dans le reste de la région pour donner des vins vifs et moins riches en alcool.

Vin blanc seulement
Blanc nature: Robe claire – Arômes floraux et végétaux – Sec et léger – Acidité naturelle présente
Blanc mousseux: Méthode champenoise – Agréable et fruité

Blanc nature: Poissons grillés, meunière – Fruits de mer et coquillages
Blanc mousseux: À l'apéritif et tout au long du repas

Propriétés: B. Gripa – Darona Père et Fils – M. Juge
Cave: Cave coopérative de vins fins (Tain-l'Hermitage)
Négoce: Delas – Paul Étienne

Tavel

Date du décret:
15 mai 1936
Superficie: 890 ha
Rendement de base:
42 hl/ha
Production: 38 200 hl
Encépagement:
Grenache – Syrah –
Cinsault – Clairette –
Bourboulenc – Picpoul –
Mourvèdre – Carignan
Durée de conservation:
3-5 ans (1)
Température de service:
8 °C
Millésimes:
85 - 86 - **88** - 89

Tavel est un petit village situé à 10 km d'Avignon. Son vin rosé fut célébré par François Ier, Ronsard et Balzac. Le sol aride composé de cailloux roulés et d'alluvions argileuses est en partie à l'origine de la charpente de ce vin très agréable.

Vin rosé uniquement
Belle robe aux reflets topaze (avec l'âge) – Arômes floraux et fruités – Sec – Généreux, au goût légèrement poivré

Charcuterie – *Poissons grillés* – Viandes blanches rôties – Bouillabaisse

Propriétés: Dom. Maby – Dom. J.-P. Lafond – Dom. de Corneloup – Dom. de la Forcadière – Canto Perdrix – Dom. Le Vieux Moulin – Prieuré de Montézargues – Dom. de Tourtouil – Ch. de Trinquevedel – Ch. d'Aquéria
Caves: Celliers des vins fins de Bouchet – Les vignerons de Tavel
Négoce: L.-C. Botte – Caves Saint-Pierre – *Cuvage de Monternot* – M. Chapoutier – Ogier et Fils – Père Anselme

Vacqueyras

Date du décret:
  9 août 1990
Superficie: n. c.
Rendement de base:
  35 hl/ha
Production: n. c.
Encépagement:
  Voir «Côtes du Rhône
  Villages» p. 182
Durée de conservation:
  5-8 ans (2)
Température de service:
  R: 15-18 °C
  B/Rs: 8 °C
Millésimes:
  88 - 89

Depuis le temps qu'on en parlait! Vacqueyras, commune qui faisait partie des Côtes du Rhône Villages, vient d'accéder au rang suprême d'AOC. Située entre Gigondas et Beaumes de Venise, cette nouvelle appellation atteste de la qualité sans cesse grandissante des vignobles méridionaux de la Vallée du Rhône.

Voir «Côtes du Rhône Villages», p. 182.
Le vin rouge ressemble quelque peu au Gigondas

Voir «Côtes du Rhône Villages», p. 182.

Propriétés: Dom. Le Clos des Cazeaux – Dom. La Guarrigue – Ch. de Montmirail – Dom. Le sang des Cailloux – Dom de Verquière – Dom. de Montvac – Ch. des Roques
Cave: Cave des Vignerons de Vacqueyras
Négoce: Voir «Côtes du Rhône» p. 182.

Les vinifications

Pour mieux apprécier le caractère d'un vin, il importe de connaître les différentes étapes techniques de son élaboration. Aussi ai-je voulu expliquer, à l'aide de tableaux relativement simples, les diverses vinifications communément employées pour les vins français de qualité.

L'œnologie, discipline passionnante et complexe, peut sans doute être abordée de manière plus scientifique, mais ce n'était pas mon propos dans cet ouvrage et j'ose espérer que les œnologues confirmés me pardonneront de n'avoir donné qu'un bref aperçu de l'expertise et des connaissances qu'ils doivent posséder pour produire des vins de grande qualité.

Si la vinification en rosé n'apparaît pas sous forme de tableau, c'est parce qu'elle se situe entre l'élaboration du rouge et celle du blanc.

En effet, dans certaines régions, le vin rosé s'obtient tout simplement par une vinification en rouge, mais, dans ce cas, la macération ne dure que quelques heures, le temps de donner au jus une belle couleur rosée. La deuxième technique (moins courante) consiste à vinifier en blanc, c'est-à-dire à procéder à un pressurage assez lent de raisins noirs jusqu'à l'obtention d'un jus rosé un peu plus pâle que celui qui est obtenu avec la méthode précédente.

N.B.: L'élaboration du champagne est également expliquée par un tableau figurant dans le chapitre qui lui est consacré.

La vinification en rouge

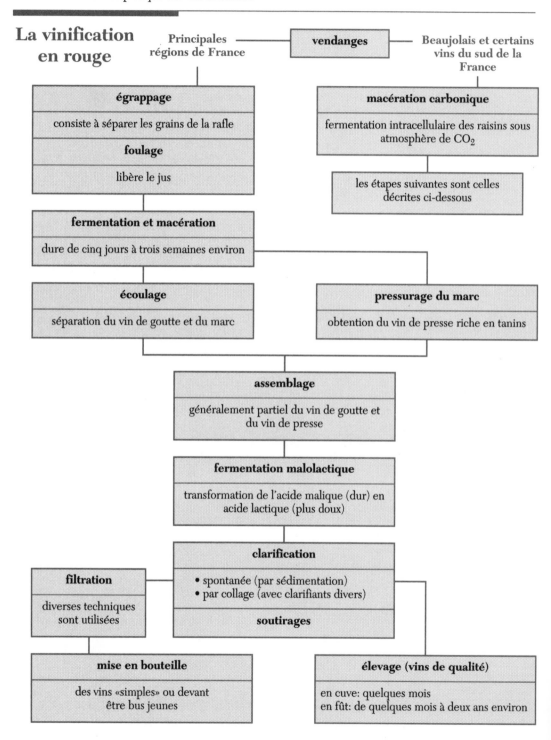

Principales régions de France ——— **vendanges** ——— **Beaujolais et certains vins du sud de la France**

égrappage

consiste à séparer les grains de la rafle

foulage

libère le jus

macération carbonique

fermentation intracellulaire des raisins sous atmosphère de CO_2

les étapes suivantes sont celles décrites ci-dessous

fermentation et macération

dure de cinq jours à trois semaines environ

écoulage

séparation du vin de goutte et du marc

pressurage du marc

obtention du vin de presse riche en tanins

assemblage

généralement partiel du vin de goutte et du vin de presse

fermentation malolactique

transformation de l'acide malique (dur) en acide lactique (plus doux)

clarification

• spontanée (par sédimentation)
• par collage (avec clarifiants divers)

soutirages

filtration

diverses techniques sont utilisées

mise en bouteille

des vins «simples» ou devant être bus jeunes

élevage (vins de qualité)

en cuve: quelques mois
en fût: de quelques mois à deux ans environ

La vinification en blanc

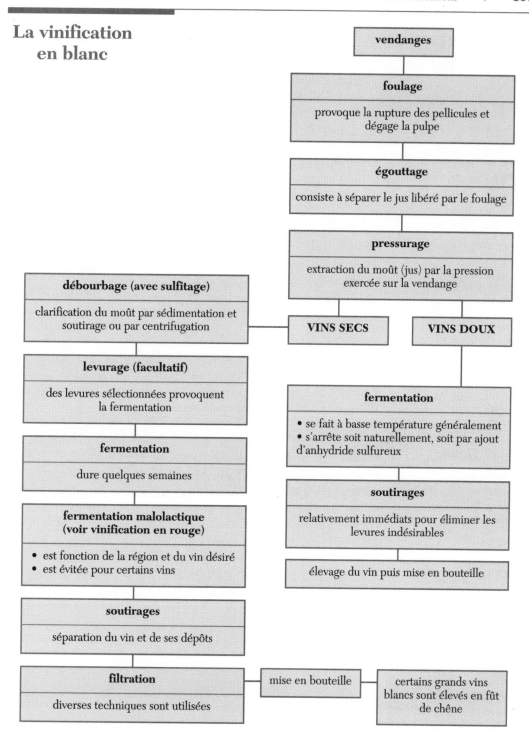

vendanges

foulage

provoque la rupture des pellicules et dégage la pulpe

égouttage

consiste à séparer le jus libéré par le foulage

pressurage

extraction du moût (jus) par la pression exercée sur la vendange

VINS SECS

VINS DOUX

débourbage (avec sulfitage)

clarification du moût par sédimentation et soutirage ou par centrifugation

levurage (facultatif)

des levures sélectionnées provoquent la fermentation

fermentation

dure quelques semaines

**fermentation malolactique
(voir vinification en rouge)**

• est fonction de la région et du vin désiré
• est évitée pour certains vins

soutirages

séparation du vin et de ses dépôts

filtration

diverses techniques sont utilisées

fermentation

• se fait à basse température généralement
• s'arrête soit naturellement, soit par ajout d'anhydride sulfureux

soutirages

relativement immédiats pour éliminer les levures indésirables

élevage du vin puis mise en bouteille

mise en bouteille

certains grands vins blancs sont élevés en fût de chêne

Vingt cépages à la loupe

Ce chapitre vous permettra de découvrir la spécificité de certains cépages. Ils sont très nombreux, plusieurs milliers, mais quelques dizaines se distinguent du lot et sont à la base des grands vins, notamment ceux d'appellation d'origine contrôlée.

L'indication de l'époque correspond à la période de maturité du cépage, celle-ci étant basée sur celle du chasselas (première époque). Les superficies mentionnées datent de 1980.

Voici, donc, 20 cépages parmi les plus réputés.

Aligoté (blanc): Bourgogne

Origine
Bourgogne

Synonyme
Griset blanc

Caractéristiques
- Cépage de première époque
- Baies sphériques de couleur blanc orangé
- Vigoureux et productif
- Moyennement alcoolique et assez acide
- Produit un vin blanc très sec que l'on utilise pour élaborer le fameux kir

Arômes: Noisette – Fleurs blanches – Citron

Superficie de culture
1 130 ha – En régression

Cabernet franc (rouge): Bordelais – Anjou – Touraine

Origine
Bordelais – Mais implanté depuis très longtemps en Touraine

Synonymes
Breton ou plant breton – Bouchy – Plant des sables, etc.

Caractéristiques
- Cépage de deuxième époque
- Petites baies sphériques noir bleuté – Pellicule plus fine que celle du cabernet sauvignon – Jus sucré – Plus vigoureux mais moins tannique que le cabernet sauvignon
- Produit des vins qui vieillissent bien et qui sont très fins et aromatiques

Arômes: Poivron vert – Fleur de cassis – Fraise – Framboise – Violette

Superficie de culture
22 600 ha – En nette progression

Cabernet sauvignon (rouge): Bordelais – Anjou – Touraine

Origine
Bordelais

Synonymes
Vidure – Bouchet – Petit bouschet – Carbouet, etc.

Caractéristiques
- Cépage de deuxième époque (tardive)
- Petites baies sphériques, noires, à peau épaisse
- Aime les climats assez chauds
- Produit des vins très colorés, astringents mais qui peuvent vieillir longtemps
- Généralement vinifié en assemblage avec le cabernet franc et le merlot principalement

Arômes: Cassis – Framboise – Menthe – Tabac

Superficie de culture
23 000 ha – De plus en plus cultivé dans d'autres régions en France et partout dans le monde

Chardonnay (blanc): Bourgogne – Champagne

Origine
Bourgogne (il existe dans le Mâconnais un petit village appelé Chardonnay (du latin *cardonnacum* qui désignait un «endroit plein de chardons»)

Synonymes
Melon blanc – Petite Sainte-Marie – Beaunois – Auvernat, etc.

Caractéristiques
- Cépage de première époque
- Petites baies sphériques – Jaune ambré – Peau assez mince
- Sensible aux gelées printanières
- Cépage assez vigoureux
- À l'origine des meilleurs vins blancs secs au monde

- Bon potentiel de vieillissement – Richesse aromatique

Arômes: Acacia – Amande – Beurre – Noisette – Miel

Superficie de culture
13 000 ha dont 6 000 en Bourgogne

Chenin blanc (blanc): Anjou – Touraine

Origine
Anjou

Synonymes
Pineau de la Loire – Gamay blanc – Pineau de Vouvray – Pineau vert – Pointu de Savennières, etc.

Caractéristiques
- Cépage de deuxième époque
- Baies ovoïdes dorées – Jus sucré – Pellicule épaisse
- Sensible aux gelées printanières et à la pourriture grise
- Bon potentiel de vieillissement
- Idéal pour l'élaboration de vins moelleux
- Donne des vins fruités très aromatiques

Arômes: Miel – Abricot – Coing – Amande – Citron – Poire – Tilleul

Superficie de culture
9 550 ha – Quelque peu en régression

Cinsault (rouge): Languedoc – Roussillon – Provence

Origine
Bassin méditerranéen

Synonymes
Cinsaut – Cinqsaut – Cinq-Saou, etc.

Caractéristiques
- Cépage de deuxième époque
- Grosses baies noir bleuté – Peau ferme – Chair juteuse
- Rendements élevés
- Produit des vins très souples, peu tanniques
- Apporte, lorsque vinifié en assemblage avec le grenache et le carignan, beaucoup de moelleux et d'harmonie

Arômes: Fleurs

Superficie de culture
52 000 ha – En très nette progression

Gamay noir (rouge): Beaujolais – Vallée de la Loire

Origine
Cultivé depuis très longtemps en Bourgogne (il existe un village en Côte d'Or qui s'appelle Gamay)

Synonymes
Petit bourguignon – Gamay beaujolais – Lyonnaise, etc.

Caractéristiques
- Cépage de première époque
- Baies légèrement ovoïdes, noir violacé – Peau fine et mince
- Sensible aux gelées de printemps et aux maladies en général
- Très productif – Se plaît dans des sols granitiques comme c'est le cas pour les grands crus du Beaujolais
- Produit des vins très fruités

Arômes: Banane – Cerise – Fraise – Framboise – Violette

Superficie de culture
34 000 ha – Dont 20 000 environ dans le Beaujolais

Gewürztraminer (blanc): Alsace

Origine
Originaire d'Autriche, ce cépage a été introduit en Allemagne au XVIe siècle, et en Alsace après 1870

Synonyme
Gentil rose aromatique

Caractéristiques
- Cépage de deuxième époque
- Petites baies ovoïdes de rose à rouge clair – Peau épaisse
- Sensible aux gelées de printemps
- Peut être récolté en surmaturation et est favorable au *Botrytis cinerea*

Arômes: Épices (noix de muscade) – Rose – Musc

Superficie de culture
2 500 ha

Grenache (rouge): Rhône – Provence – Languedoc – Roussillon

Origine
Espagne (Aragon)

Synonymes
Aragonais – Roussillon – Rivesaltes – Rivos-altos – Tinto – Cannonao, etc.

Caractéristiques
- Cépage de troisième époque
- Baies sphériques ou légèrement ovoïdes – Jus abondant
- Sensible à la coulure (désordre physiologique de la vigne)
- Manque d'acidité
- S'oxyde facilement
- Produit des vins alcooliques, souples et très aromatiques
Arômes: Épices – Thym – Clou de girofle

Superficie de culture
80 000 ha (deuxième cépage rouge de France)

Merlot noir (rouge): Bordelais

Origine
Incertaine

Synonymes
Plant Médoc – Sème de la Canau, etc.

Caractéristiques
- Cépage de deuxième époque
- Baies sphériques bleu noir – Peau d'épaisseur moyenne – Saveur agréable
- Sensible aux gelées printanières et hivernales ainsi qu'à la pourriture
- Acidité très faible
- Produit des vins aromatiques, souples et moelleux
Arômes: Épices – Cassis – Truffe

Superficie de culture
38 400 ha – En progression (cinquième cépage rouge de France)

Mourvèdre (rouge): Provence – Rhône – Languedoc – Roussillon

Origine
Espagne (Murviedro)

Synonymes
Monastrell – Mataro – Spar – Flouron – Tinto – Clairette noire, etc.

Caractéristiques
- Cépage de troisième époque
- Petites baies sphériques noires – Pellicule épaisse
- Souhaité dans l'assemblage avec le grenache car a la particularité d'être antioxydant
- Produit des vins colorés, charpentés et tanniques
- Cépage principal du Bandol (Provence)
Arômes puissants: Épices – Cannelle – Réglisse – Truffe – Tabac

Superficie de culture
3 150 ha

Muscadet ou melon (blanc): Pays nantais

Origine
Bourgogne – Arrivé dans le Pays nantais après les gelées de 1709

Synonymes
Melon musqué de Bourgogne – Blanc de Nantes – Grosse Sainte-Marie – Pétouin – Pinot blanc (Californie), etc.

Caractéristiques
- Cépage de première époque
- Petits grains sphériques jaune doré à peau épaisse
- Cépage productif et régulier
- Sensible à la pourriture grise d'où son surnom de «pourrisseux»
- Propice à l'élaboration de vins très secs
Arômes: Pomme verte – Iode – Musc – Fleurs

Superficie de culture
12 000 ha

Muscat de Frontignan (blanc): Languedoc et Roussillon (vins doux naturels) – Alsace – Rhône

Origine
Bassin méditerranéen

Synonymes
Muscat blanc à petits grains – Prend aussi le nom de la région où il est cultivé (ex.: muscat d'Alsace)

Caractéristiques
- Cépage de deuxième époque

- Baies sphériques d'une belle couleur
- Chair juteuse et très sucrée possédant la saveur musquée caractéristique de cette variété
- Vigueur moyenne
- Principalement destiné à élaborer les grands VDN (vins doux naturels) de France

Arômes: Typiques du raisin – Fleurs et fruits secs

Superficie de culture
3 700 ha

Pinot noir (rouge): Bourgogne – Champagne – Alsace – Loire

Origine
Déjà cultivé en Bourgogne à l'époque gallo-romaine

Synonymes
Auvernat noir – Bourguignon noir – Petit plan doré – Berligout, etc.

Caractéristiques
- Cépage de première époque
- Petites baies sphériques ou légèrement ovoïdes – Pellicule épaisse, riche en matières colorantes
- Sensible aux gelées printanières
- Fertilité faible
- Produit des vins de très grande qualité sur des terrains calcaires et sous des climats tempérés

Arômes: Petits fruits rouges (cassis, cerise, mûre, fraise, framboise) – Poivre

Superficie de culture
17 000 ha (12ᵉ cépage rouge de France)

Riesling (blanc): Alsace

Origine
Vallée du Rhin et de la Moselle

Synonymes
Gentil aromatique – Raisin du Rhin

Caractéristiques
- Cépage de deuxième époque
- Petites baies sphériques jaune doré, parsemées de points bruns – Peau épaisse
- Rendements variables – Favorable au *Botrytis cinerea*
- Offre le maximum de son potentiel aromatique dans les régions septentrionales et sur les coteaux bien exposés
- Vin fin et délicat

Arômes: Citron – Miel – Fleurs et fruits

Superficie de culture
22 000 ha – En nette progression

Sauvignon blanc (blanc): Pouilly-sur-Loire – Bordelais

Origine
Incertaine. Vallée de la Loire ou Bordelais?

Synonymes
Blanc fumé – Fumé – Surin – Sylvaner musqué

Caractéristiques
- Cépage de deuxième époque
- Petites baies ovoïdes – Beau jaune or
- Jus rappelant la saveur du muscat
- Vigoureux – Fertilité moyenne
- Les terrains calcaires font ressortir les caractères aromatiques de ce cépage

Arômes: Fleur de cassis – Menthe – Groseille

Superficie de culture
7 030 – En très nette progression

Sémillon (blanc): Bordelais

Origine
Sauternais

Synonymes
Sémillon muscat – Sémillon roux – Gros sémillon – Malaga – Colombier, etc.

Caractéristiques
- Cépage de deuxième époque
- Baies sphériques – Peau épaisse
- Jus abondant avec saveur légèrement musquée
- Vigoureux et productif
- Très sensible à l'action du *Botrytis cinerea* (la pourriture noble s'y développe et favorise donc une diminution du jus au profit des sucres (vins liquoreux)

Arômes: Acacia – Abricot – Miel

Superficie de culture
23 400 ha – En régression

Sylvaner (blanc): Alsace

Origine
Autriche

Synonymes
Osterreicher (Autriche) – Salvaner – Gentil vert, etc.

Caractéristiques
- Cépage de deuxième époque
- Baies sphériques moyennes à peau épaisse – Jaune doré
- Vigoureux, fertile et régulier
- Sensible aux maladies (mildiou, pourriture grise)
- Produit des vins agréables, fruités et conservant une bonne acidité

Arômes: Fleurs et fruits

Superficie de culture
2 700 ha – En légère régression

Syrah (rouge): Vallée du Rhône – Provence – Languedoc – Roussillon – Sud-Ouest

Origine
Incertaine. Syracuse en Sicile ou Schiraz en Perse?

Synonymes
Sérine – Marsanne noire – Biaune – Hermitage et shiraz (Australie) – Pas de rapport avec la petite syrah

Caractéristiques
- Cépage de deuxième époque
- Petites baies ovoïdes noir bleuté
- Peau fine mais résistante
- Vigueur moyenne et fertilité faible
- Rendements faibles pour obtenir des vins de qualité, charpentés, tanniques et fins
- À la base de l'Hermitage et du Côte-Rôtie

Arômes: Violette – Poivre – Cassis – Muscade

Superficie de culture
12 300 ha – En très nette progression

Ugni blanc (blanc): Sud de la France – Cognac

Origine
Italie (Trebbiano Toscano)

Synonymes
Saint-Émilion (Charentes) – Cadillac – Queue de renard, etc.

Caractéristiques
- Cépage de troisième époque (tardive)
- Grains sphériques moyens – Pellicule fine mais suffisamment résistante à la pourriture
- Dans le sud, très vigoureux avec des degrés d'alcool satisfaisants
- Dans la région de Cognac, rendements élevés mais plus d'acidité et degré d'alcool très bas

Arômes: Neutres

Superficie de culture
Cépage le plus cultivé en France (127 500 ha) – Important dans l'assemblage de certains vins de qualité

Glossaire

Acescence: Maladie du vin provoquée par des micro-organismes (vin piqué).

Acidité: Ensemble des substances acides présentes dans le vin. Vocabulaire de la dégustation:
- Plat: Manque d'acidité et de caractère.
- Mou: Manque de caractère et de fraîcheur.
- Frais: Vin assez acide, sans excès.
- Vif: Acidité en équilibre.
- Nerveux: Vin qui a du corps et une certaine acidité.
- Vert: Très forte acidité.
- Très vert: Acidité en excès.

Alcool: L'alcool éthylique est le principal alcool du vin. Vocabulaire de la dégustation:
- Faible: Peu d'alcool, manque de charpente.
- Léger: Vin pauvre en alcool mais plaisant à boire.
- Généreux: Fort en alcool, bien constitué, corsé.
- Chaud: Vin puissant qui donne une impression de chaleur.

Ampélographie: Science de la vigne et du raisin.

Ample: Qui est très harmonieux, très présent en bouche.

Animale: Odeur rappelant celles du monde animal (musc, cuir, venaison, etc.) et que l'on retrouve dans les vieux vins rouges.

Appellation d'origine: Une appellation d'origine est non seulement une indication de provenance, mais aussi une dénomination qui suggère une idée d'originalité affirmée par la mise en pratique de certaines méthodes et de certains usages. (La coutume qui s'est créée d'appliquer à un tel produit le nom d'un cépage, d'un cru, d'une ville, d'une province, d'une région.)

Arôme: Même si ce mot désigne parfois les sensations olfactives perçues en bouche, il est utilisé dans ce livre comme un terme désignant les odeurs perçues au nez directement. Vocabulaire de la dégustation:
- Arôme primaire: Arôme du fruit (rappel du cépage).
- Arôme secondaire: Arôme post-fermentaire.
- Arôme tertiaire ou bouquet: Arôme de vieillissement.

Assemblage: Mélange de vins de même origine.

Astringence: Caractère de rudesse et d'âpreté causé par un excès de tanin (*voir* Tanin).

Ban des vendanges: Date officielle du début des vendanges.

Blanc de blancs: Mention destinée aux vins blancs issus de raisins blancs uniquement.

***Botrytis cinerea*:** Micro-organisme à l'origine de la pourriture du raisin. Si la pourriture grise est combattue, la pourriture noble est souhaitée dans certaines régions puisqu'elle permet d'élaborer des vins blancs moelleux ou liquoreux.

Capiteux: Qui porte à la tête à cause d'une forte richesse en alcool.

Cépage: Variété de vigne.

Champenoise (méthode): Méthode d'élaboration identique à celle qui est utilisée en Champagne.

Chaptalisation: De Chaptal, l'inventeur de cette méthode. La chaptalisation, ou sucrage, est une opération qui consiste à ajouter du sucre au moût afin d'obtenir un degré d'alcool plus élevé; elle est réglementée par des lois.

Charnu: Tannique et moelleux à la fois.

Charpente: Constitution harmonieuse d'un vin, avec prédominance de tannins.

Clos: Domaine dont les vignes sont entourées de murs. Parfois, le vignoble dépasse les limites du clos.

Corsé: Qui est bien constitué, riche en alcool.

Crémant: Vin effervescent élaboré suivant la méthode champenoise mais dont la pression (CO_2) à l'intérieur de la bouteille est plus faible que celle des autres mousseux.

Cru: Terme relié à l'originalité d'une production liée à un lieu géographique. Mot très utilisé dont l'origine vient du verbe croître (xve siècle).

Douceur: Un des aspects gustatifs de l'analyse d'un vin. Vocabulaire de la dégustation:

- Sec (< 4 g/L): Vin qui donne l'impression de ne pas contenir de sucre.
- Demi-sec (> 4 < 12 g/L): Vin qui contient une légère quantité de sucre.
- Doux (> 12 < 45 g/L): Vin assez riche en sucre, moelleux (moelleux: > 30 < 45 g/L).
- Liquoreux (> 45 g/L): Vin très doux, riche en sucre.

Équilibré: Dont les constituants (acidité-moelleux pour les blancs et tanins pour les rouges) sont en parfaite harmonie.

Fermentation (alcoolique): Réaction chimique provoquée par des ferments. (Les ferments décomposent les substances organiques (sucres) en des corps simples (alcools) le plus souvent avec dégagement de gaz carbonique et de chaleur.)

Fermentation (malolactique): Transformation de l'acide malique en acide lactique et en gaz carbonique. Elle se traduit par une diminution de l'acidité.

Frapper: Mettre un vin dans la glace pour le porter à très basse température, ce qui n'est pas toujours recommandé.

Fruité: Dont le goût rappelle celui du raisin. Un vin peut être sec et fruité en même temps. (Ne pas confondre avec le mot «sucré».)

Garde (de): Vin qui possède un bon potentiel de vieillissement.

Gouleyant: De l'ancien français *goule* (pour gueule): qui coule bien dans la gorge.

Gravelle: Cristaux de bitartrate en suspension dans les bouteilles.

Greffage: Méthode courante (depuis l'invasion du phylloxéra) qui consiste à fixer sur un porte-greffe résistant le greffon du cépage désiré.

Gris (vin): Vin rosé obtenu en vinifiant en blanc des raisins rouges.

Léger: Se dit d'un vin peu corsé mais agréable et équilibré, qui doit généralement être bu jeune.

Limpidité: Un des aspects visuels de l'analyse du vin. Vocabulaire de la dégustation:
- Trouble: Manque de limpidité, brouillé, particules en suspension.
- Louche: Ni limpide ni brillant; qui n'a pas un ton franc.
- Voilé: Couleur qui n'est pas franche.
- Limpide: Clair, transparent.
- Brillant: Très belle limpidité.
- Cristallin: Transparence parfaite et lumineuse.

Longueur: Intensité de persistance des arômes juste après avoir avalé le vin:
- Court: De 1 à 2 secondes.
- Moyen: De 3 à 4 secondes.
- Long: De 5 à 6 secondes.
- Très long: De 7 à 10 secondes.

Madérisé: Se dit d'un vin blanc qui, en vieillissant, prend une teinte ambrée.

Marc: Matières solides du raisin comportant une part de jus.

Mildiou: Maladie des organes verts de la vigne.

Millésime: Année de la récolte du raisin (voir p. 19).

Moelleux: Un des aspects gustatifs de l'analyse d'un vin. Peut qualifier un vin blanc doux. Se dit aussi d'un vin gras, souple et peu acide. S'applique aux vins blancs comme aux vins rouges. Vocabulaire de la dégustation:
- Desséché: Manque total de rondeur.
- Dur: Manque de souplesse; excès d'acide tartrique.
- Ferme: Manque de souplesse.
- Fondu: Harmonie entre les constituants.
- Rond: Moelleux, assez riche en alcool.
- Gras: Charnu, corsé, riche en alcool et en glycérol.
- Onctueux: Sensation grasse, très riche en glycérol.
- Pâteux: Excès de gras, déséquilibré.

Moût: Jus de raisin frais avant la fermentation.

Œnologie: Science qui traite du vin, de sa préparation, de sa conservation et des éléments qui le constituent.

Œnologue: Personne titulaire d'un diplôme d'œnologie. Technicien qualifié dans les opérations d'élaboration et de conservation des vins.

Œnophile: Personne qui apprécie et connaît les vins (amateur).

Organoleptique: Terme créé au XIXᵉ siècle pour qualifier les caractères perçus par les organes des sens.

Oxydation: Résultat de l'action de l'oxygène de l'air sur le vin. Elle peut se traduire par une modification de la couleur et du bouquet.

Pasteurisation: La pasteurisation est un procédé qui a pour but d'empêcher ou d'arrêter, par le chauffage, le développement des micro-organismes que contient le vin (levures et surtout ferments de maladies). C'est un moyen de stabiliser biologiquement les vins.

Phylloxéra: Puceron qui détruisit la vigne à partir de 1865. Ce parasite attaque les racines de la vigne.

Pierre à fusil: Terme qui désigne l'odeur d'un vin évoquant celle de silex qui viennent de produire des étincelles.

Piqué: Se dit d'un vin atteint d'acescence (*voir* Acescence). Cela se traduit par une forte odeur aigre.

Pourriture noble: *Voir Botrytis cinerea.*

Rancio: Terme qui désigne un vin doux naturel qui a subi un vieillissement particulier en fût. Les bouquets qui en résultent sont très complexes.

Riche: Se dit d'un vin généreux, puissant et équilibré.

Robe: Désigne la couleur d'un vin et son aspect visuel en général.

Sommelier: La sommellerie est une profession (très belle d'ailleurs) qui exige une grande connaissance des vins et des spiritueux. À ne pas confondre avec œnologue ou œnophile. (Le sommelier travaille généralement dans un restaurant.)

Souple: Se dit d'un vin coulant et dont le moelleux est plus élevé.

Soyeux: Qui est velouté, équilibré et élégant.

Structure: Charpente du vin (*voir* Charpente).

Tanin: Le tanin est un élément de la saveur par son astringence particulière. Il donne une charpente aux vins rouges et subit, dans le vin, des modifications chimiques qui contribuent au vieillissement. Le tanin provient des pellicules, des rafles et des pépins du raisin et se libère pendant la fermentation. Vocabulaire de la dégustation:
- Informe: Manque total de tanin.
- Gouleyant: Léger et agréable, se laisse boire facilement.
- Coulant: Présence discrète de tanin.
- Tannique: Présence marquée de tanin.
- Rude: Quantité de tanin à la limite de l'équilibre.
- Âpre: Rudesse apportée par un excès de tanin.
- Astringent: Excès de tanin: vin trop jeune.

Tranquille: Désigne un vin non effervescent.

VDN: Vin doux naturel obtenu par ajout d'alcool dans le jus en fermentation, dans une proportion de 5 à10 % du volume traité.

Vinicole: Qui a rapport à la production du vin.

Vinification: Ensemble des procédés utilisés pour transformer le moût de raisin en vin.

Viticole: Qui est relatif à la culture de la vigne.

Bibliographie

BEAUDEL, JOSÉ, *Le vin de Cahors,* Les Côtes d'Olt, Parnac, 1977, révisé en 1987, 221 p.

BLANCHET, SUZANNE, *Les vins du Val de Loire,* Éd. JEMA S.A., 1982, 734 p.

BRUNET, PAUL, *Le vin et les vins au restaurant,* B.P.I., Paris, 1987, 258 p.

CANNARD, HENRI, *Balades en Bourgogne,* Henri Cannard, Dijon, 1983, 264 p.

COMELADE, ÉLIANE, et PIERRE TORRES, *Gastronomie et vins du Roussillon,* Crédit Agricole des Pyrénées-Orientales, Perpignan, 1983, 64 p.

GALET, PIERRE, *Précis d'ampélographie pratique,* Pierre Galet, Montpellier, 1985, 256 p.

LÉGLISE, MAX, *Une initiation à la dégustation des grands vins,* Éd. Jeanne Lafite, Marseille, 1984, 165 p.

POUTEAU, JEAN-LUC, et NICOLAS DE RABAUDY, *Le mariage des mets et des vins,* Éd. J.-C. Lattès, Paris, 1986, 317 p.

QUITTANSON, CHARLES, *Connaissance des vins et eaux-de-vie,* Éd. Brès, Les Publications Borelli, Paris, 1984, 848 p.

SÉLECTION DU READER'S DIGEST, *Sur les chemins des vignobles de France,* Sélection du Reader's Digest, Paris, 1984, 335 p.

WOUTAZ, FERNAND, *Dictionnaire des appellations,* Marabout, Alleur, 1986, 317 p.

Index des appellations

Index des mets suggérés